الذاكرة وآليات اشتغالها في الرواية العربية

عزيز العرباوي

الذاكرة وآليات اشتغالها في الرواية العربية

مقاربة تداولية

إصدارات دائرة الثقافة، حكومة الشارقة 2022 م

الناشر: دائرة الثقافة ــ حكومة الشارقة ــ دولة الإمارات العربية المتحدة

هاتف: 5123333 9716+

بـرّاق: 5123303 9716+

بريد إليكتروني: sdc@sdc.gov.ae

811.00991751

ع ع . ذ

العرباوي، عزيز

الذاكرة وآليات اشتغالها في الرواية العربية : مقاربات تداولية/ عزيز العرباوي.ـالشارقة، الإمارات العربية المتحدة : دائرة الثقافة، 2022.

268 ص؛ 21X14 سم.

يشتمل على إرجاعات ببليوجرافية.

1 ــ القصص العربية ــ تاريخ ونقد

2 ــ الذاكرة

أ ــ العنوان

ISBN: 9789948439943

المقدمة

إن ممارسة الحكي في الرواية عموماً، واستحضار العوالم وتأثيث الفضاءات المتعددة داخلها، عملٌ واظب عليه الكتّاب منذ القدم، حيث كانوا يتناقلون الأخبار والوقائع، ويعيشون أحداثها وعوالمها المعبرة، ويعيشون في أجواء الحياة الخفية والظاهرة، فيستحضرون كل ما وصلهم من أشياء وأحداث وأمور وأفكار تؤثر فيهم وعليهم، وتدفعهم إلى إنتاج أفكار جديدة وقوانين ونظم مختلفة. وبذلك تشتغل الذاكرة في النص الروائي على مستويات متعددة وبطرق مختلفة ومتوارية، حيث ينقل لنا المحكي الروائي ما يحاول السارد تخيله وتمثله حول العالم والوجود الإنساني والأشياء والأفكار، وفق آلية من الأنساق الثقافية واللغوية والتصورية التي يمكنها أن تقدم لنا ما هو سائد أو مدوَّن في التاريخ العلمي للبشرية، سواء أكان ثقافياً أم سياسياً أم دينياً، من خلال حرصه (المحكي) على إبداع سرديات بديلة ومغايرة «تقوّض كل اليقينيات التي كُرست، فلم يعد الماضي يمثل الحقائق النهائية، بل يمثل الارتياب الذي يحتاج إلى تمثُّل عارف يعجن الرؤية

بالمتصورات، فالذاكرة هنا هي على المحك، فكيف لها أن تجبر العلامات أو تقدم البدائل، لذا فهي قد تلجأ إلى الهجنة والتركيب، فتجمع ما لا يجتمع في كيمياء عارفة»[1].

إن امتداد الآفاق الفكرية والثقافية والفنية عند الروائيين العرب عموماً، ووعيهم الأساس بذواتهم وقضاياهم الوطنية والقومية وبالعالم من حولهم، يدفعهم كل ذلك إلى ضرورة تجاوز اللغة العادية والبحث عن لغة روائية ترقى إلى مستوى اللغة الشعرية الجمالية في أغلب الأحيان، باعتبارها أداة لنقل مشاعرهم وأفكارهم ومواقفهم المتعددة تجاه الأشياء والقضايا بواسطة تقنية الاسترجاع المعتمد على الذاكرة الفردية والجماعية معاً. وفي هذا الإطار، تقول ميري ورنوك Mary Warnock: «لمعرفة الذاكرة أهمية هائلة بالنسبة إلى الشخص الذي يعرف ويتذكر، لكنه يفشل في التعبير عن هذه الأهمية أمام أي شخص عدا نفسه... ولكن مادام الراوي فناناً، فإن غايته العليا ستكون اقتحام هذا الحاجز...»[2]. أما رونات لاشمان Renate Lachmann فيقول أيضاً: «عندما نسلط الضوء على الأدب من منظور الذاكرة، يظهر أن الأدب هو فن الذاكرة بامتياز. الأدب هو ثقافة الذاكرة ليس بوصفها وسيلة بسيطة للاستحضار، ولكن باعتبارها جسداً لتمثيل المعرفة المخزنة ثقافياً... فالكتابة هي في الآن نفسه فعل للذاكرة ولإعادة التأويل الذي يسمح بوضع نص جديد في إطار فضاء الذاكرة العام»[3].

يعيش المجتمع العربي أزمة عميقة على مستوى الفكر والوعي، كما على مستوى التفكير المستقبلي، بل إنه يعيش أزمة كبرى بكل

ما يتعلق بالذاكرة ويرتبط بها من اعتراف بهذه الأزمة والاستعداد لتجاوزها أو إيجاد حلول لها. وتأتي الرواية العربية المعاصرة بالخصوص لتكون في الموعد الحقيقي للخروج من هذه الأزمة، ولو بأقل الخسائر، فلا يعقل أن نبقى حبيسي الماضي نتباكى عليه وعلى أيامه الجميلة وعقوده الرائعة وقرونه الطيبة التي استطعنا فيها أن نتفوق على العالم ونقود مسيرة الثقافة والعلم والمعرفة، فهذا لا يبرر ضعفنا وخضوعنا للفشل. فالرواية مثلاً، تعيد تشغيل هذه الذاكرة المشروخة والميتة وإحياءها من خلال استدعاء التخييل.

تلعب الذاكرة في النص الروائي التخييلي دوراً كبيراً في استرجاع وقائع وأحداث الزمن الماضي بتجريد هذه الأحداث من الطبيعة التجريبية التي تتميز بها، لتتحول مباشرة إلى صور ذهنية يتم تمثلها في سياق مخالف لسياق وقوعها. ومن هنا نرى أن الذاكرة هي ذلك الخزان الكبير للأحداث والوقائع التي تواترت وتعاقبت عبر الزمن فكانت وسيلة ناجعة لإعادة إنتاج هذا الماضي بأسلوب مختلف بعيد عن الواقع المحض، بحيث تتدخل فيه العديد من العناصر والظواهر التي تجعله مختلفاً وبعيداً عن الواقع الحقيقي كما حصل في الماضي. إن الذاكرة هي تلك المستودع الثقافي والفكري الذي يمدُّ المؤلف برصيد كبير من المعلومات والأفكار والمعارف التي تتحكم في مسار عمله الإبداعي، وخاصة في جنسي الرواية والقصة، بحيث نجد للذاكرة حضوراً كبيراً وقوياً؛ نظراً لاحتياجات السارد الكبيرة لها في سرده.

تتكلف الذاكرة عامة، من إعادة إحياء العديد من الموضوعات

والتيمات في أبعادها المعنوية والدلالية من خلال وقوفها على مشاعر الألم والتأزم والخيبة الذاتية، إضافة إلى مقاربة الكثير من القضايا المرتبطة بالشعور الفردي وعلاقة الفرد بالجماعة، مثل: الحب، الهجرة، الجنس، الموت، الزواج، السياسة، الخيانة، الحلم، الطموح، الجسد، اليتم، العمل، الرفاهية، الفقر، التطرف، الحقد، الألم، السلم، الحرب،... كل هذه الموضوعات تتحكم في السارد وفي ذات المحكي، وترتبط بتفاصيل حياته وتوجه رأيه ومسار تفكيره.

إن الرواية العربية عموماً، وهي تنفتح طوعاً على الذاكرة، تشكل بذلك وظيفتها المعرفية وهي تعيد إنتاج الماضي، سواء من خلال ما تحدده المقصدية الإخبارية للسارد في النص الروائي، أو المقصدية التواصلية التي تتأسس على إنتاج معنى ضمني غير معلن. إن الذاكرة في إطار اشتغالها لبناء المعنى داخل النص الروائي، يحفزها المؤلف من خلال سارده إلى المضي في بناء منجز سردي مأهول بنضج التخييل الذاتي والغيري، وتجميع شتات المعرفة المنثور في جانب مهمل من الذاكرة، والمغلف بمستويات متعددة من سراب الواقع والمجتمع والتاريخ والذات الإنسانية المغرقة في الوهم.

وباعتبار الذاكرة عملية أساسية في توثيق الأحداث والأفكار والأشياء، لها تداعياتها الفنية والجمالية والفكرية والفلسفية، فقد ساعدت الروائيين العرب المعاصرين على الاشتغال على المدونة السردية التاريخية العربية وجعلها منظومة مرجعية وأساسية لتأسيس جمالية الأحداث التاريخية وفنيتها، ليس باعتبارها أحداثاً تاريخية جامدة فقط، بل لما تختزنه من أفكار وأشياء وروابط وعلاقات

إنسانية وطاقات تستحق المعالجة الروائية والتخييلية؛ ذلك أن التاريخ ذاكرة وخيال له تجاذباته على مستوى الهوية والصراع السياسي التي تشكّل العلاقات الإنسانية، وكذلك على مستوى الوعي بالذات والجماعة ومحاولة الاستمرار على هذه الهوية والحفاظ عليها ببسط القيم الجمالية والحضارية التي يمثلها الفرد والجماعة معاً.

يرى بيير جانيت Pierre Janet أن سلوك الماضي هو في حد ذاته «سلوك جديد، لا يتضمن لا إحساسات ولا أحداثاً من الفعل السابق، باعتبار أن هذا السلوك قد تمّ تنشيطه أو تحريكه ضمن شروط جديدة لا ترتبط بأية حال من الأحوال بالرهانات الأساسية التي وقع فيها الحدث المعاد إنتاجه»[4]. إن ما يميز الذاكرة هو «فعل السرد»، وهذا الأخير هو لغة، وفي عمقه الأساس هو «تنبيه» له خصوصيات تتمثل في تمكين من لم يكنْ حاضراً زمن وقوع الحدث من تمثل الوقائع والأحداث وكأنه حاضر بالفعل في أثناء وقوعها. فالسرد حسب جانيت يحول الغائب إلى حاضر. وذاكرة الروائي تعتمد على هذا الأمر وتقوم به، حيث تسرد الأحداث الماضية لتجعل من يتلقاها في الحاضر والمستقبل كأنه عاشها. فالسرد الروائي، سواء أكان سرداً تاريخياً أم تخييلياً، ينتج الماضي ويجيب في الوقت نفسه عن أسئلة الحاضر والمستقبل[5]. ولا يهم هنا الروائي أن يكون صادقاً أم لا، بقدر ما يهمه مدى تأثير ما يستدعيه من خلال ذاكرته من أحداث ووقائع تصور الماضي على أنه قادر على إلهام المتلقي في الحاضر والمستقبل، وإعادة تفكيره في الأشياء والواقع والحياة أيضاً. وفي هذا المستوى من القراءة والتلقي يكون المتلقي ملزماً بالمرور من القول

إلى متضمن القول بمعنى الانتقال من الدلالة اللغوية الترميزية إلى الدلالة الإيحائية التداولية؛ وهي في الوقت نفسه دلالة استدلالية تعمل على الوصل بالمتلقي وفكره ووجدانه إلى الحصول على المعنى والتأثير فيه، وتوجيه رأيه وموقفه من الأشياء والوقائع. فالروائي مثلاً، يحاول الاستناد في تأسيس الدلالة في روايته إلى مجموعة من المؤشرات والموجهات الخطابية لفعل القراءة، والتي يستقبلها المتلقي ويغني دلالتها بناء على ذاكرته الخطابية للرواية، محاولاً الربط بين مساراتها المختلفة ومعتمداً على الأفكار والمعارف والوقائع التي يعرفها من أجل إعادة تأسيس دلالة جديدة في إطار السياقات المتعددة التي تستدعيها أحداث الرواية.

إن متلفظ الرواية يأخذ في مستواه الفكري والفني مسؤولية تمرير خطاب أدبي ينسجم مع القارئ من أجل الوصول به إلى مقاصد معينة، حيث إن هذا الخطاب لا يمكنه أن يكون خطاباً تواصلياً إلا إذا «عرف كيف يجعل المخَاطب يحصل على معرفة لم يكن يمتلكها من قبل»[6]. وفي هذا الإطار، يكون خطاب الرواية خطاباً موجهاً لقارئ من أجل الوصول به إلى المعرفة، وتحقيق تواصل معرفي بين ذات مبدعة وبين ذات قارئة، عن طريق عمليتي الكتابة والقراءة، حيث يتحقق هذا التواصل المعرفي، حسب آرون كيبيدي فارغا Aron Kibédi Varga، على مستويات ثلاثة «فالمتلفظ يعلم، أي ينقل مجموعة من المعارف المتعلقة بالحدث، وهو أيضاً يمتع، ويحرك المشاعر، وبمعنىً آخر فهو ينشئ تماساً للتفاعل الإنساني»[7]. ومن هنا، نؤكد أن ملفوظ الرواية عموماً يكون بمثابة وسيط بين فهميْن

اثنيْن: فهم المتكلم الذي ينتج أحداث الرواية ومتنها، وفهم المتلقي القارئ الذي يعيد تمثّل أحداثها من خلال عملية القراءة. وبهذا يكون خطاب الرواية خطاباً تداولياً يحتوي على العديد من القوى الفاعلة التي تساعد القارئ المتلقي على ربط جسور التواصل بين المتفاعلين فيها، وهذا ما يمنح الرواية قدرة تجاوزها للأزمنة والأمكنة الواقعية إلى أخرى خيالية وانفتاحها على كل ما هو سوسيوثقافي وفكري مختلف عن المألوف والمتعارف عليه.

تمثل اللغة في النص الروائي الوسيط الرمزي بين إكراهات المعنى والرغبة في تحديد أهم خصائصها ومميزاتها على المستوى السياقي، وهنا يأتي التحليل الأدبي كسلطة معرفية للبحث عن هذا المعنى، وتحديد آليات إنتاجه، وهذا لا يتأتى بسهولة كما يعتقد بعضهم، بل إنه مرتبط بمدى فهم وإدراك غايات المؤلف وتحديد السياق الذي كتب فيه نصه، بل ينبغي البحث عن هذا المعنى ليس فقط في إطاره اللغوي العام، وإنما من خلال الوقوف على أهم الاستدلالات المساعدة على تحقيق هذا المعنى. إن الباحث مدعوٌّ، في هذا الإطار، إلى اقتناص أهم المواقف والمحطات في النص الروائي التي تسعفه في الوصول إلى غايته، وهي تحيد تلك الآليات التي تسهم مساهمة فعالة في تحقيق المعنى داخل النص. وفي هذا الصدد سنحاول فيما سيأتي أن نقف على أهم هذه الآليات ومنها: أفق انتظار المتلقي من النص، التخييل، الذاكرة، السخرية، وأدواته في تحقيق المعنى.

يمثل هذا الكتاب محاولة لدراسة الذاكرة ومدى اشتغالها في الرواية العربية من خلال مقاربتنا لنصوص روائية متميزة استطاعت

أن تستند إلى الذاكرة كمنهجية ومنهج للسرد الروائي، وتقديم المعرفة للقارئ المتلهف إلى ما يعيده إلى ماضيه البعيد والقريب معاً، حيث سنحاول في الفصل الأول، والذي خصصناه للمدخل النظري والمفاهيم الإجرائية، أن نقف على المباحث التالية: الذاكرة وآليات بناء المعنى، وعلاقة الذاكرة بالتاريخ من خلال استفادة الواحدة منهما من الأخرى في عملية الكتابة السردية، والذاكرة الثقافية والهوية السردية، والذاكرة والسرد: التأويل وإنتاج المعنى، الذاكرة والتخييل الروائي: آليات بناء المعنى. في حين سنحاول في الفصل الثاني، أن نقارب رواية «الديوان الإسبرطي» للروائي الجزائري عبد الوهاب عيساوي التي استطاعت أن تحصل على جائزة البوكر العالمية في صيغتها العربية لعام 2020م، باعتبارها رواية تاريخية أولاً، ورواية تعيد الاعتبار للهوية الجزائرية ثانياً، والتي اكتوت بظلم الاستعمار الفرنسي والغزو العثماني في حقبة تاريخية مظلمة من تاريخها.

أما في الفصل الثالث فسنحاول تحليل رواية «حصن التراب: حكاية عائلة موريسكية» للروائي المصري أحمد عبد اللطيف، والتي استغلت مخطوطات تاريخية حفظتها عائلة بسيطة عاشت في مرحلة من تاريخ الأندلس، وعانت كما عانت كل الأسر المسلمة والعربية في تلك الحقبة، الأحكام الظالمة والقرارات الجائرة التي اتخذتها السلطات السياسية الكاثوليكية ضدهم، وأخطرها تلك الأحكام القضائية ضد النوايا والمعتقدات الشخصية لدى الناس. ويمكن القول إن الرواية تمثل بامتياز تعبيراً عن وعي عربي ما زال يعاني تبعات التاريخ وهزائمه وسقطاته. بينما في الفصل الرابع، وللوقوف على

أهمية الصور التخيلية لدى الروائي العربي بالخصوص، سنحاول في هذا الفصل الوقوف على أهم تجليات التخييل في رسم ملامح الوعي الفردي لدى الشخصيات الهشة في الواقع المفروض عليها، وفي تحديد أهم السمات المحددة للذاكرة الفردية في تأويل المواقف السياسية والاجتماعية لدى الشخصيات الهشّة المأزومة والمغلوبة على أمرها في المجتمع الكويتي من خلال رواية «في حضرة العنقاء والخل الوفي» للكاتب الكويتي المثير للجدل إسماعيل فهد إسماعيل.

أما في الفصل الخامس فسنعمل على مقاربة رواية «الحي الخطير» للشاعر والروائي المغربي محمد بنميلود، والتي تعبر عن هوية مغربية غير متحولة بفعل الاختراقات الثقافية والفكرية والاقتصادية التي تمارسها قوىً داخلية وخارجية. كما تعبر عن هوية الإنسان المغربي الحقيقي الذي يخضع لشروط الوطنية الحقيقية وشروط التجربة الاجتماعية المرتبطة بالثقافة الشعبية البسيطة التي تكونت في فضاءات متداخلة تمدنا بالثقافة الرمزية والتصور الواعي للمجتمع المغربي المنتشر في الأحياء الهامشية والفقيرة الشعبية الغارقة في المشاكل الاقتصادية والاجتماعية، ولكنها لا تفرط في ارتباطها الهوياتي والقومي والإنساني. وفي الختام سنحاول أن نقف على أهم القضايا التي تطرقنا إليها في فصول الكتاب في خاتمة مختصرة وموجزة، لنسدل ستار الكتاب بلائحة للمصادر والمراجع المعتمدة فيه.

والله ولي التوفيق.

هوامش المقدمة:

1 – راوية يحياوي، السـرديات البديلة والذاكرة الهجينة في رواية «قواعد العشق الأربعون» لإليف شـافاق، ضمن كتاب جماعي: الذاكرة والبناء الثقافي، أشـغال المؤتمر الدولي السنوي لمؤسسة مقاربات، (إعداد وتنسيق: جمال بوطيب وأحمد شـراك)، الجزء الأول، تنسـيق: جمال بوطيب وأحمد شـراك، مقاربات للنشـر والصناعات الثقافية، فاس، المغرب، 2019م، ص 290.

2 – ميري ورنوك، الذاكرة في الفلسـفة والأدب، ترجمة: فلاح رحيم، دار الكتاب الجديد المتحدة، بيروت، ط 1، 2007م، ص 15.

3 – نقـلاً عن: فاطمة الزهـراء منصف، «دور الذاكرة في بناء السـيرة الروائية النسـائية: نصوص الزهرة رميج أنموذجاً»، ضمن كتاب جماعي: الذاكرة والبناء الثقافي، أشـغال المؤتمر الدولي السنوي لمؤسسة مقاربات، الجزء الثاني، تنسيق: جمال بوطيب وأحمد شراك، مقاربات للنشر والصناعات الثقافية، فاس، المغرب، 2019م، ص 82.

4 – Pierre Janet, l'intelligence avant le langage, éd. Flammarion, Paris, 1936, P. 25.

5 – Pierre Janet, l'intelligence avant le langage, P. 27–29.

6 – Catherine Kerbrat – Orecchioni, L'énonciation, éd. Armond colin, Paris, 1999, P. 14.

7 – Aron Kibédi Varga, Rhétorique et production du texte, in théorie littéraire, éd. PUF, Paris, 1989, P. 219.

الفصل الأول:

مدخل نظري ومفاهيم إجرائية

لقد ظهر واضحاً للباحثين أن الأدب، وخصوصاً الرواية، على الرغم من هويتها التخييلية، تستبطن نوعاً واضحاً من التحليل السوسيوثقافي حقيقاً به أن يغنيَ التفكير الاجتماعي والثقافي. ومن هنا كان لزاماً أن تسهم الرؤى المتجددة في التأكيد على أن ثمة ضرورة أن تفيد العلوم الإنسانية والاجتماعية من المساهمة الجيدة والكبيرة للأدب عموماً، دون النظر للخصوصية الفنية لهذا الخطاب الأدبي. فالأدب ممارسة إبداعية مستقلّة، لكنه يفتح مجالاً واسعاً على الحياة الاجتماعية للأفراد والجماعات في حقبة زمنية محددة، فيتبين من ذلك أنه مصدر منتج وفعّال «لجعل ما لا يمكن الاستدلال عليه مرئياً، وإنتاج ما لا يبلغه أي تصور آخر سواه»[1].

ومن هنا، نخلص إلى أنه ليس هناك استقلالية واضحة للتخييل الأدبي، فهو يوفر لمنظري التاريخ ما يقوي تشكيكهم في الروايات التاريخية السردية، لأن الاهتمام المتزايد والكبير بالتخييل الأدبي والاعتراف بقدرته على تمثيل الأحداث التاريخية المؤلمة التي شهدتها القرون السابقة وشهدها القرن العشرون بالخصوص، قد «قوّض الافتراضات السابقة القائلة بأن التخييل يمثل تهديداً للموضوعية والجدية في المعرفة التاريخية. وبناء عليه، بات ينظر إليه بوصفه

إمكاناً لمزيد الفهم شريطة أن يُفكر فيه بشكل يراعي خصوصيته»[2] .

ولقد برزت ثقافة الذاكرة على أنها أولوية مهمة وضرورية للمجتمعات الحديثة والمعاصرة، حيث «أظهرت التجارب المختلفة أن تدبيرها بعقلانية وحكمة، أي بما يناقض الاستغلال الأيديولوجي والتوظيف السياسي، يقع في صميم المحاولات الناجحة للمجتمعات الحديثة لتحقيق التعايش وتنظيم الصراع فيها»[3] .

وفي السياق نفسه يرى الناقد العربي فيصل دراج أنه في خضم الوقوف على الذاكرة، برز الأدب باعتباره خطاباً فاعلاً في توثيق الذاكرة وتمثيلها بشكل أساسي، فلما كان «يسجل أحوال أمة محددة التاريخ والمساحة واللغة، ومحددة الخيبات أيضاً»[4]، فإنه لا يمنح الحرية للذاكرة مجالاً شاسعاً للتواصل والتفاعل بين الأفراد والجماعات، بل يسهم في ترهين الإدراك للماضي وفهمه[5] .

وقد يرى بعضهم أن الرواية، كجنس أدبي، ليست الشكل الوحيد الممكن للتعبير عن التجربة الإنسانية في الواقع الحالي، والذي تعددت فيه بدرجة كبيرة الوسائط التعبيرية الجديدة، لكن، بات من الضروري القول، وبفعل كثرة الأعمال الروائية التي تعاطت مع المآسي والصراعات والأحداث المؤلمة التي امتحنتِ البشرية نفسياً وثقافياً كموضوع للتمثيل السردي، إن الأدب لا يمكن الاستغناء عنه مقارنة بباقي التخصصات الثقافية الأخرى كعلم الاجتماع والفلسفة مثلاً، نظراً لما يمثله هذا الأدب بأجناسه المتعددة من كفايات لاحتضان التعقيدات المعيشية وإبرازها من خلال الكلمات والتعابير المعبرة بقوة عن الجرح والحنين والضياع والنسيان والتسامح، لأنه

بكل بساطة «يحافظ على الذاكرة من الضياع، ويجعلها راسخة في عقول الأفراد والجماعات، كما يحث من خلال المعرفة الأخلاقية على قيمة التعاطف البشري»[6].

1 – الذاكرة وآليات بناء المعنى:

تعتبر الذاكرة عمليّة ذهنيّة مركّبة تشمل قدرات مختلفة مثل الحفظ والاسترجاع والتعرّف. فهي تعني قدرة الفرد على تذكّر الخبرات والحوادث والأفكار السابقة واسترجاعها وتزويدها وإعادة تنظيمها. وحسب جيمس دريفر فإنّ الذاكرة تعني «الخاصيّة أو الوظيفة التي بواسطتها تترك الخبرات التي تمرّ بها الكائنات البشريّة وراءها آثاراً تنعكس على سلوكها وخبراتها التالية»[7]. كما يطلق لفظ الذاكرة على القوّة التي «تدرك بقاء ماضي الكائن الحي في حاضره. قال (ريبو): الذاكرة وظيفة عامة للجهاز العصبي تنشأ عن اتّصاف العناصر الحيّة بخاصية الاحتفاظ بالتبدّلات التي تطرأ عليها، وبقدرتها على ربط هذه التبدّلات بعضها ببعض. ويطلق هذا اللفظ على الذاكرة النفسيّة وهي أعلى صور التذكّر، وأكثرها تعقيداً، كما يطلق في بعض الأحيان على بعض ظواهر الأجسام»[8]. وللذاكرة تصنيفات وأنماط عدّة من قبيل الذاكرة على المدى الطويل والذاكرة على المدى القصير وفق ما أشار إليه وليام جيمس William James، أو الذاكرة الدلاليّة والذاكرة المتقطعة حسب ما اقترحه أندل تولفينغ Endel Tulving، فضلاً عن الحديث عن ذاكرة جماعيّة وأخرى فرديّة. كما يأتي النظر إلى الذاكرة عامة من خلال التطرق إليها على أنها مرتبطة

بكل ما هو مؤلم أو محزن لا ينتج إلا المشاكل والأعطاب، يقول الباحث الجزائري الزواوي بغورة: «إن الاهتمام بالذاكرة يحيل إلى الذاكرة المعطوبة، وإلى آليات الكبت التي تحجب ما أصابها من آلام وصدمات (traumatisme)، سواء على مستوى الذاكرة الفردية أم الجماعية، وما يتطلبه فعل التذكر أو ما يسميه بعمل الذاكرة (travail de la mémoire)، وواجب الذاكرة (devoir de mémoire)، وإن كان بول ريكور Paul Ricœur يفضل العملية الأولى على الثانية؛ أي خدمة الذاكرة على واجب الذاكرة. ولكن هذا لا يعني إنكاره أو التقليل من حكمة العهد القديم القائلة: تذكر (souviens toi)!»[9].

يمكن الحديث هنا عن الذاكرة طويلة الأمد، والتي تتضمن المعلومات المتعلقة بالماضي. وهي الأكثر رسوخاً في الزمن، ومن المحتمل أن تستمر طوال الحياة البشرية في عمر الفرد، وهي نظام التخزين الدائم، والتي تحتوي على معلومات تبقى فيها فترة طويلة، حيث هي المخزن الذي يستوعب معظم الأحداث التي تمر خلال حياة الفرد من أفراح وهموم وأحزان، ومنها تذكر الاسم والعمر والنشأة وتعلم الكلام والنطق، وهي من أعقد مكونات الجهاز العصبي في جسم الإنسان. يساعد هذا النوع من الذاكرة على استدعاء المعلومات القديمة وما تحمله من معان في الوقت نفسه، وهي ليست ذاكرة لمجرد الحفظ والاستظهار، ولكنها تقوم بتصنيف وتنظيم المعلومات، وهذا هو السبب في أن التعلم بطريقة منظمة وعن طريق الربط بين المعلومات يساعد على ترسيخ الحقائق وثباتها في الذاكرة عموماً.

إن الذاكرة أو التذكر هما الاسترجاع للأحاسيس أو الأفكار أو

الأحداث السابقة. ويتم ذلك بواسطة القدرة على تسجيل الدلالات والمعلومات التي تمكن الفرد من استرجاعها أو استرجاع ما يشبهها، ويتم ذلك بالاعتماد على خصائص وقدرات الدماغ. وهذا ما يسهم في تقوية القدرة على الاحتفاظ بالمعلومات حول وقائع العالم الخارجي والداخلي، وبالتالي إدخالها المتعدد في وشائج الإدراك والمعرفة والسلوك الفردي والإنساني. وذلك بتحقيق الربط بين الوضعيَّات السابقة للحالة النفسية، والوضعيَّات الراهنة، وبين عمليات التحضير للأوضاع المستقبلية التي يحاول الفرد أن ينفتح عليها. فالذاكرة تساعد في إنشاء المعنى، وبالتالي للمعنى والأحاسيس والانفعالات تأثير قوي على بناء الذاكرة، حيث يتم بناء ذاكرة قوية لحادثة ما مرة واحدة، ودون التكرار اللازم لبناء الذاكرة، وذلك نتيجة المعنى المهم لها. فالإنسان يتعلم ويتذكر الحالات والأوضاع المحزنة أو المفرحة أو ذات المعنى القوي ببساطة، لأنها مسجلة بشكل جيد ومرتبة ضمن إطار معين وترتيب محدد.

ويمكن تعريف الذاكرة: «بأنها جزء من العقل البشري، وهي مستودع لكل الانطباعات والتجارب التي اكتسبها الإنسان عن طريق تفاعله مع العالم الخارجي، وعن طريق الحواس وهي انطباعات توجد على شكل صور ذهنية، وترتبط معها أحاسيس ومشاعر سارة أو غير سارة للإنسان»[10]. كما يمكن تعريفها أيضاً بأنها الوحدة الرئيسة للتعامل مع المعلومات عند الإنسان، فهي التي تمر بها محل القرارات التي يتخذها الشخص، سواء كانت قرارات معرفية، نفسية، اجتماعية أو حركية . وهي: عبارة عن نسق لمعالجة المعلومات،

وذلك مثل الحاسوب تماماً، إلا أن المعالجة للمعلومات تكون على أساس ديناميكي تدخل فيه عوامل فيزيولوجية نفسية وغيرها، بل يعتبرها أندرسون Anderson «على أنها دراسة عمليات استقبال المعلومات والاحتفاظ بها واستدعائها عند الحاجة»[11].

وفي هذا الإطار يوضح مسكوفيتشكي S. Moscovici كيفية تشكّل التفكير الإنساني الحالي انطلاقاً من المقولات السابقة التي ترسبت وحاولت الاستقرار في منظومتنا العقائدية والتمثلية. فمحاولة مقاومة «الغريب» ومواجهة «الجديد» بشكل أو بآخر «تتغذيان عادة من سلطة الماضي وهيمنة نماذجه المترسخة. كما تندرج التمثلات الاجتماعية بحسب مسكوفيتشكي S. Moscovici بالضرورة ضمن أطر التفكير الموجودة. وهذه الأطر بدورها منغرسة في القيم والتقاليد والرؤى السائدة. كما تتكون، في جزء منها، من خلال تفاعلها مع رواسب الماضي والتاريخ والذاكرة ومخزوناتها»[12]. ويرى موريس هالبفاكس M. Halbwachs أن الذاكرة الجماعية في بعدٍ آخر «هي أحد الأبعاد الأربعة المشكلة للهوية الجماعية، وأن وحدة الجماعة وانسجامها إنما يستمدان من تشارك أفرادها وتقاسمهم الذاكرة نفسها. ومع ذلك فإن بعد الذاكرة الثقافي هذا في حاجة إلى المراجعة والتوسيع في ضوء نتائج علوم المعرفة الأخيرة، بخاصة من جهة تأكيدها أهمية المكونات الوجدانية في تشكل الذاكرة واشتغالها وتأثيرها في التفكير والسلوك. وهذا بالذات ما جعل البعض يتحدث عن (ذاكرة انفعالية)»[13].

ليست الذاكرة مجرد سجل للماضي، حيث يقول ديدي هوبرمان

Huberman – Didier [14] عنها بأنها «هي التي تؤنسن الزمن».
بل إنها واجب وضرورة، لأنها ليست مجرد ملكة معرفية فحسب،
وإنما هي واجب أخلاقي، بل إنها، حسب أرسطو، قدرة إنسانية
خاصة على الاسترجاع الإرادي لذكرى ذات أصل أمبريقي واقعي.
فواجب الذاكرة يتعلق بضرورة تذكر أخطاء الماضي لتجنبها فيما
بعد والاستفادة من دروس الماضي، كما أشار إلى ذلك هيرودوت
المؤرخ الأول، حيث يعتبر أنه يجب علينا أن نتذكر «حتى لا يمحوَ
الزمن ذكرى الأعمال التي قدمها الرجال، وحتى لا تسقط في غياهب
النسيان، تلك الأعمال الجليلة التي أنجزت، سواء من طرف الإغريق
أم البرابرة» [15]. إن الذاكرة حسب هذا المفهوم، تعني الحفاظ على
بناء الذات وتشكيلها من جديد، فهي التي تعمل جاهدة على توحيد
وجودنا الإنساني وحضورنا الفعلي في الحياة.

2 – الذاكرة والتاريخ: علاقة جدلية:

إن الذاكرة هي موضوع التاريخ، تاريخ الزمن الراهن، الحديث
والمعاصر، لأنها هي التي تقود في الغالب التاريخ الجاري وقائعه
وأحداثه [16]. إن الذاكرة تعيد صياغة وبناء الماضي باعتبارها وسيلة
للهوية الفردية أو الجمعية، وأهميتها يمكن أن تتطابق، بل في الغالب
ما يكون هناك صراع بينهما [17]. فالذاكرة، حسب مولاي عبد الحكيم
الزاوي، مفهوم يحيلها مباشرة إلى آليات تمثّل الماضي واستحضاره
باعتباره تمثُّلاً استرجاعياً لنسق الذهنيات والتصورات الرمزية الذي
يستدعي حفراً شاملاً في الذاكرة البشرية، كإنتاج اجتماعي وثقافي

وسياسي، حيث تكون الذاكرة إما فردية وإما جماعية، و«تبقى ذات سمات ذاتية، انفعالية رمزية، فتفتقر إلى جهاز مفاهيمي، وتعمل بكيفية إرادية أو لاإرادية على تضخيم أو تقزيم الوقائع وفق حاجات اللحظة، ورهانات السياق المجتمعي، كما تحكمها الغائية، وتشتغل من منظور الواجب تحت شعار [حتى لا يتكرر هذا] من أجل بناء التجانس والالتحام»[18].

لقد اختلف الباحثون في مجال الذاكرة والتاريخ وعلاقتهما حول الطبيعة الخاصة بهذه العلاقة التي تجمعهما، حيث انقسموا بين من يرى تعارضهما من حيث نفي هذه العلاقة نهائياً، وبين من يؤكد وجودها بالضرورة. وعلى الرغم من وجود هذه العلاقة التي يذهب إليها الطرف الثاني، فإن هناك تقاطعات متعددة بينهما تجعل كل واحدة منهما تنفرد بخاصياتها ومميزاتها التي ترتبط بالأخرى. ونجد أن «مقولة الزمن هي أكثر المقولات التي تربط التاريخ بالذاكرة، لذلك يمكن تعريف الذاكرة بأنها الترسيخ الذهني لتجارب معاشة أو منقولة، وهي محددة اجتماعياً وتؤثر إلى حد كبير في تمسك الأفراد والمجموعات والثقافات بطريقة عيشهم أو بمثلهم العليا. والذاكرة قابلة للتأثر بعامل الزمن، لذلك ينبغي دائماً وضعها في سياقها الاجتماعي والتاريخي»[19].

ويمكن في هذا الصدد استحضار اللغة باعتبارها تعبيراً عن هذه الذاكرة في منطوقها من خلال مبدأين اثنين هما: إن اللغة بوصفها نبعاً للذاكرة الفردية، حيث يعتبر جوهر المتخيل بمثابة رموز تسبح في الخيال وتقوم في الذاكرة الاجتماعية، والحركية والفردية، فالتعرف

المستمد من الذاكرة الذي تصفه الأنا بمبدأ رمزي صوري هو الذي يؤدي إلى المعرفة حيث اللا ـ تجانس المتخالف يؤدي إلى التنافر واللا ـ ظهور والكمون اللا ـ لغوي. أما اللغة بوصفها مجالاً للمتخيل، فإنها تصبح (اللغة) وفعاليتها الرمزية مهمة في وجود ذلك الشعب وقدرته على التحدي الوجودي حتى يصبح الترميز والتخيل ضروريَيْن لتميز تجربة ذلك الشعب [لا يوجد أي مجتمع بشري يمارس دوره أو آليته بشكل مختلف، أي بدون تشكيل متخيل ما].

كما يعطي التخيل المجتمع القدرة على أن يقدم حلولاً لما يحيط به من معضلات طبيعية «فالدين أو الأديان في مجتمع ما هي عبارة عن جذور... حيث نجد أن كل الأديان قد قدمت للإنسان ليس فقط التفسيرات والإيضاحات، وإنما أيضاً الأجوبة العملية القابلة للتطبيق والاستخدام مباشرة في ما يخصّ علاقتنا بالوجود والآخرين والمحيط الفيزيائي الذي يلُفُّنا، بل وحتى الكون كله، وفيما وراءه بالأشياء الموعودة (فوق الطبيعة)، ومن هنا يلجأ الأفراد إلى رموز متعددة، فالحديث أو الكلام يستخدم نطاقاً من الأصوات ليكون أشكالاً كثيرة من الرموز مثل الكلمات، واللغة المكتوبة، ويمكن تذكرها بسهولة؛ لأن المكتوب يكون مطبوعاً، ويمكن للغة أن تأخذ أشكالاً أخرى لا متكلمة ولا مكتوبة. بل يمكن تحقيق الاتصال باللغة، والهيئة، ووضع الجسم أو تعبيرات الوجه، وهذه الوسائل للاتصال تشكل المستوى الأول للرمزية، بينما تشكل المفاهيم، التي تعبر عن حقيقة ما المستوى الثاني، والتي تقدم صوراً أو تمثيلات ذهنية، تأخذ موقع الأشياء التي تعبر عنها ولكون المفاهيم شخصية لكل إنسان، فإنها تكون بالضرورة أيضاً نتاجاً اجتماعياً لعدد كبير من الناس»[20].

يعتقد بيار جانيه Pierre Janet في كتابه «تطور الذاكرة ومفهوم الزمن Evolution de la mémoire et de la notion du temps» أن تقنية التذكر المهمة أساساً تكمن بالضرورة في مسلك السرد الذي يتميز بوظيفته الاجتماعية، خاصة وأنه يشكل اتصالاً مع الآخرين من خلال معلومة معينة، سواء بغياب الحدث أو الموضوع، الذي يمثل الدافع، حيث تتدخل في هذه اللحظة اللغة، التي هي نفسها منتج من إنتاج المجتمع[21]. في حين يقول هنري أتلان Henri Atlan وهو يناقش اللغة والذاكرة في العديد من أبحاثه في الموضوع: «فالاستخدام للغة المنطوقة ومن ثمة المكتوبة هو بالواقع توسيع رائع لإمكانيات تخزين ذاكرتنا، التي تستطيع بفضل هذا الأمر الخروج من الحدود الفيزيائية لجسدنا، فتضع نفسها إما عند الآخرين أو في المكتبات. وهذا يعني أنه قبل أن تنطق أو تكتب، كان يوجد نوع من اللغة، كشكل من تخزين المعلومة في ذاكرتنا»[22].

ويميز كل الباحثين والمفكرين في العالم بين صنفين من الذاكرة، بين ذاكرة جماعية، وأخرى تاريخية، بمعنى: الذاكرة والتاريخ، وهما يتعارضان في تصور الواقع، لكنهما يتكاملان في تفسيره إلى أبعد الحدود، حيث إن الذاكرة تمثّل ما تبقى من الماضي في أذهان الناس وعقولهم، أو على الأقل ما يتصورونه بخصوص هذا الماضي الذي عاشوه، فهي في النهاية موروث ذهني، ومجموعة ذكريات تغذي التمثلات البشرية، ثم إنها في الأخير لا تعيد إنتاج ما حصل في الماضي بكل تفاصيله المملة، وإنما تعرض لانطباع الناس حول هذا الماضي[23]. فالماضي بقدر ما هو خزان لتجارب الأفراد والجماعات،

فإنه يحتضن العديد من التجارب والتفاعلات بينهم، تتنوع بين الفخر والاعتزاز وبين الألم والحزن والصراع الداخلي، وهذا الحضور للماضي، يؤثر في تشكيل وعي الأفراد والجماعات، ويصل إلى درجة تحديد أساليبهم في الحياة والعيش المشترك. ومن هنا يمكننا أن نخلص إلى القول بأن حلقة الوصل والتعالق بين الأمم في مختلف عصورها تتجلى في توارث الأسس والمبادئ والأفكار التي تبلور الهوية الثقافية والحضارية وتعيد إنتاجها من جديد ضمن رؤية معاصرة من خلال التركيز على المحددات المتعلقة بها مثل: الهوية، والانتماء، والفلكلور، والبنية الاجتماعية والاقتصادية والإثنية، باعتبار أن «استحضار الماضي وإعادة توظيفه في الحاضر، عامل مهم وأساسي في تماسك الجماعات والهويات»[24].

إن الذاكرة ليست فردية فحسب، بل إنها تحمل في العديد من صيغها معطيات الذاكرة الجماعية التي هي بالضرورة ذاكرة الشعوب، نتيجة لوجود دراسات اجتماعية وثقافية وفكرية ترتبط بالتاريخ الوطني والإنساني، من خلال الوقوف على التغيرات التي حدثت عبر هذا التاريخ في المجتمع انطلاقاً من رؤية تأمل في بناء المستقبل الزاهر لتفادي أخطاء الماضي ونكساته ومحو آثار السقوط والخنوع والضعف والاستغلال، حيث يعيش الإنسان، حاضره فيتذكر ماضيه، وإذا لم يرتحْ لهما، وشعر بشيء معين يفقده الثقة فيهما، فإنه يحرك خياله من أجل إعادة بناء هذا الحاضر وتكييف الماضي حسب رغباته وحاجاته النفسية والاجتماعية، حيث يحاول إبداع أدوات وأساليب يستحضر بواسطتها الأشياء والصور والمشاهد وتركيبها وترتيبها ترتيباً خاصاً

في ذهنه المتوقد. فالتخييل هو القدرة الإبداعية على التحكم في الصور والمشاهد بالتفسير والتأويل وحتى بالتركيب. فهو يختلف عن الذاكرة؛ لأنه لا يتعلق باسترجاع الماضي بكل تفاصيله ومتعلقاته، بل إنه يتعلق بالمستقبل، ويتجاوز الواقع في صورته الدلالية المحضة. وهو نوعان: تخييل تمثيلي يتم فيه استرجاع الصور والمشاهد شبيه بالذاكرة الحسية المتعلقة بالانطباعات الشخصية. وتخييل إبداعي يتعلق بالضرورة بتركيب وترتيب صور بشكل غير واقعي وبدلالات إبداعية يستخدم فيه اليقظة الذهنية للفرد المبدع وديناميته الفكرية والذهنية. فالذاكرة تدفع الذات الكاتبة إلى تذكر عدد كبير وأساسي من أحداث الماضي، والتعبير عنها باستمراريتها (الذات) في الزمن وارتباطه بماضي الجماعة والثقافة الإنسانية[25].

ويؤكد جون لوك John Locke على أن الذاكرة باعتبارها وعياً هي جزءٌ مهمٌ لتصور الإنسان، وهذا ما يجعل منها تفترض الذاتية وهي تجربة شخصية ترتبط بما هو نفسي في الإنسان، أي إنها قدرة ذاتية وفاعلية فردية، وهذه رؤية هنري برغسون Henri Bergson، حيث يعتبر عملية التذكر بمثابة وظيفة عضوية ترتبط بالدماغ، فالذكريات تخزن كمعلومات في القشرة الدماغية، لذلك عندما يصاب الدماغ نفقد جزءاً كبيراً من ذكرياتنا. فالذاكرة مسألة فردية لا دخل للمجتمع فيها، فعندما «يفقد شخص ما ذاكرته فنحن لا نحمل المسؤولية للمجتمع، بل هو خلل ذاتي، ففقدان القدرة على الكلام مثلاً أو فهم الكلام المنطوق والمسموع يرجع إلى تلف مادي في الجهة اليسرى للدماغ، كما أن حدوث مشكل في الفص الأيمن يجعل

المصاب لا يعرف الأشياء الموجودة في الجهة اليسرى بعد إغماض عينيْ المصاب بمعنى غياب المعرفة الحسية والتذكر»[26]. ومن هنا، نخلص إلى القول مع الباحثيْن رشيدة كوجيل ومحمد إدريسي بأن الذاكرة هي وعاء للبقاء، وخادمة الزمان التي تحفظ لنا الكثير من صور الماضي المتراكمة عبر الأزمان لتعيننا في حياتنا كلما اتسع مداها واتسع نطاق الاختيار فيها، إن الذاكرة هي استدعاء للصور الذهنية السابقة المشابهة في بعض الأحيان للصور الذهنية الحاضرة والمعاصرة باعتبارها محركاً حياً للإنسان ومن خلالها يمكن فهم الأجسام المادية المعبر عن الارتباط بين المادة والعقل.

وتبقى مسألة تناول الذاكرة من خلال تحديدها بالصورة أو الكيفية التي تبرزها العلوم الإنسانية، وخاصة التاريخ والأنثروبولوجيا، حيث نجد أن هذه الأخيرة تنشغل في ذلك بالذاكرة الجمعية بطريقة أكثر من انشغالها بالذاكرة الفردية[27]. إن للذاكرة خاصية محددة تتجلى في حفظ بعض المعلومات وهي تحيل، حسب جاك لوغوف Jacques Le Goff إلى جملة من الوظائف النفسية التي يستطيع الإنسان بفضلها استرجاع وإحياء انطباعات أو معلومات ومعطيات انتهت وانقضت ومن ثمَّ يعيد تمثلها كماضٍ. لقد اهتم علم النفس وعلم الأعصاب والبيولوجيا بدراسة الذاكرة ومشاكلها ومنها: فقدان الذاكرة، كيفية تقويتها بتقنيات محددة. وهو ما يساعدنا على فهم طبيعة الذاكرة الإنسانية[28]. وفي هذا الصدد يرى الباحث المغربي في التاريخ عبد الرحيم الحسناوي أن عملية بحث، وإنقاذ، وتمجيد الذاكرة، وخاصة الذاكرة الجمعية، لم يكن في زمن الأبحاث المهمة فقط، بل في الزمن

الطويل الممتد أيضاً. إنه «بحثٌ عن الذاكرة في النصوص، وفي الكلام والصور والأفعال والطقوس والأعياد. إنه الاهتداء والاعتناق للنظرة التاريخية، اعتناق شارك فيه الجمهور العريض الذي تملكه هاجس الخوف من خسارة الذاكرة، ومن النسيان الجمعي، الذي عبر عنه بشكل سلبي تجاوز الذاكرة؛ لأن الذاكرة أصبحت أحد موضوعات المجتمع الاستهلاكي الشديدة الرواج»[29].

وهكذا، يمكننا أن نعيد استخدام تجارب الماضي التي عشناها ونركبها من جديد بواسطة تخيل أفكار ومواقف أخرى غير موجودة أساساً في الواقع المعيش؛ فعند التخطيط لسيرة ما أو لكتاب ما، نستند إلى ذكرياتنا المفعمة بالتجارب الشخصية والجماعية التي عشناها من قبل، كما نستند إلى العناصر والأفكار الضرورية التي يتعين التفكير فيها في عملية الانفصال عن الواقع المباشر والحقيقي بكل تفاصيله وأحداثه ومواقفه من أجل تبني فكرة مختلفة وموقف مختلف من خلال الارتحال إلى مكان آخر والتفكير في زمن آخر، من هنا تتجلى القدرة على إعادة بناء الماضي ثقافياً وإسقاطه على الحاضر والمستقبل معاً.

3 – الذاكرة الثقافية والهوية السردية:

تعتبر الذاكرة الثقافية، حسب يان أسمان Jan Assmann، تلك العملية التي تجعل التفسيرات السردية بصفة عامة ذاكرة ثقافية، حيث إن هذه الذاكرة هي «السبيل الذي يضمن فيه مجتمع بعينه الاستمرارية الثقافية عن طريق الحفاظ، وبمؤازرة الذاكرة الثقافية، على المعرفة الجمعية من جيل إلى الجيل الذي يليه ناقلاً إياها قدر

المستطاع إلى الأجيال اللاحقة لإعادة صياغة هويتها الثقافية. أما الإشارات إلى الماضي، من ناحية ثانية، فهي إعادة التأكيد على الهوية الجمعية لأفراد المجتمع، بل وتزويدهم بالوعي بوحدتهم وتفردهم في الزمان والمكان – أي الوعي التاريخي – من خلال خلق الماضي المشترك»[30]. وقد ميز يان أسمان Assmann أيضاً، في الإطار نفسه، بين ثلاثة مستويات من الذاكرة، حيث يتجلى المستوى الثقافي بكل وضوح من خلال ارتباطها بمفهومي الزمان والهوية باعتبارهما مفهومين أساسيين في الذاكرة الثقافية، وهي[31]:

– المستوى الداخلي: (ذاكرة فردية) تتعلق هذه الذاكرة بالنظام العصبي الذي يؤمن الاشتغال الذهني والعقلي للإنسان، إنها الذاكرة الشخصية.

– المستوى الاجتماعي: (ذاكرة تواصلية) ترتبط هنا بالتواصل والتفاعل الاجتماعي، باعتبار أن الوعي بشكل عام، يعتمد على التنشئة الاجتماعية والتواصل البشري، وبهذا يمكن تحليل الذاكرة باعتبار وظيفتها في حياتنا الاجتماعية؛ لأنها تمكننا من العيش في مجموعات ومجتمعات، والذي يجعلنا قادرين على بناء ذاكرة، إنها العلاقة الجدلية بين الفردي والجمعي في الذاكرة.

– المستوى الثقافي: (ذاكرة ثقافية) حيث يصر يان أسمان فيها على التمييز بين الذاكرة الجمعية التواصلية والذاكرة الثقافية، بتضمين الثقافية ذلك المجال الثقافي (الطقوس، الرموز، الحكايات، مختلف أشكال التراث المادي واللامادي)، حيث يعتبر هالبواش أن هذا النوع

من الذاكرة يربطنا بالماضي العريق والموغل في الزمن، إنها ما يضمن الاستمرارية في الزمن ويعزز الهوية الثقافية والاجتماعية للمجتمع.

تمثل الذاكرة الثقافية، ودائماً حسب أسمان، شكلاً معيناً من المؤسسات، حيث يكون خارجياً وموضوعياً ومخزناً في أشكال رمزية (النصوص، الرموز، الطقوس،...)، والتي تربطنا بالزمن الموغل في القدم، الماضي البعيد بشكل أو بآخر، لأنها مختصة بالفنانين والشعراء والروائيين الذين يكونون قادرين على ترجمة الأحداث والأفكار والمواقف التي حدثت في الزمن الماضي إلى كتابة أدبية تتصف بجمالية اللغة والتعبير معجونة بالتخييل المؤسس على الوعي بالتفاصيل والوقائع التاريخية برؤية معاصرة للأشياء والعالم.

فالذاكرة الجماعية هنا، باعتبارها تمثل تأثيراً كبيراً في الشعوب والمجتمعات وأفرادها، هي ذاكرة قوية تحيل مباشرة إلى مجموع الأحداث الماضية التي تحظى في العرف الاجتماعي والثقافي بالتقدير من طرف جماعة معينة لها الهوية نفسها، لأنها «تهتم بالجانب السوسيوثقافي للذاكرة، وتدرسها باعتبارها ظاهرة مجتمعية ثقافية، وبالتالي تفسر الهوية والثقافة كنتيجة لفهم نشاط الذات وكامتلاكٍ جمعي للماضي. كما استفاد مجال الأدب من الذاكرة الإنسانية ووظفها الأدباء في كتاباتهم، سواء النثرية أو الشعرية، خاصة الذاكرة الطويلة المدى، أكانت ذاكرة أحداث أم ذاكرة معانٍ»[32].

إن الذاكرة غير بريئة من الحلم ومزيج المشاعر والتطلع إلى المستقبل بطريقة أو بأخرى، وبناء النموذج، إنها التجربة وتأويلها

وما تثيره من مشاعر وتصورات في آنٍ واحد. «ما يعني أن الذاكرة هي حقيقة إنسانية ثقافية بقدر ما هي حقيقة تاريخية. أي ليست حقيقة تسجيلية رياضية حيادية أو موضوعية تماماً. لذلك يمكن القول إن الذاكرة حياة موازية نرسمها كما ترسمنا»[33]. وفي هذا الصدد أيضاً يقول آلان إيميل شارتييه Alain Emile Chartier عن الذاكرة: «أن تتعرف على شيء لا يعني الحكم على وجوده مرة ثانية، بل يعني أنك تدرك أنه لم ينقطعْ عن الوجود، فالمحافظة على الأشياء لا تعدو الرابط الضروري بين الحاضر والماضي. بيد أن دراسة آلية حفظ الذكريات قد مكنتنا من التثبت من أنه لا شيء فينا، في ذواتنا، يتغير؛ وإنما ما يحصل هو تراكم الطباع، ومن ثمة فإنها لا تطبع تلك الطباع، أو قلْ تلك العادات، أي ما اعتدنا عليه من تصرفات ذهنية وعملية. ومفاد القول إن حصيلة هذه العملية أن ذاتنا تتغير، وفي الآن نفسه، لا تتغير بشكل ما. فهي تتغير من حيث إنها تُثرى بالمتذكر الجديد الذي يُضاف للقديم، وهي لا تتغير من حيث إن أفكارنا وأعمالنا جميعها، تترك فينا أثراً لن يمّحي»[34]. فالذاكرة حريصة كل الحرص على تأمين الديمومة وتحقيقها في إطار امتداد لما مضى من أحداث ومواقف والحفاظ عليه من الموت والزوال، ليس عن طريق تخزينه تخزيناً منطقياً بل بتحويله فكرياً وذهنياً. إنها تهدف إلى منح المعنى الممتد في الزمن لما كان له حضور حقيقي في الماضي قبل أن يصير مجرد صور تتأسس دلالاتها مما هو متخيل في الحاضر والمستقبل؛ فهي المساحة المميزة لتحصين هذه الصور من الزوال والضعف وتحويل الأشياء من صورها الطبيعية إلى صور متخيلة تتولد من الحاضر والمستقبل وتقتات على الماضي.

وتُعَد الذاكرة نسقاً مثلها مثل الثقافة، باعتبار أننا نجسد حضورنا انطلاقاً من نسقها وليس من ذاكرة معزولة ومنعزلة، ولا نقصد بهذا النسق المنظم والمنسجم والمتماسك منطقياً، وإنما يتعلق الأمر هنا بنسق متحرك ومتضاد ومتمفصل ومنقسم إلى أنساق أخرى تتفرع عنه. فطبيعة هذه الذاكرة تكمن في ربطها ما بين عناصرها من خلال بروزها على شكل مستويات مختلفة من التجانس والانسجام المؤكد باعتبارها في النهاية أنساقاً علاقية. فالبعد الثقافي أصبح من أهم مقومات الهوية باعتبارها معرفة وإدراكاً للذات القومية وعناصرها المختلفة من عادات وتقاليد وأخلاق وقيم وعقائد وطقوس، فهي الخصائص والمميزات التي تميز الشعب، حيث ترتبط هذه السمات بالسلوكيات العامة المميزة لأفراد المجتمع وعلاقاتهم المعروفة، وكذلك الإنتاج الثقافي والفني والفكري.

تتعرض الهوية الثقافية في العديد من الأحيان إلى ضغوطات كثيرة من طرف الأعداء والغزاة، حيث تعاني الاستلاب والتأثر بالعوامل الخارجية التي تحاول بكل قوة إحداث تغييرات كبيرة في الجوهر والمعنى، بل إن ما يزيد الطين بلة في هذا الإطار، هو الصراع الثقافي الناتج عن ظاهرة الاستعمار التي تعرضت لها العديد من الشعوب العربية وغير العربية في القرنين التاسع عشر والعشرين معاً نتيجة لما يسمى بالمد الثقافي، لذلك فإن الإكراه والاستلاب يعتبران حسب أليكس ميكشيللي Alex Mucchielli، أمرين يعودان إلى وجود نموذجين ثقافيين متناقضين ومتضادين لا بد من وجودهما بالضرورة، وبالتالي فإن الجماعة الخاضعة للاستعمار تدرك بأنها حين تنصهر

داخل النموذج الحديث بأنها تقتل نموذجها الثقافي والتقليدي وتفقد هويتها الأصلية[35]. إن ثقافة الآخر تعمل جاهدة لتغيير الهوية الثقافية وطمس الخصوصية الثقافية للمسيطَر عليه، حيث يولد لدى الفرد شعور بتلاشي سمات ثقافية مميزة تحت تأثير ثقافة أخرى تمارس نوعاً من الهيمنة والإكراه بكل الوسائل المتاحة[36].

يرى ميكشيللي أنه لا يمكن لأية جماعة بشرية كيفما كان نوعها أو معتقدها أن تتوحد على هوية واحدة دون أن تكون لها ذاكرة موحدة، لأن إدراك الجماعات للعناصر المشتركة التي تندرج في التاريخ المشترك لكل جماعة على حدة يؤدي في النهاية إلى ولادة الشعور بالهوية الجمعية ونموه مع الوقت[37]. فالهوية المشتركة التي تتشكل في المجتمع بين أفراده تستند بالضرورة إلى الماضي الذي بشكل بحد ذاته تاريخاً للفرد والمجتمع. فحاضر المجتمع مرهون بالأساس بما حفظته الذاكرة من أحداث الماضي، إذ يؤكد المجتمع هويته عبر التكامل الزمني حيث يكون وعي الذات مشتملاً على وعي الماضي[38]. فالذاكرة تختزن لأي جماعة كانت تجاربها الماضية التي تترك أثرها العاطفي والمعرفي، حيث إن الشعور بالهوية الجمعية ينطلق أساساً من ذكريات ترتبط بالتجارب الانفعالية والوجدانية المشتركة. فما يحدث في إطار الجماعة يرتبط بأحداثها الماضية. ومن هنا، نخلص مع عبد الله العروي الذي يرى أنه كلما انعدم الشعور العفوي المباشر بالذات لجأ الناس مضطرين إلى الماضي ليؤكد لهم هويتهم... فتصبح مرادفة للاستمرارية التاريخية، باعتبار أن هويتنا في النهاية هي ما تركه لنا أسلافنا وخلفوه وراءهم[39].

تعتبر الذاكرة بمثابة ملكة مميزة للروح الإنسانية، بل إنها بُعْد مكوِّن لوجود الإنسان وهويته، باعتبارها ملكة تقع في حدِّه الحقيقي، بمعنى ما يدل على ماهية الإنسان الحقيقية لكن الذاكرة، ومن خلال كونها كذلك، وباعتبارها فعلاً يعبر عن علاقة الأفراد والجماعات بالماضي، فهي انتقائية بطبيعتها، لأنه يصعب بل يستحيل تذكّر واستعادة الماضي بكامله وتمامه، وبالتالي، فهي تتماهى مع النسيان ليكونا وجهيْن لعملة واحدة[40]. ويرى الباحث الحسن أسويق أن الذاكرة باعتبارها استحضاراً للماضي أو حاضر الماضي حسب العبارة الشهيرة للفيلسوف سان أوغسطين Saint Augustine «هي ذاكرات لقوى وجماعات محددة تختلف صيغ استحضارها للماضي واختياراتها لما تستحضره حسب قدرتها، وتبعاً لمصالحها، وهكذا، فإنه خلافاً للتاريخ، لا تهتم الذاكرة بالوقائع التاريخية في حد ذاتها؛ إذ إن الإنسان يتذكر تاريخاً مؤولاً يضفي عليه، عند الاقتضاء طابعاً سحرياً وأسطورياً. معنى هذا أن الذاكرة، وإن كانت غير قادرة على تغيير الوقائع التاريخية الموضوعية، فإنها قادرة على تغيير معنى ودلالات تلك الوقائع. هكذا يصبح الماضي التاريخي مصدراً لنشوب حروب الذاكرة وموضوعاً لتأويلات تتصادم وتتعارك فيما بينها على خلفية سياسية»[41]. وفي هذا الإطار، يبرز معنى الذاكرة باعتبارها جزءاً أساسياً مكوناً للهوية، كما يرى جون لوك John Locke الفيلسوف الإنجليزي، سواء أكانت هذه الهوية فردية أم جماعية[42]. وهنا يحلّ مفهوم الذاكرة الثقافية محل الذاكرة الجماعية كما يرى موريس هالبفاكس .M Halbwatchs، والذي يعتبر أن عملية التذكر الفردية لا يمكن أن تنشأ إلا ضمن إطار اجتماعي معين؛ فعلى عكس

التصورات العلمية السائدة في عصره، والتي تنظر إلى الذاكرة، وعملية التذكر الفردية، على أنها وظيفة بيولوجية محضة، حيث اعتبر أن الإطار الاجتماعي الذي تنشئه ثقافة مجتمع ما، يسهر على وضع نسق جمعي يجعل الخبرات الفردية قابلة للتذكر والتفسير [43].

إن أهمية الهوية السردية عند بول ريكور، ومن خلالها الهوية الثقافية، تبقى حاضرة في قراءة وتحليل الأمور المرتبطة بالوجود الإنساني من خلال الجمع بين جانبي السرد (السرد التاريخي والسرد التخييلي)، ومن هنا يتساءل ريكور: «إن كانت هناك بنية للتجربة كفيلة لتستوعب الصنفين الكبيرين للسرد، عندها قلتُ بفرضية الهوية السردية لشخص واحد أو لجماعة بأكملها، وهذه الهوية تصبح بحسب هذه الفرضية مكان القلب والتبادل والتمازج بين التاريخ والخيال والقصص» [44]. ولقد اقترح بول ريكور، في هذا الإطار، الهوية السردية كمجال ضروري لتقاطع المخيلة والزمان، حيث قام بإدماجهما في حركية واحدة تنتهي إلى وظائف الذاكرة في تثبيت عمل السرد، فلا يمكن الحديث حسب رأيه عن كلية الإنسان إلا في الوحدة المنظمة من طرفه باعتباره يحتل مكانة مركزية في فلسفة الهوية. إن ريكور يقصد بالسرد في هذا الأمر بالذات، «كل ما يمت بصلة إلى الإرث الشفوي أو المكتوب، أي الحكاية والرواية والقصة والحدث التاريخي، بمعنى أن السرد يتعين في مواضع عدة: الآثار المادية والخطية والشفوية، إنه في كل حالاته إعادة تمثّل لما حدث وما مرّ من أحداث، إنه تذكر وتوثيق مادي في المخيال الجمعي. إن السرد بهذا المعنى ملاذ للذاكرة، إنه نمط آخر من الوجود الفردي

والجماعي قبل الحدث، أثناءه وبعده، إنه الفعل المرتبط بالزمانية، إنه الفعل المروي، أو الفعل المتلفظ به في كل مراحله، لكن السرد ليس متلفظاً فحسب، بل هو نص وأثر، يحمل دلالات لا حصر لها»[45].

لقد فهم ريكور أن عزل الهوية عن الذاكرة هو أمر مستحيل وغير وارد، أو التفكير من خارج تاريخها وأفعالها المعيشة باعتبار ذلك حافزاً للانهماك في تجديد خطاب الهوية المعتمد على طوبولوجية متحررة من القيود الإبستيمولوجية. فبإمكان الهوية السردية أن تنال هذا التحقق من خلال توفيقها الكبير بين المتنافرات اعتماداً على عدم العزل بينهما. هنا فقط يمكن للهوية السردية أن تفرض على السرد التاريخي والسرد التخييلي أن يندمجا معاً في طوبولوجية جدلية تهدف إلى إعادة تشكيل الفعل الحكائي برسم الأحداث، «ومن ثمّ فإن إشكال الهوية يرتبط بالممارسة السردية انطلاقاً من وجهين متعالقين، باعتبار أن الإنسان يميط اللثام عن هويته من خلال ما يرويه من قصص وحكايات تختزل حياته، وهذه الرواية تتجسد من خلال أجناس سردية تتمحور حول الكتابة التاريخية وإبداعات المخيلة، بمعنى أن الذات التي تصنع التاريخ، أي تخرج إلى دائرة الفعل المتحول، ولا يمكنها في الآن نفسه أن تكون فاعلة في التاريخ دون روايته وسرده»[46].

وهذا ما يفسر لدى ريكور أن الهوية السردية تقوم مقام الوساطة بين أقطاب الهوية الشخصية عندما تتحول الهوية العينية إلى سرد يروي فيطوع الاستعدادات المكتسبة ويحافظ عليها، بحيث تكون الهوية السردية قادرة على الجمع بين طرفي السلسلة، ديمومة الزمان

في الطبع، وديمومة المحافظة في الذات. إن الذاكرة تظهر هنا بكونها ميكانيزماً ضرورياً في تشكيل طرفي السلسلة وهندسة عناصرها. بينما يكون التقاء الهوية بالزمانية لقاء يجعل من الهوية معضلة تفرض حضور البعد السردي لتجد الصعوبات المتعلقة بالهوية الشخصية طريقها إلى الحل. ونخلص إلى أن الهوية السردية بوصفها مجالاً للتقاطع بين مفاهيم الذاكرة، الهوية، الزمان والمخيلة، تدفع الهوية الشخصية إلى الانفتاح داخل تأليفات الحبكة التي تحيل الوجود إلى أبعاده الزمانية والتخييلية، «والانفتاح هنا يعني أن الهوية السردية تجسد مقام التقاطع بين المتنافرات، أو بين عناصر مختلفة تحدد كينونة الإنسان، الذاكرة، الزمان، المخيلة، التاريخ، الهوية العينية والهوية الذاتية... إن الهوية السردية تعتبر الكيفية التي تمكن الإنسان من توسط الوظيفة السردية التي تؤول إلى ضروب البناء الثقافي، وأنماط الحكي المرتبطة بكل جماعة بشرية»[47].

تطرح فكرة الهوية السردية لدى العديد من الباحثين في الغرب مسألة التبادل السردي بين الغير والذات الساردة اعتماداً ضرورياً على وظيفة الذاكرة، من خلال استحضار أفق مشترك يكون فيه الأنا والغير بقيمهما وأفعالهما التي تضايف عمليات السرد بارزين أمام القارئ، حيث تبقى نتائج هذا التبادل المذكور مرتبطة بالذاتية والغيرية في إطار جدلية حوارية تؤكد وجود شبكة علائقية قائمة على الطاقة العلاجية للسرد الذي بواسطته تتحمل العلاقة بين الأنا والغير أكثر من دلالة أخلاقية، لأنه يحيل بالدرجة الأولى إلى الوجود العلاجي وكيفية تقبل الذات للغير من خلال هذه الطاقة العلاجية[48].

وفي هذا الصدد، يمكننا القول إن السرد هو نشاط علاجي لتفادي الخلل والألم والهموم، باعتباره قراءة للوجود الإنساني المرتبط بالوعي بالتاريخ والماضي والحفاظ على الهوية الوطنية والقومية والعرقية، حيث يتجلى الحفاظ على العلاقة بين التخييل والمرجعيات الثقافية والاجتماعية والتاريخية المتعلقة بالسارد أو بالكاتب نفسه.

إن السرد، حسب أوليفييه آبل Olivier Abel، لا يمكنه أن يكون مجرد رواية للأحداث الماضية والحقائق التاريخية فقط، بل كذلك لكونه شرحاً لحالات الإنسان بوصفه حيواناً زمانياً وشبكة من الذاكرة التاريخية والنسيان، ولهذا السبب لجأ بول ريكور إليها لتفعيل علاقة الإنسان بالسرد، فإن كان عملها يتمثل في حفظ الماضي وتدوينه، فإن مهمة السرد ووظيفته الأساسية هي رواية ما حفظته هذه الذاكرة باعتبار أن السرد هو الصيغة التاريخية التي يتم من خلالها هذا الحفظ، مادام أن العمل التاريخي يفعِّل انطلاقاً من فعل الحبكة السردي العلاقات الموجودة بين الزمان والتاريخ[49].

إن تمثُّل قيمة الذاكرة في علاقتها بالسرد دائماً، باعتباره أولاً وقبل كل شيء، حاملاً للزمان الإنساني، في كونها تتحقق في مصداقية معلوماتها ومعطياتها التاريخية، حيث نجد بول ريكور قد وقف عند هذا الأمر بالخصوص، وذلك من خلال تصوره للسرد من حيث إيجاد دعمٍ له من خلال عمل الذاكرة. فالتجارب الإنسانية المتعددة هي بالضرورة نتيجة تفاعل الأحداث والأزمنة للخروج منها بصورة معينة تتشكل منها الأزمنة التي تُعاش من خلال هذا السرد، والذي يقود إلى إبعاد الهوية التي تحافظ على الاستمرارية الزمانية على

الرغم مما يعترض الحياة من تغيرات. فهذه الهوية هي نافذة نحو العالم، وذلك بتحويل الأشياء والأفكار إلى علامات ورموز ودلالات ومعانٍ، بحيث إنها تتيح للإنسان مغادرة نرجسيته ليتحول نحو الآخرين وأفعالهم من خلال تجربة الحياة المعيشية، وحبكة الزمان في علاقة مباشرة مع عمل الذاكرة، فلكي تستطيع الذات سرد حياتها أو سرد أية رواية أخرى فلا بد لها من أن تلجأ إلى الذاكرة، غير أنها لا يمكنها استيعاب كل تجارب الذات أو تجارب الآخرين، فالسرد إذن، وبالضرورة، يرتبط بالنسيان، والذاكرة هي الحافظة الأولى للتاريخ[50].

4 - الذاكرة والسرد: التأويل وإنتاج المعنى:

يعدّ التاريخ تدويراً أو بالأحرى نزيفاً للواقع الذي يعلو على التخييل، فالكاتب الذي يسرد التاريخ متخيلاً يكتب وهو في غفلة عن ساردیه النمطيين، بل بعيداً عن ذاكرتهم أو عما يحاولون أن يتخيلوه سردياً، لأنه يحاول أن يسيطر على ما يكتبه من خلالهم. التاريخ، إذن سارد من نوع آخر، يتناص مع تفاصيل الزمان والمكان، ويحاول محو ما يقدمانه من عناصر واقعية محضة تقسو على شخصيات الرواية ويجعل من السنوات القاحلة والأعمار المعذبة شيئاً مختلفاً يقدم معرفة للقارئ بشكل ملؤه الحفاوة والفرح بما يقرأه مهما كانت منطلقاته المعرفية والفكرية والأيديولوجية.

لقد ارتبط تطور الخطاب السردي عند بول ريكور بمعطيات متعلقة بالهوية الذاتية والهوية العينية التي تشكل من خلالها الهوية السردية

جسراً أساسياً يربط الإنسان الفاعل بلازمة الإنسان الأخلاقي، باعتبارها لهذا الخطاب مؤثراً ومتأثراً، حيث إن هذا الخطاب «يحتاج دوماً إلى تقنيات وأساليب من أجل صياغة هوية تتقاطع في نسيجها أنساق الذاتي واللاشعوري والتاريخي والقصصي»[51] .

إن أهم ما يمكننا التأكيد عليه، من منظور بول ريكور، هو تجاور السرد والذاكرة وتعالقهما القائمين بين طرفي السرد من خلال التأليف القصصي والسرد التاريخي، حيث يتم ذلك كله من خلال آلية جمالية هي الاسترجاع، حيث تتحرك الذاكرة من أجل إسعاف السرد التاريخي في أداء مهامه الأخلاقية التي يحددها بول ريكور[52] في:

– أن السرد يتحمل عبء ديننا الأخلاقي للموتى، وبالتالي فمن المهم أيضاً أن تعرف الأجيال اللاحقة ما حدث حتى لا يضيع حق الضحايا الذين ضحوا بفعل تقلبات التاريخ ومفاجآته.

– أن السرد التاريخي يضطلع بالتحذير من عواقب الانخراط في سلوكيات عدائية يتوارثها السلف عن الخلف.

– أن الشهادة التاريخية تسعى من خلال إعادة تصوير أو تمثيل ما قد يكون حَدَثَ، إلى تمكيننا من أن نرى أو أن نسمع ما ليس بوسعنا أن نراه أو نسمعه.

ويرى عبد الرحمن النوايتي في هذا الإطار، أن هذه الوظائف الأخلاقية والإنسانية للسرد هي ما يمثل بالنسبة إلى بول ريكور تلك الأبعاد الإنسانية للذاكرة نفسها، والتي «لا تبقى سجينة الماضي

تحرك الأحقاد والضغائن. ومن هنا جاءت دعوته لبناء ذاكرة للغفران، ذاكرة تحرص إنجازاتنا ومعاناتنا وتسعفنا في استثمار الإنجازات وتجاوز المعاناة وبناء مستقبل لا تتكرر فيه أخطاء الماضي التي أثرت سلباً على المجتمعات الإنسانية»[53]. ومن هنا نقول إن الذاكرة، حسب بول ريكور، قد تحررت من التمثلات التي ظلت ترهنها بالماضي لتصبح وظيفتها ليست هي إحياء الماضي لنعيش فيه مرة ثانية، وإنما لاتخاذه مرجعاً للعبرة التي تفيد كثيراً في بناء مستقبل أفضل. وبذلك يصبح السرد بداية القبول بالخسارة التي تؤلم الذاكرة وبداية تحررها من ربقة العصاب[54].

فالذاكرة في السرد إذن، تحتل موقعاً وسطياً، حيث إنها تتموقع بين التخييل القصصي والحقيقة التاريخية كما هي. في حين أن في الزمن الإنساني الذي يمثل زمن الإبداع تأخذ الذاكرة موقعاً بين الزمن الشخصي وزمن اللغة العام، كما يعتقد بول ريكور، لكن في الزمن الفيزيائي أو الواقعي فإن الذاكرة تقع في نقطة الوسط بين الماضي والمستقبل. كما أن الذاكرة، من هذا المنظور، تحتل موقعاً وسطياً بين الأنا والآخر أو بين الأنوات والأغيار، وهي بذلك تؤسس لعلاقة خاصة بين الخاص والمشترك في الذاكرة الفردية والجماعية معاً. فالذات «تدرك وجودها وتحققه عبر وسائل اللغة والفعل والسرد لتعبر عن وقائع محفوظة في الذاكرة على اعتبار أن انخراط الإنسان في القص هو تعبير عن رغبته في التعرف والكشف عن مناطق ملغزة من حياته، هي على درجة عالية من الأهمية تجعلها جديرة بأن تكشف عن مجالها المرئي والبسيط إلى الآخر»[55].

إن أهمية التأويل في عملية التذكر تتجلى في دوره الفعال في استعادة حياة الناس وتفاصيل حياتهم، والنزوع نحو كسر الحدود المرسومة بين الكتابة وبين الرؤية إلى العالم، وبين العالم وبين القارئ من خلال الانفتاح على عوالم متخيلة متصلة بالذاكرة وكيفية تأويلها المرهون أساساً بقارئ ذكي يستطيع فهم ما بين السطور والتعبير عن ذلك وفق رؤيته الخاصة للعالم باعتباره أفضل شاهد على الأحداث. ومادامت هناك ذاكرة قوية تستطيع كشف وتعرية كل ما هو غامض ومسكوت عنه، فإن صاحبها (الذاكرة) قادر على تحفيز همة القارئ ودفعه إلى معانقة ما يتلقاه منه ليصير في النهاية جاهزاً «لاستقبال الذاكرة وتعبيرها وفق ذخيرته المسكونة بالمعرفي والمنهجي والتكاملي، وبمعيتها يقتدر القارئ على فكّ شفراته المندسة خلف إرادته الجامحة لتقويل الذاكرة ما سكتتْ عنه لظروف ما»[56].

ويرى الباحث عبد الله أحادي أيضاً، أن تأويل الذاكرة يصبح مشرعاً على تأويل محايثة بتنوع المؤولين، وتشعب الذاكرة المستوعبة للتاريخي والفلسفي والمعرفي، والمبئرة لفسيفساء أدبي من مرجعيات نصية وتناصية متعددة دون إغفال جانب المعرفة والدراية والدربة والتمرس المساعد في التصوير والاختبار والتلصص والتصنت على الذاكرة وسبر أغوارها، وتمكين القارئ من الإحاطة بالخيوط الناعمة والمعبدة لمسارها عبر التاريخ والجغرافيا، والمرغمة على التوقف عند المحطات والمراحل المنعشة لذاكرة الكاتب الذي يغوص في الماضي والحاضر معاً، ويتطلع إلى مستقبل فيه العديد من المفاجآت والغرائب[57].

إن حدود التأويل كما يرى أمبرتو إيكو Umberto Eco، «تتقاطع مع حقوق النص، الشيء الذي لا يعني أنها تتقاطع مع حقوق مؤلفه»[58]. فالذاكرة استفزاز واعتراف في عملية الكتابة الروائية هو قوة ومناعة بالنسبة إلى المؤول الذي يستطيع خوض غمار قراءتها وتحليلها وفق ما تفرضه الحاجة إلى التأويل، بل وصناعة ذاكرة تأويلية على الذاكرة الأدبية. «هكذا شكلت الذاكرة في بعدها المعرفي الواسع أحد مكونات انفتاح النصوص على مشارب علمية متعددة بتعدد حقول الذاكرة المعرفية، وقدرة القارئ على التواصل معها من زوايا نظر شتى، تختلف باختلاف المقتربين منها، وتوليدهم لعدد غير محدود من التأويلات. وفي هذا الإطار، يصبح نص الذاكرة إذن، نصاً مؤثراً في متلقيه من زاوية جمالية وتداولية وتوليدية، ويغدو تأويلها انكشافاً، وانكتاباً، ونسقاً من الأنساق الحية البانية لسيرورته التعبيرية والتخييلية والأسلوبية»[59].

يرى العديد من الباحثين أن التأويل هو اكتشاف جديد وتنقيب وحفر وبحث في الذاكرة، بل هو تحقيق للتكامل والتداخل الخاص بالصورة المتعددة التي تحملها الذاكرة من خلال زوايا معرفية متعددة، بمعنى كل ما يجعل الذاكرة بمثابة حياة جديدة، وخيال واسع، وتطلع كبير لما تهدف الذاكرة إلى تحقيقه. وتعد المرجعيات النصية التي ينبني عليها التأويل باعتبارها، حسب عبد الله أحادي، «ذلكم التنوع والتعدد الذي تحفل به الذاكرة على المستوى الواقعي أو الرمزي أو الخيالي أو الرؤياوي، والتي تقدم للقارئ إحالات مقامية أو مقالية من شأنها استبطان واستقراء عوالم النص معرفياً وترميزياً من زوايا نظر

دينية، أسطورية، فلسفية، تراثية، شعبية،... لتصبح ذاكرة المبدع إحالة على نصوص من زُمر مختلفة. ومرد هذا التنوع إلى الحمولات الدلالية والبؤر الإيحائية التي تضيء جسد النص بإمكانات مثرية للمعاني الثاوية خلف الكلمات، والتي تجبر المؤول/ القارئ على النظر إليها من زوايا متعددة بتعدد خبايا المرجع وشموليته، واتساع رقعته الإنسانية والكونية والوجودية»[60].

إن الذاكرة باعتبارها وعاء للفكر والثقافة، ومجالاً للتعبير عن الأحاسيس والمشاعر وما تتأسس عليه الذات الإنسانية، هي في النهاية فضاء لتنوير القارئ لدفعه إلى البحث عن الغامض والمتستر عليه، وحفزه إلى جمع شتات الأفكار والأحداث وصياغتها من جديد ضمن رؤية تأويلية تكشف دخيلة المبدع وبواطنه. إن القارئ المؤول الذكي هو الذي يستطيع مشاكسة الذاكرة لدى المبدع ومراودتها واختراقها بطرقه الخاصة للوصول إلى المعنى النهائي.

يمثل النص السردي عامة، والروائي خاصة، من حيث كونه نصاً أدبياً متخيلاً، في عمومه الصور التي تعكس الواقع بتفاصيله وتجلياته، حيث يقوم بتمثيل مكونات الواقع الاجتماعي الذي يعتبر في النهاية ثمرات ممتزجة للعناصر الثقافية والاجتماعية والسياسية والتاريخية والفكرية دون حصول الانفصال أو الانقطاع فيها. فأي فعل يروم استبعاد هذه المكونات يؤثر في الإبداع الروائي سلبياً، ويمنعه من تحقيق مصداقيته الأدبية فيفقد الرواية دورها الحقيقي، والمتمثل في نقل الواقع بحذافيره، لكن مع تدعيمه بعنصر التخييل ليتعارض مع التاريخ ووقائعه المضبوطة.

تشتغل الذاكرة إذن لغوياً، وفي النص الروائي بالخصوص، على ما تحتويه من ودائع ومعانٍ متعددة، فيتجرد كل شيء فيها ويغادر الحقيقة المطلقة نحو النوايا التي يمكنها أن تخرج ما يعتبر مغموراً في النفس ومختبئاً بطريقة أو بأخرى داخل طوايا الفرد. إن خبايا التجربة البشرية ومخزوناتها تقدم معرفة كاملة وأساسية في النص السردي، وبالتالي تنتج فكراً مختلفاً ومتعدد الجوانب يمتح من الذاكرة ومن التجربة الحياتية معاً، مما يؤدي في النهاية إلى إنتاج معنى محدد المعالم والخصائص.

5 - الذاكرة والتخييل الروائي: آليات بناء المعنى:

لا يعتقد بول ريكور أنه يمكننا أن نعتمد على العملية المزدوجة المتعلقة بارتباط التخيّل بالذاكرة، حيث يؤكد أن هناك في التجربة الحية للذاكرة وجود سمة غير قابلة للاختزال تفسر بقاء الغموض الذي يعبر عن وجوده التعبير التالي: صورة   ذكرى، حيث يبدو من الوهلة الأولى أن عودة الذكرى لا يمكن حصولها إلا بطريقة الصيرورة – الصورة. فالمراجعة الممكنة لفينومينولوجيا الذكرى وتلك الخاصة بالصورة تجد حدها الأقصى والنهائي في سيرورة تحويل الذكرى إلى صور. فالتهديد الدائم بالخلط «بين إعادة التذكر وبين الخيال الناتج عن الصيرورة – الصورة الخاصة بالذكرى يصيب طموح الأمانة الذي يختصر الوظيفة الصدقية للذاكرة... ومع ذلك، فليس أمامنا أفضل من الذاكرة كي نؤكد أن شيئاً قد وقع قبل أن نشكّل عنه ذكرى نحفظها. ولنقل منذ الآن إن كتابة التاريخ نفسها لن

تنجح في زحزحة الاقتناع الذي يتعرض للسخرية باستمرار ولكنه يؤكد من جديد، وهو أن المرجع الأخير للذاكرة يبقى الماضي مهما كان معنى ماضوية الماضي»[61].

ويمكن القول إن التخييل والذاكرة يقومان بوظيفتين مترابطتين ومتداخلتين هما وظيفتا التخيل والتذكر، ولا يمكن أن نستغني عن بعضٍ من التخيل ونحن نمارس فعل التذكر، ولا أن نستغني عن بعضٍ من التذكر ونحن بصدد التخيل. فالتخييل يضيف إلى الذاكرة ويعيد إحياءها ويبعث فيها الحيوية والنشاط على مستوى الذهن، كما أن الذاكرة قد تساعد التخييل باعتبارها مرجعاً أساسياً له.

إن الإشكالية التي تعترض الباحث هي الإجابة عن التساؤل المتمثل في كيفية كتابة الذاكرة روائياً، حيث ذلك الارتباط الوثيق بين الرواية والذاكرة. فالروائي دائماً، لا يمكنه أن يكتب إلا باستدعاء منسياته المرتبطة بالذات وبمسافة التأمل بين الماضي والحاضر، بمعنى ماضي الأحداث، وحاضر الكتابة والتأليف. وحول هذا التساؤل يقول الناقد صدوق نور الدين: «قلت (سابقاً) إن هذا السؤال الإشكالي من أعمق الأسئلة التي مهما جهدنا صوغ إجابات عنها تظل منفلتة عن الدقة، مادام لكل روائي خصوصيات ممارسته فعل الإنجاز الإبداعي، كما مرجعياته الثقافية والفكرية. على أن ما يمكن أن يؤسس الناظم الرابط للتجارب الروائية برمتها كون الذاكرة تحوي فيض أحداثٍ وقضايا وتأملات تتغيا اللملمة والإحاطة»[62]. فالتثبيت الفعلي لهذين الأمرين يتم من خلال الاعتماد على ترتيب معين لخلق منطق معين ومقنع أمام القراءة والتلقي. فالأصل «أن بلاغة الترتيب مثل المنطق

تتحكم في آليات إنتاجهما اللغة. (...) بيد أن الحديث عن الذاكرة يقتضي استدعاء النسيان. ذلك أن ما يترتب كقول، وينتظم كلغة وتخييل، هو في الجوهر النسيان بحكم وثوقية العلاقة بين الذاكرة والنسيان»[63].

إن أغلب النصوص الروائية التاريخية هي نصوص متناقلة أو مشاهدة أو مروية، تخص بشراً، جماعات كانت أم أفراداً، والوسيلة الأساس لنقلها هي الذاكرة، من خلال نقل المعلومة أو الخبر. والخبر هنا يعتبر العنصر الأول في الرواية، أي في السرد الذاكراتي الذي يحتويه النص الروائي، كل هذا يمكن تسميته في الثقافة العامة بشيء من التجاوز «ذاكرة تاريخية»، وذلك عند اختلاط الذاكرة بالتاريخ، حتى يصبح عند كثيرين شيئاً واحداً، الأمر الذي قد يثير نوعاً من الإشكالات المعرفية التي تقود إلى خلق إشكالبة التذكر وحقيقة معرفتنا بالماضي الحقيقي من خلال العمل السردي الروائي[64].

إن ما يميز الرواية التاريخية هو كونها تتجاوز الخصائص الجمالية والبنيوية والشكلية لفائدة أبعاد تداولية، وبالخصوص البعد التداولي الذي يفترض في الكاتب أن ينطلق من تواطؤ مع قارئه المتوقع حول امتزاج كل ما هو خيالي بالتاريخي الواقعي، والذي ينطلق من الإحالة إلى أحداث تاريخية، وإلى شخصيات وأزمنة وفضاءات واقعية. هذا التواطؤ لا يمكنه أن يحقق غايته إلا إذا كان الكاتب عارفاً بالعديد من الأمور والقضايا التي تمثل المرحلة التاريخية التي يكتب عنها، وملماً بحيثيات الواقع الثقافي والديني والاجتماعي والاقتصادي والسياسي، إضافة إلى ذلك مدركاً لأهمية المرحلة التاريخية لدى قارئه على المستويات اللغوية والجمالية والفنية والنفسية والعاطفية

ومدى ارتباطه بها نفسياً، مثل الحقبة التاريخية التي عاشها العرب والمسلمون في بلاد الأندلس، وما عرفته من انتصارات وانكسارات وهزائم وبناء حضاري، وما تبعها من نكسات أدت إلى خروج العرب والمسلمين منها خروجاً مذلاً وظالماً.

إن الرواية التاريخية تقدم للقارئ نوعاً من التعالق بين ما هو تاريخي واقعي وما هو تخييلي، حيث اللغة والسرد والزمن والمكان والشخوص والوصف. وفي ذلك الإطار، تتجلى، حسب الناقد المغربي محمد نافع العشيري، «خصوصية الرواية في إعادة صياغة كل هذه العناصر بما يخدم رؤيتها الجمالية وخصائصها الفنية، إذ تحول التاريخ من معلومات جافة ونصوص توثيقية ثابتة، إلى كائن ينبض بالحياة ويضج بالألوان ويُفعَم بالمفارقات. فالرواية التاريخية تُشَعرِن اللغة وتتلاعب بالسرد استرجاعاً واستشرافاً، وتحطم الزمن الخطي المتدفق، وتعيد هندسة الأمكنة، وتمنحها دينامية وحركة وجمالية، وتتجاوز البشري في السرد التاريخي إلى الإنساني المفعم بالعاطفة والمشاعر المتقلبة بين مرارة الانكسارات وحلاوة الانتصارات»[65].
ويختصر الناقد نفسه هذه المسألة في كون استحضار التاريخ كصناعة باعتباره مؤطراً بالبعد العلمي وضوابط المنهج، في حين تكون الكتابة الروائية التاريخية مؤطرة مبدئياً بالهاجس الجمالي والمقاصد الوظيفية التي يحملها الكاتب أو السارد في الرواية[66].

ويحدد العشيري وظائف الكتابة الروائية التاريخية في ست وظائف[67] محدداً خصائصها ومرجعياتها الأيديولوجية والفكرية والفنية:

– وظيفة بداغوجية تعليمية: كما هو الشأن عند جورجي زيدان في رواياته التاريخية، حيث يعتبر أنها تجيب عن درس التاريخ لفائدة المتعلمين والناشئة، نظراً للنفور العام من هذا العلم بسبب كثرة الأحداث والتواريخ وجفاف اللغة التي يُكتب بها.

– وظيفة تعبوية: باعتبار الرواية التاريخية وسيلة لاستنهاض الهمم وبث روح الأمل في النفوس، مثل رواية «كفاح طيبة» لنجيب محفوظ، ورواية «الأمير» لواسيني الأعرج...

– الاعتصام بالتاريخ: وذلك لمنع الوعي العام من الانهيار الكامل، والإشارة إلى أسباب الانهيار الحضاري والنكسات المصاحبة له، خاصة أمام الهزائم المتتابعة للأمة العربية، وانكسارات المثقف العربي بعد الهزيمة أمام إسرائيل، وفشل الربيع العربي، في مثل روايات «ثلاثية غرناطة» لرضوى عاشور، ورواية «البشرات» لإبراهيم عيسى...

– تصريف بعض التابوهات السياسية: من خلال الكشف عن خبايا القصور وعالم الدسائس، ونقد الطبقة الحاكمة واحتكارها للسلطة وفسادها واستبدادها وجنونها، وإعادة النظر في الهوية الوطنية، كما هو الشأن في روايات «مجنون الحكم» لبنسالم حميش، ورواية «الزيني بركات» لجمال الغيطاني، ورواية «الموريسكي» لحسن أوريد...

– وظيفة أيديولوجية: تعنى بنقد العقلانية والسلفية الدينية معاً، والرجوع إلى رحاب التصوف بكل أشكاله الثقافية والاجتماعية في

روايات من قبيل «هذا الأندلسي» لبنسالم حميش، و«موت صغير» لصالح علوان، والكتابات العرفانية عند ابن عرفة وروايات إليف شافاق التركية...

ـ وظيفة حجاجية: تمثل حوار الحضارات والنقد الثقافي، وتتمثل بشكل خاص في استغلال السرد لتوضيح بعض الإشكالات الفكرية والسلوكية والاختلافات الثقافية بين الشرق والغرب، كما نجد ذلك مثلاً في رواية «باري أنشودة سودان» لإبراهيم عيسى التي تقدم أفكاراً وإشارات إلى التسامح الديني في العالم الإسلامي وقضية تعدد الزوجات...

ويؤكد الناقد صدوق نور الدين في الإطار نفسه، أن فيما يتعلق برواية الذاكرة، الصلة الوثيقة بالذاتي كمحكي يتم تصريفه في الكتابة الروائية عموماً، قائلاً: «إن نوعية التصريف، تجعل منه مادة قابلة للصوغ والتلقي، بعيداً عن الاعتبار الذي يقيم المادة كسيرة ذاتية، وفي غياب التنصيص الفعلي على كون المقروء ينبني من حيث ميثاق مرجعيته على التحديد: سيرة ذاتية. فإذا كانت الذاكرة الصلة بالقريب والبعيد، وبالتالي الارتباط بالجذور كصور، أصوات وروائح، فإن الروائي يلتقط من الذاكرة ما يعمل على بعث الحياة فيه، وتحويله إلى زمن مستمر يناهض الموت ويقاوم النسيان»[68] .

ويرى الناقد والباحث إدريس الخضراوي أن رواية الذاكرة تتأسس جوهرياً على التذكر الفردي والجماعي لمجموعة من الذكريات والأحداث والفضاءات والعلاقات المتعددة والمشاعر المتغيرة التي تركها الإنسان خلفه عبر الأزمنة والعصور السابقة، ويبقى دورها

المحوري في تشكيل هويته، بل وفي توسيع وعيه ووعي الأجيال التالية باللحظة الراهنة؛ حيث «إن ارتباط الفعل التذكري بالهوية يعود إلى كون السرد، سواء أكان فردياً أم جماعياً، يُعدّ من أهم الأدوات الممكنة لفهم التجربة الإنسانية؛ بسبب تجذر الفرد في الحاضنة الاجتماعية والثقافية التي يشتبك بها»[69]. فرهان رواية الذاكرة في رأي الباحث يكمن في استعادة الأحداث والوقائع ذات الأهمية الكبيرة بالنسبة إلى الفرد والجماعة معاً، ثم يتعدى ذلك إلى الإسهام في المحافظة عليها حتى لا تتكرر التجارب والأفكار، خاصة تلك التي يمكن وصفها بأنها شديدة العنف والألم والمعاناة.

إن قدرة التخييل التاريخي (رواية الذاكرة التاريخية) على اجتراح فضاء أوسع وأكبر للبحث في وجود الإنسان في العالم من خلال رؤية لا تجعل السؤال الروائي مقتصراً على الحفر في التاريخ والتنقيب عن الأحداث التاريخية فقط، وإنما يشمل حتى مفهوم الحياة الإنسانية في شموليتها ودلالتها، حيث إن هذا النوع من الكتابة الروائية «التي تنفتح على الماضي متسلحة باستراتيجيات التناص والتحويل والمحاكاة الساخرة، كما تستثمر ما شهده من وقائع وأحداث وتجارب في بناء مفتوح متعدد الشخصيات واللغات والسجلات، تتعين بوصفها مثالاً متميزاً للرواية التي لا تغدو فيها التجربة التاريخية إشكالاً جمالياً فحسب، وإنما، أيضاً، إشكالاً معرفياً أو ثقافياً»[70].

لقد صارت العلاقة بين السرد والتاريخ ثابتاً جوهرياً من ثوابت الرواية الحديثة والمعاصرة، بل أصبحت مصدراً ثرياً وغنياً من مصادر ثرائها وغناها وقدرتها على سبر أغوار الراهن الثقافي

والاجتماعي، وذلك من خلال البحث في أحداث الماضي القريب والبعيد. فالمعرفة التي تبلورها الرواية عبر التخييل والسرد تستطيع أن تغنيَ التفكير التاريخي، وتوسّع نطاق المعرفة بالماضي والحاضر معاً، يقول إدريس الخضراوي في هذا الصدد: «ولما كانت ذاكرة العنف تعتبر ظاهرة اجتماعية متعددة الأوجه يتجاوز تأثيرها نطاق الفرد إلى المجتمع، فإن الحاجة إلى سرد أحداثها وتفاصيلها في الرواية، تتعين بوصفها شكلاً لمفاوضة تجارب الماضي والحاضر، من خلال النبش في الهوية الفردية والجماعية، وإعادة بناء مفهومها على نحوٍ يفتح أفقاً جديداً أمام الذاكرة الجريحة»[71].

بإمكان الرواية استقبال مواد تاريخية وأحداثاً ماضية لبناء كيان سردي دالٍ فنياً وجمالياً، وبإمكان التاريخ أيضاً أن يستفيد مما يحتاجه من مواد روائية لبناء كيان سردي دالٍ تاريخياً[72]؛ ونتيجة ذلك هو أن التاريخ يستفيد من التخيّل الروائي، وهذا الأخير بدوره يستفيد منه، حيث نصل مع ذلك في النهاية إلى الحديث عن مرجعية متقاطعة، عبرها يتمّ إكساب الخاصية السردية للفعل الإنساني زمنيته بوصفه مبدأً منظّماً لتجارب الواقع وعوالم السرد الممكنة[73]. ومن هنا علينا الإقرار بأن الخطاب الروائي هو أكثر حرية من الخطاب التاريخي في علاقتهما بالذاكرة الجماعية والفردية معاً؛ لأن الروائي يحتكم على سلطة التخييل الكبيرة، ويملك القدرة على الصمت حين يحين أوانه، ثم يركز ويهتم بأشياء أخرى وأحداث يظهر له أهميتها بالنسبة إلى القارئ. إن الرواية عنده «تعود بين الفينة والأخرى لتستلهم من أحداث التاريخ حكاية تسقط عليها قضيتها المركزية وتدعو إلى الاعتبار»[74]. وفي هذا الإطار، يصير الروائي أكثر تحرراً في

طريقة اختياره للمادة التاريخية وأسلوب سردها، حيث تنشأ الرواية «منطوية على واقع محتمل ينفي القائم ولا يعيد إنتاجه، ويوحي بأن الواقع يوجد في صيغة الجمع ويتشكل بلا انقطاع من دون أن يلتقيَ بشكله الأخير أبداً»[75].

ومن هنا، يمكن القول إن المتخيل الروائي يقوم على إعادة تشكيل عناصر الواقع وتفاصيله الصغيرة لبناء عالم جديد، وبذلك فهو يعتمد الذاكرة بالأساس كمنطلق لتشكيل هذا العالم. فستيفن سبيندر Stephen Spender مثلاً يرى أن «الخيال ما هو إلا وظيفة من وظائف الذاكرة، وأن قدرتنا على التخيل ما هي إلا قدرتنا على تذكر تجاربنا التي مررنا بها، وتطبيقها على موقف مختلف. ويرى والي Whally أن فصل الخيال عن الذاكرة فصل عبثي، أي، إن الذاكرة حافظة ومنظمة ومبتكرة معاً. [...] وبناء على هذا، فإن الذاكرة ليست مخزَناً للصور والانطباعات فحسب، وإنما تتدخل في إعادة صياغتها. الذاكرة لا تتدخل إلا في تشكيل الصور التي هزتنا وتلقيناها بمزيد من الاهتمام خلال عملية الإدراك»[76].

إن الرواية تحكي تخييلياً عالماً افتراضياً ممكناً، قد يطابق الواقع في بعض الأحيان، وقد يخالفه في أحيانٍ أخرى. وعلى الرغم من أنه يمكننا أن نتوهم في بعض اللحظات أننا أمام نصوص روائية تروي وقائع تاريخية واقعية حقيقية، فإن هذه الوقائع تبقى تخييلاً من إنتاج المؤلف حتى لو كان مرجعها هو الواقع التاريخي؛ لأنه بكل بساطة يكون لدى المؤلف الحرية في اختيار أسماء شخصياته وأدوارهم ووظائفهم في الحكاية والأحداث المروية، إضافة إلى تصرفه في

المكان والزمن الروائيين من خلال عدم التزامه بخطة زمنية وتعاقبية كما الواقع وفي إطار ما أتتْ به المدونة التاريخية، بل إن المؤلف، وفي أغلب الروايات التاريخية بالخصوص، نجده يستحضر الأحداث التاريخية ممزوجة بالعجائبي والغرائبي من أجل منح نصه الروائي نكهة فنية وجاذبية أكثر إمتاعاً للقارئ.

هوامش الفصل الأول:

1 – ليندا هتشيون، «رواية الرواية التأريخية: تسلية الماضي»، ترجمة: شكري مجاهد، مجلة فصول، المجلد 12، العدد 2، القاهرة، صيف 1993م، ص 96 – 97.

2 – إدريس الخضراوي، «من التاريخ إلى الرواية: الذاكرة الجمعية مصدراً للسرد»، مجلة تبين، المركز العربي للأبحاث ودراسة السياسات، العدد 33، المجلد 9، الدوحة، صيف 2020م، ص 84.

3 – نادر كاظم، استعمالات الذاكرة في مجتمع تعددي مبتلى بالتاريخ، مكتبة فخراوي، البحرين، ط 1، 2008م، ص 11.

4 – فيصل دراج، الذاكرة القومية في الرواية العربية: من زمن النهضة إلى زمن السقوط، مركز دراسات الوحدة العربية، بيروت، ط 1، 2008م، ص 13.

5 – إدريس الخضراوي، «من التاريخ إلى الرواية: الذاكرة الجمعية مصدراً للسرد»، المرجع السابق، ص 85.

6 – إدريس الخضراوي، المرجع السابق، ص 86.

7 – مصلح الصالح، الشامل، قاموس مصطلحات العلوم الاجتماعيّة، ط 1، دار عالم الكتب للطباعة والنشر والتوزيع، الرياض– المملكة العربيّة السعوديّة، 1999م.

8 – ج. ف. دورتييه، معجم العلوم الإنسانيّة، ترجمة: جورج كتورة، ط 2، كلمة ومجد المؤسسة الجامعيّة للدراسات والنشر والتوزيع، بيروت، 2011م.

9 – الزواوي بغورة، «الذاكرة والعدل: موقف بول ريكور»، موقع مؤمنون بلا حدود، بتاريخ: 12 نوفمبر 2013م، رابط الموقع: http://www.mominoun.com.

10 – محمد فيصل خير الزراد، الذاكرة تعريفها اضطرابها وعلاجها، 2004م، نسخة إلكترونية، ص 115 وما يليها.

11 ـ محمد فيصل خير الزراد، المرجع نفسه، الصفحة نفسها.

12 ـ محسن التومي، «المعطلات الثقافية: محاولة في بناء المفهوم»، مجلة تبين، المركز العربي للأبحاث ودراسة السياسات، عدد 20، المجلد 5، ربيع 2017م، ص 14. وانظر أيضاً:

S. Moscovici, La psychanalyse, son image et son public, Paris, P. U. F, 1961, p. 170.

13 ـ محسن التومي، المرجع السابق، ص 15. وانظر أيضاً:

‒ M. Halbwachs, Les cadres sociaux de la mémoire, Librairie Félix Alan, Paris, 1925; M. Halbwachs, La mémoire collective, Paris, P. U. F, 1950, P. 14, 108.

14 ‒ Didier Huberman, Devant le temps, Les éditions de Minuit, Paris, 2000, P. 37.

15 ‒ Hérodote, L'Enquête, Livre V, Andrée Barguet, Gallimard, Paris, 1964.

16 ‒ Jean ‒ Jacques Becker, «La mémoire: objet d'histoire», in. Ecrire l'histoire du temps présent, en hommage à Français Bédarida: Actes de la journée d'études de l'JHTP, 14 mai 1992, Paris, Ed. CNRS, 1993, P. 121.

17 ـ عبد الرحيم الحسناوي، «الذاكرة والتاريخ: مقاربة إبستمولوجية»، مجلة المناهل، العدد 97، الرباط، أكتوبر ‒ ديسمبر، 2019، ص 229.

18 ـ عبد الحكيم الزاوي، «جدل التاريخ والذاكرة في الأسطوغرافيا المغربية (3): حفريات في الذاكرة المغربية المقهورة بلون السياسة»، الحوار المتمدن، رقم: 5319، محور دراسات وأبحاث في التاريخ والتراث واللغات، 2016م، ص 5 ‒ 6. رابط المقال: https://www.ssrcaw.org/ar/show.art.asp?aid=535008.

19 ـ أندريو كوارا وآخرون، التاريخ والذاكرة الجماعية في تونس: مفاهيم متباينة، مركز الكواكبي للتحولات الديمقراطية، تونس، ط 1، 2016م، ص 10.

20 ـ عامر عبد زيد، «اللغة وآليات إنتاج المعنى»، مركز الدراسات والأبحاث العلمانية في العالم العربي، 21/ 06/ 2009م، رابط المركز: http://www.ssrcaw.org.

21 ‒ Pierre Janet, L'Evolution de la mémoire et de la notion du temps,

Paris, Chahine, 1928. Cité par: Jacques Le Goff, Histoire et mémoire, Op. Cit, P. 107.

22 – Pierre Janet, L'Evolution de la mémoire et de la notion du temps, P. 107.

23 – Pierre Nora, sous la direction, Les lieux de mémoire, 7 vol., Gallimard, Paris, 1984 – 1992, P.

24 – Toomas Gross, Anthropology collective memory: Estonian, university of Tartu, no. 6, 2002, P. 372.

25 – جون سيرل، «العقل: مدخل موجز»، ترجمة: ميشيل حنا متياس، المجلس الوطني للثقافة والفنون والآداب، الكويت، العدد 343، سبتمبر 2007م.

26 – رشيدة كوجيل ومحمد إدريسي، «أنثروبولوجيا الذاكرة والثقافة»، ضمن كتاب جماعي: الذاكرة والبناء الثقافي، أشغال المؤتمر الدولي السنوي لمؤسسة مقاربات، الجزء الأول، مرجع سابق، ص 466.

27 – Joel Candan, Mémoire et Identité, Paris, PUF, 1998.

28 – Jacques Le Goff, Histoire et mémoire, Paris, Gallimard, 1995, P. 105.

29 – عبد الرحيم الحسناوي، «الذاكرة والتاريخ: مقاربة إبستمولوجية»، مجلة المناهل، المرجع السابق، ص 225.

30 – نقلاً عن: سمير الخليل، دليل مصطلحات الدراسات الثقافية والنقد الثقافي: إضاءة توثيقية للمفاهيم الثقافية المتداولة، مراجعة وتعليق: سمير الشيخ، دار الكتب العلمية، بيروت، ط 1، 2015م، ص 175.

31 – Jan Assmann, Communicative and cultural memory, Cultural Memory Studies. An International and Interdisciplinary Handbook, Berlin, New York 2008, S. P. 109 – 118.

32 – سارة زويتن، «الذاكرة في رواية (موت أرتيميو كروز) لكارلوس فوينتس»، ضمن كتاب جماعي: الذاكرة والبناء الثقافي، أشغال المؤتمر الدولي السنوي لمؤسسة مقاربات، الجزء الثاني، المرجع السابق، ص 56.

33 – خالدة سعيد، فضاء المعنى، دار الساقي، ط 1، بيروت، 2013م.

34 – Emile Chartier Alain, "Sur la mémoire", in revue de Métaphysique et de Morale, VII, Paris, 1899, P. 40.

35 – أليكس ميكشيللي، الهوية، ترجمة: علي وطفة، دار النشر الفرنسية، دمشق، ط1، 1993م، ص 155.

36 – أليكس ميكشيللي، المرجع السابق، ص 84.

37 – أليكس ميكشيللي، المرجع نفسه، ص 80.

38 – أليكس ميكشيللي، المرجع نفسه، ص 67.

39 – عبد الله العروي، الأيديولوجيا العربية المعاصرة، المركز الثقافي العربي، الدار البيضاء، ط 2، 1999م، ص 97.

40 – الحسـن أسـويق، «سياسة الذاكرة وسـؤال الاعتراف»، مجلة الرافد، العدد 241، دائرة الثقافة بالشارقة، سبتمبر 2017م، ص 69.

41 – الحسن أسويق، المرجع السابق نفسه، الصفحة نفسها.

Julio De Zan, Memoria e identidad, Topicos, Revista de filosofia de – 42
67 – 41 .P ,2008 ,16 .N (Rep. Argentina) Santa Fe. (وانظر أيضاً: الحسـن أسويق، مرجع مذكور سابقاً)

43 – Maurice Halbwatchs, La mémoire collective, Les presses universitaires de France, Paris, 1950, édition électronique.

44 – بـول ريكور، الذات عينها كالآخـر، ترجمة وتقديم وتعليق: جورج زيناتي، مركز دراسات الوحدة العربية، بيروت، ط 1، 2005م، ص 251.

45 – عبـد الرحيـم برواكـي، «وظيفة الذاكرة فـي تثبيت عمل السـرد عند بول ريكـور»، ضمن كتـاب جماعي: الذاكرة والبناء الثقافي، أشـغال المؤتمر الدولي السنوي لمؤسسة مقاربات، الجزء الثاني، مرجع سابق، ص 241 – 242.

46 – عبـد الرحيـم برواكـي، «وظيفة الذاكرة فـي تثبيت عمل السـرد عند بول ريكور»، المرجع السابق، ص 242.

47 – عبـد الرحيـم برواكـي، «وظيفة الذاكرة فـي تثبيت عمل السـرد عند بول ريكور»، المرجع السابق، ص 243.

48 – عبد الرحيم برواكي، المرجع السابق، ص 245.

49 – Olivier Abel, Enrico Castelli et autres, La juste mémoire, lectures auteur Paul Ricœur, édition Labor et Fides, 2006, op. cit. P. 12.

50 – بول ريكور، الذاكرة، التاريخ، النسيان، ترجمة وتعليق: جورج زيناتي، دار الكتاب الجديد المتحدة، بيروت، ط 1، 2009م، ص 14.

51 – بول ريكور، الزمان والسرد، الجزء الثالث، ترجمة وتقديم وتعليق: جورج زيناتي، مركز دراسات الوحدة العربية، بيروت، ط 1، 2005م، ص 367.

52 – بول ريكور، الذاكرة والسرد، ترجمة وتقديم: سمير مندي، منشورات دار كنوز، عمان، الأردن، ط 1، 2016م، ص 14.

53 – عبد الرحمن النوايتي، «السرد والذاكرة والهوية وبناء المعنى الثقافي في رواية (خطاطيف باب منصور) لعبد السلام حيمر»، ضمن كتاب جماعي: الذاكرة والبناء الثقافي، مرجع سابق، ص 266.

54 – بول ريكور، الذاكرة والسرد، المرجع السابق، ص 18.

55 – عبد الرحمن النوايتي، «السرد والذاكرة والهوية وبناء المعنى الثقافي في رواية (خطاطيف باب منصور) لعبد السلام حيمر»، المرجع السابق، ص 267.

56 – عبد الله أحادي، «الذاكرة والتأويل: المرجعيات النصية في الشعر العربي المعاصر»، ضمن كتاب جماعي: الذاكرة والبناء الثقافي، المرجع السابق، ص 205 – 206.

57 – عبد الله أحادي، المرجع السابق، ص 206.

58 – Umberto Eco, Les limites de l'interprétation, traduit par: Myriem Bouzaher, Ed. Grasset/ Fasquelle, 1992, P. 17 – 18.

59 – عبد الله أحادي، المرجع السابق، ص 206.

60 – عبد الله أحادي، تأويل القصيدة المغربية المعاصرة: السياق والنسق، منشورات مقاربات، فاس، المغرب، ط 1، 2016م، ص 91.

61 – Paul Ricœur, La mémoire, l'histoire, l'oubli, Editions de Seuil, Paris, 2000, P. 15.

62 – صدوق نور الدين، رواية الذاكرة وذاكرة الرواية: دراسات في الكتابة الأدبية، دار شهريار ودار الرافدين للطباعة والنشر والتوزيع، البصرة، العراق، ط 1، 2017م، ص 60.

63 – صدوق نور الدين، المرجع السابق، ص 60 – 61.

64 – وجيــه كوثرانـي، «الذاكرة من منظور مؤرخ»، مجلة تبين، المركز العربي للأبحاث ودراسة السياسات، العدد 33، المجلد 9، مرجع مذكور، ص 16.

65 – محمــد نافع العشـيري، «خصوصية الرواية التاريخيـة: رواية الحاج اَلِمان نموذجاً»، مجلة العربي، العدد 739، الكويت، يونيو 2020م، ص 95 – 96.

66 – محمد نافع العشيري، المرجع السابق نفسه، ص 96.

67 – محمد نافع العشيري، المرجع السابق، ص 96 – 97.

68 – صدوق نور الدين، المرجع نفسه، ص 18.

69 – إدريــس الخضـراوي، «من التاريخ إلى الرواية: الذاكرة الجمعية مصدراً للسرد»، مجلة تبين، المركز العربي للأبحاث ودراسة السياسات، العدد 33، المجلد 9، مرجـع مذكـور، ص 89. وانظر أيضـاً: عبد الله إبراهيم، السـرد والاعتراف والهوية، المؤسسة العربية للدراسات والنشر، بيروت، ط 1، 2011م، ص 5.

70 – إدريس الخضراوي، المرجع السابق، ص 90.

71 – إدريس الخضراوي، سـرديات الأمة: تخييل التاريخ وثقافة الذاكرة، إفريقيا الشرق، الدار البيضاء، ط 1، 2017م، ص 99.

72 – عبد السلام أقلمون، الرواية والتاريخ: سلطان الحكاية وحكاية السلطان، دار الكتاب الجديد المتحدة، بيروت، ط 1، 2010م، ص 102.

73 – عبـد الفتاح الحجمـري، هل لدينا رواية تاريخية؟، مجلـة فصول، القاهرة، المجلد 16، العدد 3، 1997م، ص 64.

74 – عبد الســلام أقلمون، الرواية والتاريخ: سـلطان الحكاية وحكاية السـلطان، المرجع السابق، ص 316.

75 – فيصـل دراج، نظرية الروايــة والرواية العربية، المركـز الثقافي العربي، الدار البيضاء، ط 2، 2002م، ص 145.

76 – نقلاً عن: جهاد المجالي، دراسات في الإبداع الفني في الشعر، دروب للنشر والتوزيع، عمان، الأردن، ط 1، 2016م، ص 86.

الفصل الثاني:

الذاكرة التاريخية والبناء الثقافي في رواية «الديوان الإسبرطي» لعبد الوهاب عيساوي

تؤكد جدلية العلاقة بين الرواية، وبين الوقائع التاريخية والسرد المتخيل فيها، إشكاليةً أساسيةً تتعلق بمدى حضور التاريخ وأحداثه الواقعية في عملية السرد الروائي، حيث يأخذ التاريخ أبعاداً مختلفة من خلال إعادته إنتاج أحداث أخرى مفعمة بالرؤى الاحتفالية والتخييلية التي أغفلتها الذاكرة من قبل في أثناء كتابة التاريخ. فالكتابة الروائية التي تتعاطى مع الأحداث التاريخية، وتستلهم الذاكرة في أثناء عملية الكتابة تستجيب للمتغيرات السياسية والاجتماعية والثقافية التي يتعرض لها المجتمع، فهي كتابة إبداعية، وقبل كل شيء، تظل مشدودة بأركان الذاكرة الثقافية والاجتماعية والتراثية لتحريك عجلة الإرث التاريخي الجامد، وفق رؤية تخييلية وتأويلية لتغذية الفضول المعرفي لدى القارئ وإشباع ذائقته الأدبية والثقافية.

إن الأحداث التاريخية بكل أوصافها واختلافاتها تبقى هي المصدر الحقيقي والأساسي لكتابة رواية تاريخية أو تخييل تاريخي طبقاً لمفهوم الدكتور عبد الله إبراهيم، فهي تستثمر التاريخ وأحداثه الواقعية، وتجعل منه فضاء لاشتغال الذاكرة واستدعائها بسلاسة، إضافة إلى كونها لا تعتمد على الأحداث والحقائق بكل دقتها، ولكن تحاول أن تستدعي بعض الوقائع والأحداث الأخرى المتخيلة التي

تدخل في باب التسلية والإمتاع، مثل قصص الحب والصراع الأسري والسياسي... ومن هنا، يؤكد عبد الله إبراهيم أنه لو «جُرِّدتْ روايتنا من عبارات الحب ونحوه، كانت تاريخاً مدققاً يصحُّ الاعتماد عليه، والوثوق به، والرجوع إليه، وإن كنا لا نطلب الثقة بها إلى هذا الحد، وإنما نعرف لها مزية هي تشويق العامة لمطالعة التواريخ باطلاعهم على بعضها على سبيل الفكاهة»[1].

وفي هذا الإطار، نجد جورج لوكاتش Georg Lukács، يؤكد أن «التأريخي لا يكون تأريخياً إلا عندما نستطيع اعتبار الحاضر بصورة عامة نتيجة لتلك الأحداث التي تؤلف في سلسلتها الشخوص أو الأفعال المطروحة حلقة جوهرية؛ لأن الفن لا يوجد من أجل مجموعة صغيرة مغلقة من القلة المتمتعة بامتياز الثقافة، بل من أجل الأمة بأكملها»[2]. ومن هنا، نرى أن هناك فرقاً بين المؤرخ والروائي، فالأول له لغته ومنهجه في حفظ الوقائع والأحداث والبحث في حقيقتها ودقتها بإبعاد الزيف والكذب عنها، بينما الروائي غير مجبر على القيام بعمل المؤرخ كما هو، بل هو مدعو إلى الاعتماد على مخيلته الواسعة وعلى رؤيته الجمالية باعتبار أن الزمن الروائي هو زمن تخييلي خلافاً للزمن عند المؤرخ، وفي ذلك يقول إبراهيم الفيومي: «لا يستطيع (المؤرخ) أن يخرج رواية الأحداث الفعلية من تفاصيل الماضي، أما الأديب فله أن يروي كل ما يمكن، أو يحتمل أن يحدث، وبذلك فمجاله أرحب في التعامل مع العموميات»[3]. فهذا النوع من الكتابة التخييلية يحتاج إلى ربط الروائي ذاكرته بما هو هوياتي، بمعنى أنه يحافظ ما أمكنه ذلك على ما يحيله إلى مرجعية

تاريخية تنفي عنه الاتهام بتحريف التاريخ وتزويره، وفي الوقت نفسه تدفعه الضرورة الفنية لتجاوز بعض الظروف التاريخية والالتفاف عليها من أجل إبداع نص أدبي ممتع وجيد.

إن وجود الإنسان مرتبط بتذكر العديد من التجارب الإنسانية الماضية، والأحداث التي راكمتها عبر الزمن من خلال عملية التذكر. ولا نقصد بهذه العملية ذلك المفهوم المبتذل في كل شيء بعد طول غياب أو استحضار فكرة بعد طول نسيان لها، فماهية الذاكرة الحقيقية تتمثل في كونها معجزة حقيقية تمكن الإنسان من التأكد من الأحداث الماضية وإثبات صحة صورة الماضي المتمثلة في ما تراه الذات وتتذكره أو تقرأ عنه، وهذه التجربة الرائعة في حياة الإنسان تنتمي بالضرورة إلى عالم اليقينية[4]، بل تكمن ماهيتها أيضاً، حسب زهير الخويلدي، في أنها تفعل عمل السرد باعتباره شهادة على الأحداث التأسيسية الكبرى في تاريخ المجموعة (وهنا في الرواية الجزائر وشعبها)، وتعكس السرديات طبيعة الشعب وتحافظ على هويته الثقافية، وبالتالي تكون الجماعة التاريخية قد استمدت هويتها من خلال تلقي النصوص التي أنتجتها، ومن خلالها يحقق السرد نوعاً من التماسك الذاتي، ويتخطى بذلك التجارب المتنافرة والتجارب الصغرى التي عاشتها الذات (الذوات الساردة والذات الكاتبة معاً في الرواية) نحو قصة متماسكة وتاريخ واحد وقوة حياة تسمح بالانهماك مع الذات (الكاتبة) وتحصين الهوية[5].

ترتبط الهوية بالذاكرة ارتباطاً إشكالياً، كما أنها أيضاً ترتبط بها ارتباطاً منفلتاً في بعض الأحيان، حيث «تعبئة الذاكرة تكون في خدمة

البحث، والاعتراض والمطالبة بالهوية»[6]، إلا أن وجود الذاكرة، من حيث كونها مكوناً ممكناً للهوية، في نسق سردي (أو روائي) كما سماه بول ريكور، بالهوية السردية، ودعاه العرفانيون الأمريكيون والإنجليز بمحكيات الحياة[7]، لأن العلاقة بين الذاكرة والهوية تتأسس على الكيفية التي تتيح بها الذاكرة للذات الإنسانية امتلاك المعنى، والاستمرار في حكي هذه الذات، وفق هذا العمل يكون المحكي والمسرود والقصة المروية بمثابة حسم لهذه الهوية؛ تلك الهوية التي تعبر عن استيعاب الكاتب لعناصرها وتجلياتها الثقافية والجماعية المعبرة عن هوية الفرد والجماعة والمجتمع في وقت واحد.

إن فهم السياق السردي يصبح مهماً بالنسبة إلى عملية صناعة الهويات المختلفة، حيث تؤدي المؤسسات بكل أشكالها وأنواعها ووظائفها المتعددة دوراً كبيراً في عملية بناء الذاكرة الثقافية، لأنها تقوم مقام المقاومة المعرفية والثقافية في وجه سلطة التاريخ الاستعماري والطبقي والفكري وهيمنته على مستوى التدوين والكتابة والعمران. فكل سرد محمل بميراث ثقافي وسياسي لا يمكن الانفلات منه أو تجاهله، حيث يعمل السارد على منح الحرية لخياله وفكره أن يسبح في عالم متشعب من الأفكار والأحداث والوقائع، ويغوص في بحر عميق من الغرائب والعجائب التي تخترق العقول والأذهان، وذلك يكون «مخترقاً حدود المعقول، مخضعاً كل ما في الوجود من الطبيعي والمنطقي الواقعي إلى الماورائي لقوة واحدة فقط: هي قوة الخيال المبتكر الذي يجوب بإحساس مطلق بالحرية المطلقة»[8]. وفي هذا الإطار، سنحاول في هذا الفصل، أن نقارب رواية «الديوان

الإسبرطي» للروائي الجزائري عبد الوهاب عيساوي التي استطاعت أن تحصل على جائزة البوكر العالمية في صيغتها العربية لعام 2020م، باعتبارها رواية تاريخية أولاً، ورواية تعيد الاعتبار للهوية الجزائرية ثانياً، والتي اكتوت بظلم الاستعمار الفرنسيّ والغزو العثماني في حقبة تاريخية مظلمة من تاريخها.

1 – في رحاب الرواية:

رواية «الديوان الإسبرطي» للروائي الجزائري عبد الوهاب عيساوي، والحائزة جائزة البوكر العربية للرواية عام 2020م، هي رواية تاريخية في الأساس، حيث يعود بنا الكاتب فيها إلى زمن الغزو العثماني والاستعمار الفرنسي لبلاده الجزائر. تمثّل الرواية قضية الغزو الاستعماري بكل أشكاله، والذي أنتج حياة صعبة ومريرة وعيشاً أليماً تعرض لهما الشعب الجزائري في تلك الحقبة من تاريخه.

تعبر الرواية بكل بساطة عن مدى قدرة شخصية البطل وهو «حمة السلاوي» الذي كان يبحث عن المجد والفخر من أفعاله ومواقفه، باعتباره الشخصية المتمردة والثائرة ضد أشكال الاستعمار لبلاده الجزائر، حيث تميزت بالنضال والوطنية المحضة حدّ الجنون. هذه الشخصية التي مثلت عنواناً للمقاومة بامتياز واتصفت بالفخر والاعتزاز بالنفس والانتماء وبالنخوة العربية والجزائرية في الدفاع عن الوطن وحوزته، وعن أرضه التي خذلها أهلها وابتعدوا عنها، إما بالهجرة وإما بالسكوت والصمت وغرس الرأس في الرمال. وعلى الرغم من المعاناة التي عاشها السلاوي في ذلك، فإنه كان لا

يخاف الاستعمار ويواجهه بكل شجاعة دون مساندة أحد من أهل بلاده أو حتى إشعاره بقيمة تضحياته الجسيمة من أجل الوطن والشعب، وعلى الرغم من محاولته تحريض الناس على الثورة والتمرد ضد الاستعمار، لكنه كان يجابه بالإهمال واللامبالاة منهم.

لقد تحدى حمة السلاوي الصعاب والمشاكل وواجه المستعمر دون تراجع أو ضعف منه أو إحساس بالخوف والجزع من المستعمر المتصف بقوته العسكرية والبشرية. فلم يستطع أحد أن يمنعه عن وطنه وعن حبه والتضحية بكل غالٍ ونفيس من أجله ومن أجل استقلاله وحريته. كما عانى خذلان أهله وعدم اختيار الثورة والتمرد على المستعمر طريقاً للحياة والعيش الكريم في ظل السيادة والحرية والشرف والكرامة. وكأنهم يعيدون الآية القرآنية التي قالها قوم موسى عندما طالبهم بمواجهة الظلم والثورة عليه {فَاذْهَبْ أَنتَ وَرَبُّكَ فَقَاتِلَا إِنَّا هَاهُنَا قَاعِدُونَ} (سورة المائدة: الآية 24).

ترتبط الرواية بالمرجع باعتباره متخيلاً سردياً وثيق العلاقة بالماضي التاريخي انطلاقاً من العتبة الأساس (العنوان) التي تحيل القارئ مباشرة إلى زمن ماضٍ إلى جانب الأصوات السردية التي هي من الذاكرة، لذا يمكننا أن نقول مباشرة إن الرواية تاريخية لأنها تهدف إلى «إعادة بناء حقبة من الماضي بطريقة تخييلية، حيث تتداخل شخصيات تاريخية مع شخصيات متخيلة. إننا في الرواية التاريخية نجد حضوراً للمادة التاريخية، لكنها مقدمة بطريقة إبداعية وتخييلية»[9]. فالعنوان، أساساً، معبر عن شيء يرتبط بالماضي، فـ«الديوان» كلمة تحيل مباشرة إلى حقبة تاريخية مضت،

و«الإسبرطي» أيضاً هو صفة لكل ما يتعلق بمدينة إسبرطة، أو لما يتعلق بالآخر الغربي القديم. وهكذا تتأسس بنية العنوان من خلال العلاقة بين التاريخ والحاضر، ومن خلال توزيع الفضاءات واللحظات والأحداث والشخصيات الفاعلة في النص الروائي، وهي عناصر ومكونات تتجاوز البعد الجمالي إلى البحث عن علاقة الذات بالعالم، وعن علاقة الآخر بالذات ومن خلاله بالعالم أيضاً؛ وقد جاء مكون الحذف في العنوان المذكور ليؤكد لنا أن بناء الدلالة، دلالة السرد المؤشرة إلى الماضي في علاقته بالحاضر والمستقبل، ينفتح على معنى مختلف يحتاج إلى تأويل متعدد الأفكار للوصول إلى المعنى الضمني من النص.

ومن هنا، يتأكد لنا منذ البداية، أن الرواية لها صلة وطيدة بكل ما هو تاريخي ماضوي، وخاصة ذلك التوثيق الزمني التاريخي في كل قسم من أقسام الرواية. وعلى الرغم من أننا نميز بين التاريخ كتوثيق جافٍ وعلمي للأحداث والوقائع، وبين الذاكرة كعملية لاسترجاع أحداث ووقائع بأسلوب تخييلي تارة وواقعي تارة أخرى، فإن «الذاكرة تحملها متطلبات وجود المجموعة التي ترى في استحضار الماضي في الحاضر عنصراً أساسياً في بناء كائنها الجماعي، أما التاريخ فيندرج في نظام علمي مقبول كونياً»[10].

لقد ذهب عبد الوهاب عيساوي في روايته إلى التاريخ ليمتلكه بطريقته الخاصة، ويصير بالنسبة إليه تمثيلاً وتمثلاً محدداً بالذات الكاتبة، فالتاريخ في الرواية ننظر إليه من خلال ذاكرة الذوات الساردة في الرواية «وبهذا يخص التمثيل بمعنى مزدوج ووظيفة

مزدوجة: جعل الغياب حضوراً ولكن أيضاً إظهار الحضور الخاص على نحو صورة، وبذلك تأسيس من ينظر إليها كذات ناظرة»[11].

ومن هنا نؤكد أن الروائي لم يكنْ يهمه التاريخ بحذافيره وأحداثه الواقعية ككل، بقدر ما كان يهمّه ما تختزنه ذاكرة الساردين الفردية حول الأحداث التاريخية، بل ذاكرته الفردية القوية المرتبطة بالهوية الثقافية والاجتماعية التي يؤمن بها تجاه وطنه الأم، باعتباره مثقفاً وباحثاً عن المعرفة لتقديمها لقرائه على طبق من ذهب. تلك المعرفة الهادفة إلى توجيه رأي القارئ الجزائري بالدرجة الأولى وموقفه من تاريخ بلده الجزائر، والقارئ العربي بالدرجة الثانية في تعديل اعتقاده المتشكك في تاريخ الشعب الجزائري المقاوم للغزو والاستعمار ومدى نضاله الكبير في إخراج المحتل والغازي من أرضه والتضحية بالدماء والأنفس.

ناضل حمة السلاوي من أجل حريته واستقلاليته واستقلال وطنه نظراً لطبيعة العلاقة التي تربطه به وبأفراده، على الرغم من خذلانهم وخيانة بعضهم وخوفهم من الآلة الاستعمارية الغاشمة، حيث تجلى نضاله أكثر في حفاظه على مقومات هويته الوطنية والدينية والثقافية العربية؛ فالهوية بالدرجة الأولى، هي تعبير عن الحرية، الحرية الذاتية المرتبطة به شخصياً، والحرية الجمعية المرتبطة بمجتمعه ووطنه ككل، لأن الهوية أساساً تمر عبر مراحل متعددة حتى تصير البوصلة التي يتحرك بها الفرد والجماعة. إنها تولد أولاً، ثم تنمو بشكل متواتر، وتتكون بمراحل وتتغاير، ثم تشيخ وتعاني الأزمات الوجودية والاستلاب الثقافي الآخر، بل إنها حقيقة، تنمو وتتكامل وتنضج، إذا كانت حقيقة وجودية تنطوي على عوامل وجودها،

وبذور نمائها فإنها تتعرض وبفعل عوامل مختلفة، سواء أكانت تربوية أم اجتماعية أم ثقافية إلى التشويه والانشطار والانكسار [12].

إن حمة السلاوي بوصفه بطلاً للرواية، ومعبراً عن هوية الوطني الغيور والمناضل والمقاوم للاستعمار، يمثل ذلك الارتباط بالشعور الخاص بالقيمة وشعور الثقة بالذات والنفس، بل يشكل التضامن الإنساني هنا، مكوناً أساسياً من مكونات روح الجماعة لديه، وبالتالي فإن هذه الروح، مهما كان شكلها، روح الطبقة أو الفئة أو الفريق أو العشيرة أو العائلة، هي قبل كل شيء، تمثل شعوراً بالانتماء [13]. إن الهوية المشتركة بين السلاوي وباقي أفراد الشعب، هي بالدرجة الأولى صيغة مشاركة انفعالية في إطار الجماعة التي ينتمون إليها، باعتبارها دعامة دائمة لأشكال الهوية وصيغها المختلفة، لأنها تشكل منطلق الشعور بالهوية من خلال الانتماء والقيمة والثقة. ومن هنا، نجد أن الهوية المشتركة تتقوى بمدى قدرة أفراد المجتمع على اقتسام الهموم والقضايا الاجتماعية والثقافية والفكرية، باعتبار أن الهوية الاجتماعية تعني بالضرورة السمات والخصائص التي يمثلها الفرد داخل هذا المجتمع. فهي في النهاية، هوية اجتماعية معروفة من قبل ممثلها الذي يوافق ويشارك في الحياة الاجتماعية عبر انتماءاته الاجتماعية المتعددة كما يرى ميكشيللي [14].

إن احتلال الأرض عند عبد الوهاب عيساوي هو بمثابة احتلال للذاكرة، بطريقة أو بأخرى، احتلال للثقافة الوطنية وللهوية من خلال تزييف الحقيقة وتمجيد القهر والاستغلال والاستعباد بكل الوسائل. وفي هذا الصدد، يقول بومدين بوزيد عن دخول الاستعمار الفرنسي

للجزائر ومحاولته طمس الهوية الجزائرية وفرض الأمر الواقع، حيث «تمَّ منذ دخول الاستعمار الفرنسي للجزائر تشكيل ذاكرة وخيال عن الجزائر يضاهي القدرات العسكرية للمحتل، واستطاعت هذه الذاكرة الاستمرار فينا لأسباب علمية وأيديولوجية إلى اليوم، وبالمقابل كانت الرؤيا التقليدية التي ترعاها أجيال تتماهى مع ذاتها، وتحاكي أناها، تعيش على بلاغة المناقب في نصوص التاريخ والأدب والحكي، أو رؤية عدمية سلبية تجند سندها في بلاغة الجهاد وفي الزمن الإسلامي، وفي الوقت نفسه دوماً تميل تلك المجموعات إلى الاستناد إلى ذلك التاريخ وتلك الذاكرة لتبرير شرعيتها وتسلطها على رقاب الأمة، ورسخت المعنى الواحد الفقير للماضي، وما زال الماضي ريعاً تحيا به استغلالاً واحتكاراً؛ لذلك بقيت علاقتنا بالماضي تتسع هوتها بسبب أن السلطة ظلت تقدم خطاباً تبريرياً لتسلطها وشرعيتها باسم الماضي، باسم الذاكرة، كانت العلاقة مع الزمن عند الأجيال الجزائرية علاقة مشوشة فيها الارتياب والشك أو النفور والرفض، ومن هذا النفور ما نلمسه في عدم الاهتمام البيداغوجي والعلمي بالمادة التاريخية في المؤسسات المدرسية والجامعية»⁽¹⁵⁾.

لقد التقط عبد الوهاب عيساوي كغيره من كتّاب الرواية الجزائريين الذين تصدوا للرواية التاريخية وحاولوا إعادة إحياء التاريخ الوطني فنياً وأدبياً، العديد من الإشارات التي جعلته كما جعلت الروائيين الآخرين مقتنعين بأن التاريخ المكتوب غير منصف للجزائر وشعبها، بل إن به شوائب وأضاليل تخدم الاستعمار الفرنسي على حساب الشعب الجزائري. وهذا ما يؤكد قيمة الرواية التي بين أيدينا، وجعلها

تستحق جائزة البوكر لتصبح في قائمة الرواية العربية المميزة التي تستحق التنويه والتتويج.

إن أفضل عمل للذاكرة وأجمل اشتغال لآلية المعنى من خلالها في الرواية، هو تلك العودة إلى الحقبة التاريخية التي اختارها الروائي من خلال وقوفه على علامات محددة ساعدته في خلق توافق بين الواقع التاريخي وذلك التركيب اللغوي والفكري البعيد عن التاريخ في الوقت نفسه، وكأننا أمام عملية جديدة لخلق تاريخ آخر وفق رؤية السارد، أو هي بكل بساطة عملية تخييلية. ولقد قدم عيساوي إلينا تاريخ شخصيات وعلاقاتها المختلفة فيما بينها ومواقفها اليومية وتفاصيل حياتها التي ترتبط بمدى تفاعلها في الفضاء الروائي، حيث نجد عملية السرد تفعّل هذه الشخصيات التاريخية داخل أحداث متخيلة، والتي تأتي لتبرير بعض السياقات فيحقق المسار السردي في هذا الإطار «عوالم تخييلية متنوعة تسهم في بلورة المواقف وتطوير الأحداث»[16]. فالسرد في الرواية يجمع من خلال تعدد الساردين بين أحداث واقعية حدثت في حقبة معينة من التاريخ الجزائري، وبين أحداث أخرى متخيلة من طرف الروائي منعت بشكل أو بآخر مركزية التاريخ وتفوقه على التخييل، ومنع هذا الأخير من البروز في النص الروائي بشكل واضح وجاذب للقارئ.

لقد ربط عيساوي في روايته التاريخ بالصراع السياسي والاجتماعي، حيث قام بتصويره عقلياً باعتباره وعاءً مفعماً بالحكايات والسرود التي تنبع من الثقافة السياسية لديه، حيث الصراع من أجل البقاء، من أجل الحرية وجلاء الاستعمار والقضاء على

الاستعباد والاستبداد. هذا التصوير جعل الروائي يكسر من خلاله أنساق الرواية التاريخية بصورتها الكلاسيكية المعروفة، متجهاً نحو زعزعة فكرة البطل الأسطوري المكتمل، على الرغم من اعتبار حمة السلاوي بطلاً أساسياً في الرواية، لفائدة كل شخصية من شخصياتها باعتبارها تحمل أفكاراً مختلفة وتفتح آفاقاً للنص الروائي المنفتح على خطابات ثقافية متنوعة همت ثقافات مستمدة من مفاهيم ثقافية وفكرية (الاستعمار، الغزو، الانتماء، الهامش، المركز، المقاومة، الخيانة...) ساعدت القارئ على تمثُّل النص الروائي ونقده الأساسي للوضع الحضاري والسياسي والتاريخي للمجتمع الجزائري.

يستعيد عيساوي في الرواية معالم وقضايا مرتبطة بأحداث تاريخية باعتبارها مرجعاً توثيقياً أساسياً ذا بعدٍ إنساني وأدبي وجمالي، في مثل: «ربما كان صديقي على حق، غير أنني الآن مدرك أن هذه الأوهام كانت في يوم ما حقيقة، وأن يأسي جعلني أُخدع بيسر رغم رجاء ابن ميار، وحتى صديقه السلاوي، كانا متشبثين بي مثلما تشبثت المجدلية بيسوع، وعوض أن أطمئنهما فررتُ، قادني يأسي إلى التخلي عنهما مثلما تخليتُ عما كنت أؤمن به»[17]. هذه الأحداث ارتبطت بالأساس بذهنية السارد المعبر عن حقائق التاريخ ووقائعه ومواقف الشخصيات المتفاعلة فيه، السارد المتذاكي، والذي يحاول خداع القارئ بأسلوب سردي متعدد الأفكار والمؤشرات الزمنية والمكانية التي تخدم النص وتقدم معلومات محددة للقارئ يرغب الروائي في إيصالها إليه لتحقيق نوع من التغيير في الذهنيات والأفكار.

ويمكن القول من ناحية المضمون الروائي في الرواية، إن عيساوي قد أعطى مفهوماً ديناميّاً للذاكرة؛ لأنه لم يقم باختزالها فقط في مجرد مرجع كبير ومكثف للمعلومات التاريخية، بل اعتبرها معطىً ثقافياً واجتماعياً يحمل في الأساس معاني إنسانية ودلالات فكرية مهمة، سواء أكانت فردية أم جماعية، من أجل الوصول إلى بناء مستقبل جزائري قوي وتغيير النظرة السلبية إلى الحقبة الاستعمارية الطويلة التي تؤثر نفسياً في أغلب الجزائريين. إن الروائي هنا قد اختار من خلال الذاكرة الجماعية والفردية التي استند إليها في كتابة النص كيف ينتقي، يبدع، ويرسم معالم تاريخ بلاده وشعبه الذي ظُلِم كثيراً وما زال يحس بهذا الظلم. فهو يدري قوة الذاكرة وقيمتها في الرجوع إلى الماضي والأخذ من الأصل وفق واقع أدمج فيه الماضي والحاضر والمستقبل بأسلوب فني متميز من أجل دمج كل الأفكار مع تلك الذكريات، أي دمج الروح بالجسد، دمج الثقافة بالتاريخ، دمج الوعي المغيب بالوعي المحرَّر.

2 – ذاكرة الشخصية الروائية وعلاقتها بالمكان:

إن المكانة التي تحتلها الشخصية في الرواية قد منحتها صفة الفن، حيث إن «فن الشخصية، هي مدار الحدث في الرواية أو في الواقع أو التاريخ نفسه، وحتى في صورها الأولى المتمثلة في الحكاية الخرافية والملحمة والسيرة، فإنها تلعب الدور الرئيس فيها، لأنها هي التي تنتج الأحداث بتفاعلها في الواقع»[18]، فالحدث لا يمكنه أن يكون حاضراً بقوة في الرواية إلا من خلال حضور العناصر الأخرى،

حيث «التلاحم العضوي بين عناصر العمل الروائي من زمان ومكان وحدث» [19]. ولذلك نجد أن الروائيين يهتمون بهذا العنصر الأساس بالوقوف على حساسياتها وطبائعها وكيفية تفاعلها داخلياً وخارجياً، حيث يركزون بالضرورة على الجانب النفسي فيها ومدى تقبلها للحياة وتعبيرها عن ذلك بطرق مختلفة، وكذلك البحث عن الملامح الداخلية المكونة لكل شخصية على حدة. فالوصف الداخلي للشخصيات في الرواية يتجاوز في أغلب الأحيان الملامح الخارجية المرئية التي تظهر عليها إلى الملامح الداخلية المخبوءة، وذلك من خلال سبر أغوارها والكشف عن خباياها والبحث في عواطفها وأحاسيسها ومواقفها تجاه الأشياء والأفكار.

ويعتبر المكان فضاءً لفظياً يختلف عن الأماكن المدركة بالسمع أو بالبصر. وتشكّله من الكلمات يجعله يتضمن كل المشاعر والتصورات المكانية التي تستطيع اللغة التعبير عنها. ولما كانت الألفاظ قاصرة عن تشييد فضائها الخاص بسبب طابعها المحدود، فإن ذلك يدعو الراوي إلى تقوية سرده بوضع طائفة من الإشارات وعلامات الوقف داخل النصّ المطبوع. وهكذا فإن (الفضاء الروائي) يتكون من التقاء فضاء الألفاظ بفضاء الرموز الطباعية، وهو المظهر التخييلي أو الحكائي، ويرتبط بزمان القصة، وبالحدث الروائي، وبالشخصيات التخييلية: فالفضاء لا يتشكل إلا باختراق الأبطال لـه، وليس هناك أي مكان محدد مسبقاً، وإنما تتشكل الأمكنة من خلال الأحداث التي يقوم بها الأبطال. وهذا الارتباط بين الفضاء الروائي والحدث هو الذي يعطي الرواية تماسكها. يقول فيليب هامون Ph. Hamon: «إن البيئة

الموصوفة تؤثر على الشخصية وتحفزها على القيام بالأحداث»[20].

فالروائي حين يعمد إلى إسقاط مجموعة من الصفات الطبوغرافية على الفضاء أو المكان الروائي، والتي هي عبارة عن الدلالات والمعاني الوصفية التي تدخل في تركيب صورة المكان وعناصره والقيم الرمزية الناتجة عنها، إنما يفعل ذلك بغية البرهنة على العلاقة بين المكان والشخصية في النص الروائي. كما أن اختلاف هذه الصفات وتنوعها من مكان إلى آخر في الفضاء الروائي، يمكن أن يعكس لنا الفروق الاجتماعية والنفسية والأيديولوجية لدى شخوص الرواية. هذا فضلاً عن أن الدلالات النابعة من هذه الفروق يمكن أن تكون تعبيراً عن رؤية شخوص الرواية للعالم وموقفهم منه، كما قد تكشف عن الوضع النفسي للشخوص وحياتهم اللاشعورية، بحيث يصير للمكان بعد نفسي يسبر أغوار النفس البشرية، عاكساً ما «يثيره المكان من انفعال سلبي أو إيجابي في نفس الحال فيه»[21].

لقّد تميزت شخصيات الرواية التي حاول الروائي عبد الوهاب عيساوي انتقاءها بعناية شديدة، بكونها تعبر عن قضايا ثقافية ومواقف سياسية واجتماعية وإنسانية واضحة المعالم. فديبون مثلاً شخصية ترمز إلى الإنسان المتعاطف مع الشعب الجزائري المظلوم، وشخصية المِزوار التي ترمز إلى الشخص الخائن لوطنه وشعبه الذي يتعاون مع الاستعمار طمعاً في الهدية أو الحصول على منصب. أما كافيار فهو شخصية حاقدة وظالمة، وخاصة في حقدها على الجزائريين، في حين نجد شخصية ابن ميار تكاد تشبه شخصية حمة السلاوي في دفاعها عن القضية الوطنية ومواجهة العقلية الفكرية

والدينية والثقافية العربية في نظرتها للأمور والمواقف، أما شخصيتا للا زهرة وللا السعدية فهما ترمزان إلى الملاذ الروحي والتعبد الديني الشعبي، في حين نجد شخصية دوجة الممثلة للمرأة البريئة والمشردة والطيبة التي كانت تعاني وحدتها وعزلتها الاجتماعية بعد وفاة أفراد أسرتها جميعهم، حيث قصدت للا السعدية فاحتضنتها هذه الأخيرة بكل إنسانية وحنان. ما نلاحظه في الرواية هو أن الروائي قد جعل كل هذه الشخصيات ساردة بالتناوب، حيث جاءت على الترتيب التالي: ديبون، كافيار، ابن ميار، حمة السلاوي، دوجة، ممثلة بذلك أقسام الرواية الخمسة.

إن الشخصيات التي اختارها الروائي في روايته تمثّل حقيقة الذاكرة التاريخية له تمثيلاً غير مقتصر على الانتساب إلى المدن أو الفضاءات التي تشكل هذه الذاكرة فقط، وإنما تمثّل أيضاً شخصيات أتَتْ من الماضي لها صفات رجال عاشوا فيه، ونساء عشنَ حياتهن بطرقهن الخاصة، فاتسم الجميع بسمات معينة، واتصفوا بصفات وطباع مختلفة طبقاً لأحداث محددة. ويبدو من خلال هذه الشخصيات الثرية في النص الروائي ثراء العصر الذي تحدث عنه الكاتب بمثابة ذاكرة لأحداث فاصلة في تاريخ الجزائر، وكأنه يقول على لسان هذه الشخصيات إن هذا الماضي ليس بعيداً، لأننا نستطيع إعادته من جديد، بل إننا نعيشه بطريقة أخرى، من خلال بعث ذاكرة التاريخ بأسمائها، وهو شكل من أشكال توظيف الشخصيات الروائية، استدعاء الأسماء، لأنها محملة بثراء وتاريخ ووظائف محددة في الحياة. وهنا نستحضر قول الناقد محمد رياض وتار في حديثه عن توظيف

المحطات الإيجابية في التاريخ العربي التي «تأتي في إطار تطلع الذات التي تعاني انكسار الحلم في الحاضر، إلى استعادة الماضي المجيد واستبداله بالحاضر القاتم»[22]. فأغلب هذه الشخصيات تحمل العديد من رموز دالة على أصحابها ووظائفهم وصفاتهم وميزاتهم، حيث «الاسم معه موحياً وزاخراً بالدلالات المعبرة عن السمات المميزة لهذه الشخصية المادية والمعنوية»[23].

إن عملية التبئير التي استخدمها الروائي بين الشخصيات والأمكنة التي تتحرك فيها، يكشف لنا عن التماهي الداخلي وعن الفضاء الروائي باعتباره امتداداً للذات الساردة، حيث يتجلى التبئير على الشخصيات عن طريق مقومات سياقية ترتبط بأعماق الفضاء بوصفه امتداداً للمكان الواسع الذي يضم الشخصية والفضاء والزمن والسفر الداخلي للشخصية فكرياً وذهنياً، من خلال تفاعلها مع باقي الشخصيات الأخرى وارتباطها بالمكان لكشف الذات والعالم. هذه الشخصيات التي تحاول رصد لحظات توترها في علاقتها بالآخرين من أجل البحث عن الخلاص والراحة النفسية تجاه الأحداث المتواترة في حياتها، وخاصة الأحداث التي لها علاقة بالغزو والاحتلال؛ حيث تتحول اللحظة السردية إلى حالات نفسية متعددة لدى كل شخصية تنتج نوعاً من الكبت الفكري والسياسي لديها، ليصير الحلم الأكثر رغبة في النهاية هو التحرر من القلق النفسي ومن تبعاته تجاه الوقائع والأحداث، تجنباً لمواجهة الذات الضعيفة والجبانة ومراودتها على تقبّل الواقع.

تمثل الصور القديمة الماضوية الممثلة للشخصيات في الرواية

عنصراً أساسياً من عناصر الذاكرة، لأنها تشغل مساحة كبيرة من النص الروائي، فعملية التذكر قائمة على هذه الصور، وباقي العناصر الأخرى تكملها وتدفع بها إلى التطور. ومن أبرز هذه الصور صورة كافيار التي تخضع له مشاعر الحقد والكره والضغينة تجاه كل ما هو جزائري، فهو المتحكم والمانح وصاحب السلطة على قلبه وعقله ولا أحد يناقش قراراته أو يردها أو يحاول انتقادها، ولا يحتاج إلى آمرٍ آخر مادام هو المتسلط على أفكاره والمسيطر على حدودها. إن شخصية كهذه تمثل صورة للوعي المستبد والمتسلط باسم العسكرة واستعباد الضعفاء وتسخيرهم حسب الميول والرغبات ولمَ لا قتلهم وإنهاء حياتهم؛ ليخلو له الجو والبلاد؛ ليعيث فيها فساداً. فهي الشخصية الكارهة لكل ما هو ثوري، حاقدة على المتمردين والمقاومين تصنف الناس حسب رغبتها وترتبهم حسب ولائهم لها ولوطنها المستعمِر. ويكفينا أن نستحضر مقطعاً من رسالته إلى ديبون جاءت في بداية الرواية يقول فيها: «إن الشيطان إلهُ هذا العالم يا صديقي المبجل ديبون، وإني لمشفق عليك مما يحمله رأسك من أوهام، أنت الذي لا تزال تعتقد أن كل النساء هنّ المجدلية، وأن كل القادة تجلٍّ للمخلّص... أفقْ يا ديبون، أفقْ أو عدْ إلى مرسيليا. صديقك اللدود كافيار»[24].

إن شخصية كافيار تمثل شخصية المستبد الذي يؤمن بأن وجوده وتفوقه مرتبط بخضوع الآخر وخنوعه وتقبُّله للأمر الواقع، وإلا كان مصيره القمع والقتل والنفي. ففي سيطرة الاستعمار وممثليه تكمن معالم الظلم والاستعباد والتسلط بكل أشكاله المؤدية إلى فقدان الهوية، حيث لا يكون الخروج من مثل هذه الوضعية إلا بالمقاومة

والكفاح. لقد عانت الجزائر ومثيلتها من باقي البلدان العربية الأخرى، ظلم الاستعمار الغربي وجبروته واستغلاله البشع لمقدرات الشعوب، وإخضاعها بالحديد والنار، وغرس الهوية الاستعمارية بكل الوسائل، كل هذا كان سبباً في إنتاج مجتمعات ضعيفة وغير قادرة على النهوض والتطور وبناء مستقبل مشرق بعيداً عن تحكم القوى الاستعمارية، مباشرة أو بطريقة غير مباشرة، عبر حلفائها الداخليين وما أكثرهم في كل بلد من بلداننا العربية.

إن مثل هذه الشخصيات (كافيار) هي التي تدفع أمثال حمة السلاوي للتمرد والمقاومة والثورة ضدهم وضد كل ما يمثلونه من هوية وذاكرة وثقافة من أجل إحداث هوية وطنية خاصة وذاكرة جماعية غنية وثقافة اجتماعية قادرة على مواجهة التهجين والتدجين والاختراق، وإحداث عبرة من كل ذلك باعتبار أن الحفاظ على الوطن لن يتأتى إلا بتجاوز مثل هذه الهويات ومحاربتها وتجاوز أخطاء الماضي والحاضر واللاانسجام واللاتوافق بين الفئات الاجتماعية، وبين الذهنيات والثقافات الوطنية، من أجل بناء مستقبل قائم على الحرية والهوية النقية والاستقلال الحقيقي. فمن أجل تضمين المعنى من الكتابة في الرواية، وظف الروائي العديد من الثنائيات الضدية بطريقة غير مباشرة من قبيل: الحياة/ الموت، المحبة/ الحقد، الحب/ الكره، الظاهر/ الباطن، المقدس/ المدنس، الحرب/ الأمن، الرغبة/ الرفض، الثورة/ الخضوع، المقاومة/ الخيانة... باعتبار أن هذه الثنائيات تمثّل صفات الشخصيات في الرواية ومدى تشبعها بها والتعبير عنها في الفعل والحركة والشعور.

لقد عاد عبد الوهاب عيساوي إلى الماضي ليولد لنا حياة جديدة مختلفة لا تقف عند التفاصيل الحقيقية لما وقع في ذلك العصر بحذافيره، بل تعدى ذلك وحاول التوسع في توليد الأحداث والأفكار من خلال خلقه لعلاقات بشرية أخرى متخيلة، ولأشكال جديدة من الحياة الخاصة والعامة، مبدياً قدرته على الخلق والإبداع، إبداع أحداث ومواقف إنسانية متنوعة أغنت الرواية وأخرجتها من حقائقها التاريخية الصارمة لنسج صور فريدة من نوعها في عصر مشوب بالصراعات السياسية والدينية والفكرية للمجتمع الجزائري آنذاك بشكل يدفع القارئ إلى الانتباه إلى تصوراته وتمثلاته حول هذه الذاكرة باعتبارها مصدراً أساسياً للمعرفة والثقافة واستخلاص العبر والنتائج. فالذاكرة الجمعية هنا، تمثل أهم مكونات الهوية الثقافية للفرد والمجتمع الجزائري معاً باعتبارها مخزوناً كبيراً يختزنه الفرد (بصفته روائياً) والمجتمع أيضاً (الكتابات التاريخية والمدونات والآثار والمخطوطات...) وتمكّن الجميع من تبادل المعطيات وتحليلها وتزويدهم بالمعارف والأفكار التي تجعلهم قادرين على استقراء تلك المرحلة من التاريخ الجزائري بعمق البصيرة الثقافية من أجل بناء ثقافي مستقبلي برؤية واضحة المعالم وواقعية الأهداف.

لقد كشف عبد الوهاب عيساوي في روايته عن العناصر التي تنسج الهوية لدى الإنسان الجزائري الذي لم يختلف كثيراً في حقيقته وذهنيته ونفسيته بين الماضي والحاضر. فالاعتماد على الذاكرة، سهّل عملية التحديد لأهم الأحداث والتجارب التي عاشتها الشخصيات، إضافة إلى استناده إلى متخيله الإبداعي بشكل يتحقق فيه البعد الثقافي الذي يمنح القارئ إمكانية فهم هويته العربية والجزائرية والإنسانية،

حيث نجد ذلك واضحاً في العديد من المحطات داخل الرواية في مثل: «أيعقل هذا الذي تفكر فيه يا ديبون؟ هل ستعود مجدداً إلى بلد الزُّحار والغبار، ألا تغنيكَ مرسيليا أو باريس؟ في باريس لن يرغب أحد فيكَ الآن! لم ينسوا ذلك الحوار الذي أجريته مع الباشا المخلوع أثناء زيارته إلى باريس، أتتذكر متى كان ذلك؟! أياماً فقط بعد فرارك من الجزائر، يومها قال أو لعلك قلت على لسانه بكلمات لم تعجب الكثير، يكفي أن يقول «إن كل شيء مكتوب من الله» حتى يثير السخرية من قدرية هؤلاء الشرقيين»[25].

إن أغلب ما يحمله الآخر (الغرب) عن الشرق وأهله، هو شيء لا يرتقي إلى الإنسانية التي يدعيها هذا الآخر، سواء قديماً أو حاضراً، لأنه بكل بساطة يبني ثقافته على أنقاض تخلفنا وتجاربنا الفاشلة في التنمية الثقافية والاجتماعية والاقتصادية. لقد كنا وما زلنا في نظره مجرد مجتمعات وشعوب تثير السخرية في السلوك والوعي والفكر. فحتى غزوهم لبلداننا كان منطلقه الادعاء بتخلفنا وعدم قدرتنا على التطور وتنمية أوطاننا، وما زالوا يدعون ذلك إلى يومنا هذا، وسيستمرون في ذلك حتى نستيقظ من سباتنا أو من ضعفنا وفشلنا في فهم ماضينا وحاضرنا، والتطلع إلى مستقبل مشرق ينقذنا من هذا الوضع الكارثي والمثير للاشمئزاز.

3 - من ذاكرة المكان إلى ذاكرة الزمان:

يعيش الحدث الحي في الماضي، وإلا ما كان حدثاً منتهياً، فالتخييل في العمل الروائي دون استحضار الأحداث لا يشكل حدثاً في حد ذاته،

لأنه في حاجة ماسة إلى الاستناد إلى الواقع. فالحدث يقوم إذن في الماضي، ويمنح انعكاسه في تطاول السياق للحاضر والمستقبل، وفي الإسقاط الخاص، وفي ذلك يقول الكاتب العربي حنا مينة: «نستطيع أن نجعل القارئ يقرأ ما بين السطور، ويفهم الرمز الدال على أن الكلام على الماضي يقصد به الحاضر، والقصد، في الرمز كما في الأسطورة، يسبغ على العمل الأدبي متعة ورؤية، وبكلمة أخرى، فكرة تترسخ في الذهن، وبقدر ما تكون السوية الفنية جيدة، والحل المرتقب بارعاً، تؤثر الفكرة، وتشكل رأياً في الأحداث يتطلب اتخاذ موقف منه، أو يكشف للمرء الحقيقة المضمرة، أو الغائبة، تاركاً له تحديد موقف منها، والعمل يبدأ، دائماً، بفكر يتحول إلى موقف، ومنه يكون الانطلاق إلى أيما إبداع. فالحدث الروائي لا بد أن يعيش في الذات الإبداعية، بعد أن يكون قد انبثق فيها، والعيش المقصود هو التخمر، هو الابتعاد عن الآني، كي أستطيع رؤيته من بعيد، هو النظر إلى الجبل من مسافة بعيدة عنه، لنراه بحجمه وحقيقته الكاملين، هو الانزياح عن وطأة اللحظة المأزومة التي كثيراً ما تجرف الكاتب في تيار حماستها»[26]. وتتوقف القدرة على السرد في طريقة اختيار الروائي للأحداث، وجعلها سلسلة متصلة الحلقات من الوقائع، تسير نحو غاية محددة، ومدى تعبيرها عن الرسالة التي يُريد إيصالها للمتلقي. ومعروف أن الحدث هو الموضوع الذي تدور حوله القصة، وهو مجموعة من الوقائع الجزئية المترابطة، وهذا الترابط هو الذي يميز العمل القصصي عن أي حكاية يروي فيها شخص لصديقه ما وقع له من أحداث، فأحداث القصة الفنية لها إطار عام، يدفعها في تسلسل إلى غاية محددة[27].

يخبرنا الزمن هنا عن آليات اشتغاله، وعن وظائفه التي ينهض بها عموم البناء الروائي، حيث تنكشف للقارئ العلامات الزمنية الدالة في النص والوقوف على طبيعة الوظيفة البنيوية التي يقوم بها السرد عموماً. إن الزمن الروائي باعتباره متعدد المظاهر والوظائف، قد دفع الباحثين إلى الاجتهاد أكثر للتعرف إلى ماهيته وإدراك كنهه دون الاكتفاء بتحديد موقعه داخل النص وعمله. حيث يعتبر الشكلانيون الروس أول عمل على إدراج الزمن في نظرية الأدب، وقد اهتموا بمعالجته في عملية السرد من خلال التمييز بين المتن الحكائي والمبنى الحكائي، وفي هذا الإطار يرى الناقد المغربي حسن بحراوي أن «الأول لا بد له من زمن ومنطق ينظم الأحداث التي يتضمنها، أما الثاني فلا يأبه لتلك القرائن الزمنية والمنطقية قدر اهتمامه بكيفية عرض الأحداث وتقديمها للقارئ تبعاً للنظام الذي ظهرت به في العمل»(28).

تتجلى ذاكرة الزمان والمكان في كونها تمثل صوراً للانتقال من شكلٍ للوعي إلى آخر بصورة فجائية، وكأننا في آلة الزمن التي تنقلنا من زمن إلى آخر باستخدام سرد متخيل وتدوين ممنهج للأحداث والمواقف، إنها تارة أمكنة خيالية، وتارة واقعية حقيقية، لكنها تأخذنا كلها إلى فضاء فسيح من التفكير والفهم وبناء المعنى. ويشتغل السرد الروائي في الرواية بفضل ما توفره الذاكرة من مرجعيات على أحداث ووقائع ماضية في الزمان والمكان، باعتبارها الخلفية الأساسية للمتخيل السردي في النص والمحفز المطلق في مسار تشكيل بنيته اللغوية والجمالية، حيث تكون هذه الخلفية كـ«وجع

الماضي وصرخته في وجه الزمن أمام محاولات المحو والطمس والنسيان، وسلاح الكائن لترميم الماضي وعلاج شروخه»[29].

إن ذاكرة الزمان والمكان معاً تتبدى حسب بول ريكور في صور حية غنية، حيث إنها تجمع ما نتجت عنها من أثر الأسى من جراء مخلفات الحروب والصراعات الداخلية والخارجية، بل كذلك من جراء ما رسخته الحركات الرومانسية أو الذاتية من هموم وأحزان وشكوى أفرزتها أوضاع المعاناة والتشظي بسبب طغيان المادية والحضارة الاستعمارية والمذِلة للإنسان عموماً، والمهددة لوجوده الإنساني بالدرجة الأولى، سواء كانت هذه الذاكرة مجروحة أو موَجَّهة من طرف أنظمة استبدادية استعمارية[30].

كل هذا دفع عبد الوهاب عيساوي في روايته «الديوان الإسبرطي» إلى البحث في ماضيه وماضي وطنه الجزائر وتاريخه الأليم، حيث أعاد إحياء الأحزان والفواجع والآلام التي تمت عملية تذكرها في شكل أفعال ومواقف ومشاعر، الشيء الذي دفع بهذه الذاكرة إلى تكرار موضوع حزنها ومعاناتها، حيث تسقط الذاكرة «في ما يسميه (بول ريكور) التكرار المرضي، ولعله الأمر الذي يتطلب فعلاً جاداً للسرد، كبداية لقبول الخسارة المؤلمة في ارتباط وطيد بين نوعين أساسيين من السرد، التاريخي ونظيره الخيالي، ما يسمح بتحول الزمن الخاص (الزمن الفيزيقي)، المادي المفضي إلى الموت، في مقابل الزمن العام، وهو زمن اللغة، الذي يستمر ولا يتوقف حتى بعد الوفاة. إن مضامين السرد بوصفه إعادة سرد للتاريخ جديرة بالاهتمام، وليس التاريخ قصصاً... ولكنه قصة الضعف والانتهاك

أيضاً، وهو أيضاً تاريخ الموتى والمقهورين الذين يصرخون طالبين السرد»[31].

للمكان في رواية «الديوان الإسبرطي» حضور قوي، إذ يحضر وينتصب في السرد الحكائي عبر متون صفحاتها بكثرة. فابتداءً من أولى صفحات الرواية، ومن خلال كل قسم حيث اسم السارد مصحوباً بتحديد للمكان والزمان معاً، نجد المكان بحضوره الوجداني العاطفي، وكذلك بحضوره السياسي والثقافي يختص باستعادة المجد الإنساني لدى الكاتب بالدرجة الأولى، حيث الانتماء والألفة والحنين إلى الماضي، ماضي الجزائر المفعم بالمقاومة والحفاظ على الهوية على الرغم من الصعاب ومحاولات التشويه الكبيرة التي استعملها المستعمر بكل وسائله المتاحة له آنذاك. هناك نوع من الارتباط لدى الكاتب الروائي تحيلنا إليه الرواية، ارتباط بدئي مشيمي برحم الوطن الأم، بتاريخه العظيم في التضحية ونكران الذات لدى شعب قاد ملحمة عظيمة بقيت في التاريخ. ورغم تعدد الأمكنة في الرواية بين المدن ومرافقها، سواء في الجزائر أو في فرنسا أو في غيرهما، فإننا نلاحظ أن هناك تخطيطاً من الروائي لرسم مسار محدد لسارديه الخمسة، باعتبار هذه الأمكنة المتعددة عناصر لإدهاش القارئ وكشف دلالاتها الواقعية والتخييلية وإعطائها قدراً من العظمة والقوة. يقول الروائي: «حمّة يا حمّة، شئتَ أم أبيتَ، المحروسة التي كنت تدافع عنها بالأمس لم تصبح محروسة اليوم، تناهت إليَّ أصواتهم من المقابر أسفل القصبة، ركضت فاراً منها لكنها اقتفتْ أثري، حتى وأنا أعبر باب المدينة الغربي، وأتجاوز الشارع الممتد إلى الميناء،

غابت أصوات الموتى لكن الحقيقة لمْ تغبْ، تقرؤها عند كل منعطف للمحروسة، شارع شارل الخامس، شارع دوكين، شارع دوربا، شارع كليبر، باب فرنسا، لم تعدْ الأسماء نفسها، وبعض الحواري اختفتْ أشكالها القديمة، ونبتتْ أخرى وبأسماء مختلفة»[32].

هناك احتفاء بالمكان هنا، بآثاره القديمة وبماضيه المجيد، حيث الثقافة والوعي بأهميته في الأنفس والأذهان، بمدينة المحروسة العظيمة التي عُرِفت بأهمية فضاءاتها الثقافية والاجتماعية وقدرتها على احتضان الجميع بمختلف أفكارهم، وتعدد تلاوينهم السياسية والفكرية والدينية. لكن، هل احتفظت المحروسة بهذا التعدد؟ فلمْ تعدْ مدينة للأحياء، بل مجرد مدينة للأشباح والموتى الذين يسمع أصواتهم من المقابر تناديه بطريقة أو بأخرى. تناديه ليبكيَ معها تاريخاً كان مجيداً كُتِب بماء الذهب وبتضحيات العظماء والمناضلين. فرغبة الكاتب واضحة في التوق إلى تغيير رؤية الناس إلى المكان الذي تتخلص فيه الشخصيات الروائية من محمولاتها الثقافية والحضارية والتاريخية التي تحملها معها حتى للقبر. إن المكان، ومن خلاله الفضاء الروائي عموماً، بخلوده في الزمن وأمام عوامل الهدم والمسخ والتشويه يسمح للذات أن تتخطى الحواجز الثقافية بين الأجناس والحضارات وحتى الأديان التي تعايشت معه وعاشت فيه، أو على نحو أفضل بين الثقافات باختلاف هوياتها ومنطلقاتها، فهو الفضاء الذي يتم من خلاله كشف النور والظلام ومساحتيهما الممكنتيْن واللتين تغطيان وعي الناس بهما وقدرتهم على التفكير فيهما بطريقة إيجابية.

إن القائمين بعملية السرد في الرواية لا يبنون أمكنة وجودهم عن

طريق المصادفة، بقدر ما يقيمونها على نحوٍ مخصوص ليحيلوا بها إلى ما يريدون الوصول إليه من دلالات، حيث يقومون بتوزيعها حسب تحركاتهم وتفاعلاتهم مع باقي الشخصيات، ومع الأهداف التي يريدون تحقيقها، ومع النهايات التي يرغبون الوصول إليها والانحياز إليها، كل هذا ينتج تعدداً للأمكنة والفضاءات التي تختلف وتتعدد بتحركات الشخصيات وتفاعلاتهم، مما يحقق نوعاً من التماسك والترابط الفكري لدى القارئ، والذي يساعده على ربط كل مكان أو فضاء روائي محدد بباقي الأمكنة الأخرى دون أن يحصل لديه أي خلط أو تضييع لها في خضم السرد المتواصل، حيث يصبح المكان بالنسبة إليه فضاء استراتيجياً يجعله بمثابة «موضوع الفكر الذي يخلقه الروائي/ المبدع بجميع أجزائه»[33] .

من خلال الرواية، نفهم أن عيساوي، يحاول أن يعيش في فضاء بينيٍّ، والذي لا يعبر بالضرورة عن فضاء قديم (زمن الاستعمار الفرنسي والغزو العثماني)، ولا يعبر أيضاً عن زمن الحاضر، زمنه، كفضاء ثقافي ثالث هجين فرضه السياق الاستعماري الفرنسي عليه كذات مفكرة، وجعلها تعيش بين زمنين وفضاءين متنافرين. حيث نجده يحكي على لسان سارديه عن معاناته النفسية والاجتماعية والثقافية مع الاستعمار الثقافي واللغوي والاقتصادي الذي ما زال يعيشه وطنه إلى يومنا هذا، فيتذكر ممارسات المستعمر المباشرة السابقة ومحاولته ضرب الهوية الجزائرية لفائدة الهوية الاستعمارية التي تعرضت لها عناصرها المختلفة (اللغة، الدين، العرق، الثقافة،...)، بحيث يتأكد لنا أن الذات الكاتبة لم تستطعْ نسيان ما

علق عبر الزمان وما تخزّنه الذاكرة الجماعية في الأذهان والكتب والمخطوطات والكتابات التاريخية. كل هذا كان حافزاً له ككاتب لإيقاظ ذاكرته التي دفعته إلى استرجاع وتذكر معاناة شعبه الحقيقية التي عاشها خلال المدة الطويلة مع الاستعمار الفرنسي بالخصوص، بشكل يثير القلق والاضطراب النفسي، حيث استدعى الذاكرة، ذاكرة المكان، وذاكرة الزمان والناس، لاسترجاع ما تعرضت له من تهجين واستلاب وتهميش اقتصادي واجتماعي وسياسي وتعذيب وظلم واحتقار... من أجل بناء زمن جديد مرتبط بالمستقبل المنفتح الذي يفرض على الجميع التحلي بالإيمان وعدم النظر إلى الماضي باعتباره محبطاً للهمم ومانعاً من التفكير في بناء المستقبل الزاهر وخلق هوية ثقافية وطنية جديدة تستمد قوتها وواقعيتها وخصوصياتها من سلبيات الماضي وهزائمه وسقطاته وصراعاته المدمرة.

يزخر النص الروائي باستعادة أساسية لثقافة المكان مرتبطة بثقافة الزمان، من خلال استحضار علاقات الأفراد الاجتماعية داخل المكان وحياتهم العادية والاستثنائية. وفي هذا الصدد يقول الروائي: «الحياة في المحروسة هي شكل آخر للموت، أراه كل يوم في عيون الناس، وأولئك الذين كانوا يرتادون مقهى الشاوش، الدخان يصّاعد من غلايينهم، صوتي يتناهى إليهم من مكاني، وخيالات العرائس التي تهتز في يدي، تنعكس على حائط المقهى، يضحك الريّاس لاهتزازها وحواراتها، ويغضب اليولداش مما أفوه به، ولكنهم لا يجرؤون على الاقتراب مني بل يترصدونني خارجها، وما إن أتجاوز الشارع الكبير حتى يتراكضوا خلفي. ويظل ابن ميار ينقذني في كل

مرة، ويوصيني بالصمت خشية غيابه في يوم ما. لا أبالي بنصائحه، وعندما تؤخذ عرائسي تخيط لي دوجة أخرى. وهكذا دواليك»[34].

فالمقهى له ثقافة منذ القديم، ينبغي على من يلجه أن يحترم رواده وألا يكون مستفزاً لهم أو مثيراً لما يخرجهم من عوالمهم التي يعيشونها داخله. وبالتالي فالمكان هنا، بوصفه مكاناً عمومياً، صار في العرف الثقافي والاجتماعي مقدساً بمعنى أو بآخر، ولذلك يجب على الجميع تبادل الاحترام والتقدير فيما بينهم واحترام الخصوصيات الفردية والجماعية أيضاً.

لا يكتفي الروائي بفعل الإخبار ذي المقصدية الإخبارية فحسب، وإنما يجعل منه وسيلة مهمة لتمرير المعرفة والفكر، وهذا ما يجعلنا نؤكد أن السرد الإخباري في العديد من المقاطع الروائية يتجاوز الخطاب التقريري الذي يحمل للمتلقي كمية من الأخبار والأحداث الجافة إلى خطاب معرفي ثقافي له دور أساس في تشكيل خطاب الرواية المرتبط بتحقيق المعرفة والمتعة في آنٍ واحدٍ. فهناك العديد من المؤشرات الخطابية داخل النص الروائي تلعب دوراً كبيراً في عملية التلقي وتوجيه فكر المتلقي نحو اتجاه مختلف يرغب الكاتب في الوصول به إليه. هذه المؤشرات، سواء كانت عناوين فرعية منتشرة على طول النص، أو كانت مقولات، أو وقائع تاريخية حقيقية استطاع من خلالها الروائي أن يكسر السرد الروائي المسترسل عبر تفجير الذاكرة الثقافية الموسوعية لديه، والتي تخوض في العديد من المواقف الإنسانية والأحداث التاريخية الكبرى التي تعكس العلاقة بما هو سياسي وديني واقتصادي وأيديولوجي.

يتداخل المكان مع الزمان في كونهما يحددان أهم مرحلة في الانتقال من زمن إلى آخر، من موقف إنساني إلى آخر، حيث حقيقة تفاعل الشخصيات معهما وتحركها داخل المكان المستمد من الماضي، والذي يؤسس لوعي مشترك بينها. فاستدعاء المدن والقرى والقصور والمؤسسات والدور والمساكن والطرقات... وغيرها، تَمَّ بدقة في الصياغة والتعبير والوصف، وكأننا بالكاتب شخصية من شخصيات الرواية عاش في ذلك الزمان، وتفاعل مع الأمكنة، وطوّر علاقاته الإنسانية داخلها. يقول: «اثنا عشر عاماً انقضت على موت نابليون، وثلاث سنوات على سقوط الجزائر، وما زالت هذه الكلمات تضج في رأسي، صديقي القديم لم يشأ أن يغيرها في كل خطاب. أجوب شوارع مرسيليا، الناس تناسوا ضجيج السنوات الماضية، وزيارة ولي العهد آه آسف لم يعدْ ولياً للعهد بعد أن انقلبوا عليه وصار هو الآخر منفياً، أو ظلاً ضئيلاً تبدد في الذاكرة الضعيفة للناس»[35].

إن الذاكرة هنا، ذاكرة المكان تشكّل العنصر الأساس لتوجيه فعل التلقي، وذلك باستحضار مجموعة من الأحداث والوقائع التي وقعت في زمن سابق. فاشتغال الذاكرة في الزمن الحاضر من أجل إنتاج أحداث الماضي يفرض على الروائي إنتاج فعل يربط بين زمنين اثنين: زمن الأحداث الواقعية المرتبطة بالماضي في حد ذاته، وزمن استرجاع هذه الأحداث كصور ذهنية عبر ذاكرة الروائّي المرتبطة بحاضر السرد. وهذا ما يجعل أحداث الماضي تكتسب دلالات جديدة وتمنحها قيمة فكرية مختلفة تحمل صيغاً جديدة في سلم القيم، ويمنحها أيضاً شكلاً جديداً يتجاوز الوصف الموضوعي والسرد الواقعي والدقيق من خلال الفضاءات والأزمنة الحقيقية، حيث يشغّل ذاكرته

الثقافية والموسوعية التي تحمل مجموعة من الأفكار والقناعات والمعارف التاريخية التي لا يمكنه التخلص منها لينتج نصاً مفعماً بالأفكار الجديدة والأحداث المتخيلة التي لا تتعارض مع الأحداث التاريخية الكبرى إلا في بعض الحيثيات البسيطة.

إن هذا الشعور لدى الروائي يجعله يربط بين الماضي والحاضر، حيث يبرز من خلال الرواية أنه قد تملكه إحساس باستعادة المشاهد والأحـداث وتجسيدها لغوياً من خلال وصف دقيق للفضاءات والشخصيات، مؤكداً جمالية المشاهد الموصوفة وتقريبها بأسلوب جميل وشاعري، وكلما اعتراه اضطراب في أثناء عملية السرد والوصف، أو شعر بأن كل ما يكتبه سيدفع المتلقي إلى التشكيك في كل ما يكتبه، خاصة في الأحداث السياسية والعسكرية، فإنه يذهب إلى خلق حدث جديد يعيد المتلقي إلى اللحظة الأولى التي تربط أحداث الرواية ببعضها بعضاً.

ترتبط ذاكرة المكان في رواية «الديوان الإسبرطي» بالتخييلي والواقعي معاً ارتباطاً قوياً، فلا تكاد تخرج من فضاء إلى آخر حتى تجد كقارئ نفسك بفضاء يعبر عن السمو والوعي الفكري لدى شخصيات الرواية. فالمدن تعبر عن ذاكرتها تاريخاً وتراثاً، حيث يخرجها الكاتب من عطبها السياسي إلى انفتاحها الثقافي والفكري والاجتماعي. ففي غمرة التصارع بين الذاكرة وتأويلها تتوسع المسافة الجمالية بين المنسي وبين التاريخي المتذَكَّر، هذه المسافة بقدر ما هي مفعمة باللحظات الجميلة والتفاصيل الدقيقة التي عاشتها الشخصيات، بقدر ما هي قادرة على خلق نوع من السرد التخييلي الذي يعطي

للكاتب مساحة واسعة للإبداع والبوح والتعبير عن الموقف والفكرة التي يؤمن بها. وفي ذلك تقول الرواية: «تعود طولون إلى الذاكرة كمهرجان من الهتاف، ووجوه مألوفة وأخرى غريبة تجوب الشوارع. جنود في صفوف لا نهائية، خطواتها رتيبة تهدف إلى الميناء، الكل يود أن يكون جزءاً من الحرب المقدسة، التي تبعث المجد لأمة خُدِش شرفها وأهين، الكل يريد القضاء على ربوة القراصنة التي تستعبد المسيحيين، الكل يحلم القضاء على أسطورة الأتراك المتوحشين في المتوسط، ولكن كيف هي حال طولون اليوم؟ أتراني سأسمع صدى الهتاف، وأتبع آثار الجنود؟ أم أن الناس التفتوا إلى همومهم اليومية وتناسوا كل أحلامهم الماضية؟ بالتأكيد هذا ما حدث. ألم تنته المدينة التي أرعبت الجميع وانتقلت من الأتراك إلى الرومان؟ هذا ما حدث، وما سأفكر فيه حين أعبر المتوسط إليها لأراها بوجهها المختلف، بعد انتهاء عامين من غيابي وثلاث سنوات على احتلالها»[36].

إن للمكان في الرواية دوراً أساسياً في إنتاج المعرفة، سواء عن طريق فعل التذكر، أو عن طريق إعادة النظر فيه فنياً، حيث نجد في بعض الأحيان أن الذاكرة تتوقف عن التعبير وحتى عن التخييل لفائدة عملية الاسترجاع، استرجاع الأشياء المفقودة، استرجاع الوعي الجمعي لصالح السارد في كل قسم من أقسام الرواية، «فتعتمل الكتابة (الروائية) بالنفس، تدور بشكل حلزوني في مهاوي التداعيات، في نكهة الأشياء الطافحة باللغة، بالكلام، في التفاصيل التي تعيدكَ إلى وتد الزمن، يفتق جليل بهائها اعتراس حدث أو ارتعاشة معنى، دهشة المكان... أو شهادة في انفلات لحظة، أليست الذاكرة هي كل ما تبقى لنا من النسيان، والكتابة هي كل ما تبقى لنا من الذاكرة؟»[37]. إن

المكان في الرواية يقدم لنا صوراً عن الماضي الذي يختزن تاريخ أمة وشعب. ولذلك، فحينما يتم استرجاعها فإنه لا بد من إظهار دور الفضاء المكاني والأثر الذي يربطه بالأحداث والعلاقات الإنسانية التي تتفاعل داخله. فالأنسنة المكانية، حسب أحمد مرشد، هي «من القيم الجمالية الفنية؛ لأنها رؤيا فنية فائقة لا تخضع للمقاييس ولا تشابه الأحداث الواقعية، يضفي عليها الفنان صفات إنسانية محددة على الأمكنة. ويجعلها كأي إنسان تتحرك وتحس وتعبر، وتتعاطف وتقسو حسب الموقف الذي أنسنتْ من أجله»[38]، حيث تتم أنسنة المكان في الرواية من خلال وصف دقيق للفضاءات وإدماج الشخصيات الروائية داخلها عبر الأحداث الكثيرة والوقائع المتتالية، كل هذا في إطار زمني كرونولوجي محدد، من خلال توالي السياقات الحكائية الصادرة عن الذاكرة الجماعية التي تلعب دوراً كبيراً في عملية الحكي، لأنه «يخلع أبواب الذاكرة، ويتركها تحكي (في الرواية) طويلاً، وبلا خوف من الماضي، يتمدد مساحات واسعة من الحاضر، لينسج كوامن الذات (الكاتبة)، ويفصح عما لا تفصح هي عنه»[39]. هنا في هذه النقطة بالذات (كما نجده عند جيرار جينيت) تتموضع الحالة الذاكرية لزمن الماضي، ومنها يبتدئ المحكي المسترجع بالانطلاق والتمدد على مساحة من الحكي في الرواية، حيث إن حيز المساحة النصية الذي يستحوذ عليه مرتبط بمحتوى سياقه الحكائي، ودوره الأساس في تشكيل دلالة النص الروائي، كما أنه مرتبط بدرجة أو بأخرى بنشاط الذاكرة، وقدرتها القوية على استرجاع الماضي.

من هذا المنطلق، نجد الكاتب يعلو بذاكرته لفهم العالم الذي يكتب عنه ويقرأ أشياءه وأفكاره وذهنيات الناس في ذلك الزمان، بل ويعري

كل ما هو منسي ومستور ليخرجه إلى الوجود بقوة عبر إحالة اللغة المكتوبة «إلى لعب بالكلمات، فيتحرر الدال من المدلول في تشكيل عفوي إلى تمثيل عالم قيد البناء وتنقلب الكلمات إلى شفرة جمالية» [40].

إنه يلمس ذاكرة المدن والفضاءات الأخرى داخلها وخارجها بما فيها الإنسان، من خلال عملية التفكيك والخلخلة والانزياح، إن هذه الذاكرة التي يستند إليها، هي تحويل للغة والوجود والواقع، وتحرير الوعي الإنساني من الذنوب والمعاصي والأفكار الهدامة والمؤلمة وتنويرها غاية في القطع مع الأكاذيب والأضاليل. هناك وعي لديه بأن الزمان مرتبط بالمكان، حيث يتقدم الزمان من خلال تعدد الأمكنة والفضاءات الروائية، إن السارد عندما يكون واعياً بما يقوله فهو قادر على إشعار القارئ بأن الأحداث الروائية، مهما اتصفت بالخيالية، فإنها تترك أثراً عنده يدفعه إلى تصديق واقعيتها والتأكيد على صحتها، «في صباح الغد كان كل شيء معداً، حملنا ما نحتاجه من متاع وخمرة، واضطررنا أن ننتظر المسافر الذي كان يقصد ميناء طراغونة قرابة الساعة، صعد إلى المركب والاستياء ظاهر على النوتي وبقية الصيادين، ثم رفعت السفينة المرساة مع طلوع الشمس، ونشرت قلوعها تجاه البحر، وتحركت رويداً رويداً مبتعدة عن الميناء، بينما كان صاحب السفينة يشيعنا من على الرصيف. وهكذا استقبلتُ النسمة الأولى من البحر، ثم التفتُّ تجاه الغرب حيث ستنعطف بنا السفينة مع حلول المساء» [41].

هنا تتجلى قيمة المدن وموانئها وقدرتها على منح المهاجر أو الهارب أو المسافر العادي القدرة على تغيير المكان والابتعاد إلى مكان آخر، والتفكير في إعادة النظر في الحياة وطرق عيشها.

فالفضاء الذي يدفع المرء إلى القنوط والخوف من المستقبل الغامض يفرض عليه التفكير في الهجرة والفرار قبل فوات الأوان، وهذا ما حصل مع السارد هنا، وعلى الرغم مما يمكن أن يتعرض إليه في أثناء السفر، فإن التفكير في الهروب والخروج إلى مكان آخر هو السبيل الوحيد على الأقل للنجاة من العواقب التي قد تحصل له إن بقي في المكان نفسه.

إن ذاكرة المدن في الرواية، هي ذاكرة تعرية لعالم مغمور بقسوة الناس وصعوبة الحياة واستغلال الضعفاء واستعبادهم بكل الوسائل، من أجل تحطيم كل الأقنعة والتماثيل البشرية الجامدة التي لا تعرف إلا البطش والقتل والتخريب والاستعباد اللاإنساني، وكأننا بالكاتب يرغب في تحطيم هذه الذاكرة واستبدالها بذاكرة أخرى أفضل وأكثر نقاوة، وجعلها أداة لبناء العالم من جديد وتشكيل المستقبل الغامض.

تبيّن لنا الرواية معالم كثيرة عن المحروسة باعتبارها المدينة المعشوقة، التي احتضنت مشاعر حمة السلاوي وغيره من الشخصيات، حيث ماضيها وذاكرتها القوية التي تميزها عن الزمن الحاضر وعما تحمله من دلالات فضائية وثقافية من خلال وقوف الروائي على الأوصاف التي قدمت بها بشكل واضح لتشكل ملاذاً ذهنياً لسرد الذاكرة باعتبار المحروسة مكاناً وعالماً يجسد الجانب المشرق والمظلم في الوقت نفسه بالنسبة إلى الروائي نفسه وإلى شخصيات روايته، مشرق لأنه يحمل ذاكرة المقاومة وعشق الماضي والتاريخ والحفاظ على التراث والانتصارات، ومظلم أيضاً لأنه يحمل العديد من الانتكاسات والهزائم السياسية والعسكرية بالنسبة

إلى الكثيرين، «يداه ترتجفان وهو يمسك لِجام حصانه، ربما كان يريد أن يضربه كي يفر به بعيداً عن السهل، أو ربما ودَّ لو يعود إلى المحروسة، يترجى الباشا منحهم ما يريدون، فليس غريباً على تُرْكِي التخلي عن كل المبادئ التي يؤمن بها، من أجل الحياة، وهو المدرك كونه تركياً يكفي لاستعادة ثرواته من سكان المحروسة، لطالما سمعت قادة اليولداش يرددون: قد استطالت أجنحة هؤلاء العرب، بعد فراغنا من الفرنسيين سنقصها»[42].

مدينة المحروسة هنا، ملاذٌ آمنٌ للكثيرين، وفي الوقت نفسه مجال لتصفية الحسابات عند آخرين. وخاصة أولئك الذين يعتقدون أنهم مدينون لسكانها وأهلها. للمحروسة مكانة كبيرة عند حمة السلاوي تحتلها في ذهنه وقلبه، بشكل يوحي إلى نوع من الحنين إلى هذا الفضاء الأصلي، والذي يضم بشكل كبير ذاكرته. ومن خلال هذا كله يعبر الروائي عن هذا الحنين لديه من خلال استرجاع الأحداث والمشاعر وتخيل بعضها بطريقة تؤكد أهمية المحروسة لديه ثقافياً وتاريخياً. ثمة معنىً للمحروسة، إنه معنى يملأ الفضاء الحاضن للفكر والثقافة لدى الروائي، والعودة إليه لها دلالة خاصة في السرد تهدف إلى رصد المعالم والمؤشرات القوية الدالة على مميزات هذا الفضاء وتفرده بخصوصيات معينة بعيدة كل البعد عن الاختلافات الثقافية التي تميزها كل ثقافة على حدة، ثقافات الغزاة والمحتلين لها، إذ نجد سرداً مميزاً وحكياً له علاقة بألفة المكان والتعلق به على الرغم من أن الروائي لم يكن من الذين عاشوا فيه أو استوطنوه من قبل. لكن ما يمكن التأكيد عليه هو أن عيساوي عندما يستحضر

المحروسة، أو أي فضاء روائي آخر، فإننا نشعر وكأنه من الذين عاشوا فيه أو على الأقل ارتبطوا به بطريقة أو بأخرى. هناك نوع من الارتباط والتعلق يبرز من خلال السرد والوصف في الرواية يؤكد كلامنا هذا، فجمالية السرد والوصف في الرواية نوع من التعبير عن هوية مفقودة لدى الروائي، هوية تتميز بالتنوع والتعدد والامتداد الثقافي الذي عبرت عنه المحروسة من خلال التعدد الثقافي للجنسيات والأعراق التي عاشت فيها واستوطنتها في ذلك العصر بالتحديد، عصر الغزو العثماني والاستعمار الفرنسي من بعده.

ويعتبر فضاء المحروسة بمثابة محفز لاشتغال الذاكرة في الرواية بوضوح بارز أسهم في استدعاء خطابات متعددة تمنح الزمن القصصي شساعة وانتشاراً، وهي خطابات سردية ووصفية ارتبطت بمجموعة من الأحداث العاطفية والسياسية والعسكرية التي وقعت في حقبة تاريخية من تاريخ الجزائر. هذا الفضاء، فضاء المحروسة، استحضره الروائي من أجل أن يؤدي دلالة استدلالية على ما يسرده ويحكيه عن أحداث ووقائع تاريخية من خلال أصوات سردية متعددة لتؤسس رؤية دلالية واضحة مرتبطة أساساً بالشخصيات المشاركة في أحداث الرواية. كل هذا يمثل ذاكرة خطابية بالنسبة إلى المتلقي الذي يصل من خلالها إلى فرضيات القراءة التي تساعده على إنماء ذاكرته وتطويرها من خلال ما يصل إليه من معارف ومعلومات وأفكار حول تاريخ الجزائر وتحولاته المختلفة عبر الزمن. ولنتابعْ هذا الحوار حول المدينة ومدى اهتمام الخونة والاستعمار به في مقابل مقاومة الشرفاء ودفاعهم عن هويتها:

«– أنتَ لا تعي أننا أضحينا الآن تحت رحمتهم، والمغلوب عليه مسايرة الغالب حتى يحصّل منه على ما يستطيع.

– صدقني إنكم لن تحصلوا على شيء!!

– قد أسس بورمون مجلساً ليحكم المدينة، أتعتقد أنه أولى لنا نتركهم يسيرونه بأنفسهم، أم نحن من نقوم بذلك، ألسنا أعلم بشؤون أهلنا؟.

– ولكنكم لا تفعلون شيئاً في المجلس إلا بعد موافقة ميمون، وهو لا يختلف عن أيّ فرنسي آخر»[43].

تتأسس صورة المحروسة عبر ذاكرة الروائي الموسوعية، حيث تتعدد هذه الصورة من خلال الانتقال من فضاء إلى آخر، سواء كان هذا الفضاء حيزاً جغرافياً ينتمي إليه، أو كان فضاء آخر خارجاً عنه، كل هذا يحمل إشارة معينة إلى المتلقي لاستجماع هذه الصور المتعددة في صورة مكتملة على الرغم من تعدد الأحداث والوقائع لتكوين تصور واحد حول الحقبة التاريخية المعنية بالكتابة. فصورة المحروسة باعتبارها فضاء روائياً أساسياً تُقدَّم لنا على أنها صورة رمزية تنمو وتنتقل من مجال إلى آخر، ومن فصل إلى آخر، ومن وعي شخصية معينة إلى وعي أخرى، حيث تسهم في توسيع معرفة المتلقي حولها وتجديد نظرته إلى التاريخ والأحداث ومحاولة تصحيح العديد من الأشياء والأفكار الرائجة شعبياً أو حتى رسمياً. إذن، فصورة الفضاءات الروائية هي صورة متعددة الأبعاد تربط الحاضر بالماضي الجزائري، وتبني معرفة خاصة لها خصوصية متلقيها

ومدى استيعابهم للمقروء، سواء عن طريق تأويل كل فصل حسب كل صوت سردي فيه، أو عن طريق القراءة الكلية التي لا تفصل أقسام الرواية وفصولها عن بعضها بعضاً. لأننا أمام اشتغال واحد لذاكرة الروائي التي وضعت الفضاءات والأزمنة إلى جانب بعضها بعضاً، وقدمت لنا تصوراً فكرياً وثقافياً لحقبة تاريخية كانت تتعرض للتشويه والحصار الفكري وتكريس التبعية السياسية والثقافية ضمن وعي كولونيالي منتشر بقوة في المجتمع الجزائري، أسوة بباقي البلدان العربية التي تعرضت بدورها للاستعمار والاستبداد بكل أشكالهما الظالمة.

تمثل مدينة المحروسة في الرواية مجالاً واسعاً لانفتاح الذاكرة الثقافية والسياسية لدى الروائي، من خلالها يستدعى آثار أزمنتها المختلفة ومعالمها الأساسية، والتي أسهمت في تشييد الوعي الوطني وبناء هوية ثقافية واعية بطبيعة الإنسان ومدى استجابته لما يعيشه ومقاومته للظلم والاستبداد. وهذا ما يظهر جلياً عند شخصية حمة السلاوي الذي آمن بالمقاومة ضد المستعمر، وحاول جاهداً توجيه سكانها نحو الثورة والتمرد عليه. لقد كانت المحروسة ملهماً له ودافعاً قوياً للتحلي بالشجاعة وعدم الخوف والتراجع، فاختار المقاومة سبيلاً للنجاة وطريقاً آمناً للحفاظ على كرامته وشرفه والدفاع عنهما ضد الاستعمار الغاشم.

لقد سعى عبد الوهاب عيساوي في روايته إلى تشييد فضاء ثقافي هوياتي يعبر عن هوية الإنسان الجزائري خلال فترة مهمة من تاريخه، حيث تلتقي فيه ذات المستعمِر وذات المستعمَر وتتعايشان

فيه كفضاء يؤمن بالتعدد الثقافي والتنوع الإنساني والعرقي الذي يقود إلى تقبُّل الاختلاف والحفاظ عليه ومقاومة الظلم والاستعمار الغاشم الظالم من أجل الحفاظ على السلم والأمان وتبني الحرية والبحث عن سبل الحوار والتعايش والتسامح وبناء الهوية الثقافية الجديدة التي تصهر الاختلافات العرقية والثقافية والدينية، وذلك وفق نسق ثقافي جديد يدعو إلى الحفاظ على القيم الإنسانية بالدرجة الأولى التي تحمي التعدد والتنوع وتدعو إليه.

إن الفضاء الروائي يكتسي أهمية في الرواية باعتباره فضاء خارجياً حقيقياً، وذلك من خلال تفعيله ضمن بنية الخطاب الروائي التي تضفي عليه صفات جديدة تمنحه دلالة معينة لا يمكن إدراكها في الواقع، حيث يصبح هذا الفضاء وحدة دالة تتحقق دلالته من خلال علاقته بباقي الفضاءات في الرواية والتي تحضر معه. فهو الفضاء ـ الصورة الذي تمثَّله الكاتب وتذكره أو قرأ عنه في زمن لاحق فقده عبر ملفوظه الروائي مؤثثاً بالتمثلات المترسخة في ذاكرته ووعيه. إنه فضاء له علاقة بخطاب الوصف عبر رسم ملامح يسعى السارد إلى تأثيث جوانب متعددة من دلالة الملفوظ الروائي، وهو ما يتطلب من الكاتب اتباع نسقية معينة في هذا التشكيل. فالوصف هو بالضرورة تابع للسرد وخادم له بطريقة أو بأخرى[44]. فالذاكرة في الرواية إذن، تجعل الزمن وعلاقته بالفضاء علاقة قوية وحاضرة بامتياز، لأن الانتقال عبر الأزمنة المختلفة والمحددة في الرواية مرتبط بالضرورة بالفضاءات التي حلت بها الشخصيات الروائية، وذلك من خلال التأشير إلى التحولات الاجتماعية والسياسية التي عرفتها الفضاءات والمواقف لدى الشخصيات نفسها.

ويصير الفضاء في الرواية بمثابة عتبة تسهم في بناء الدلالة وتوظيفها في التفاعل بين العناصر الزمانية والمكانية التي تجعل من هذا الفضاء مفهوماً متعدد الصور يتجاوز الحيز الزماني الذي يحدده النص في كل لحظة من اللحظات. فهو عتبة تتوجه إليها الشخصية أو الشخصيات لتؤشر إلى استمرارية السرد وتوالي الأحداث، كما أنها تسهم في التأثير في المتلقي وتقديم الفضاء إليه على أن له دلالة معينة ومحددة المعالم وتحفزه إلى فهمها وتوجيهها التوجيه الصحيح. يقول الروائي: «(الأسبوع الأول من جوان): ودعنا ماهون، وامتدت الزرقة من حولنا، كان الجنود يتطلعون إلى الأفق فلا يرون إلا البحر الساكن والسماء الراضية عن مسيرتهم، يغنون أغانيَ عسكرية إذا ما انتابهم فتور، وأخرى حميمية إذا ما اشتاقوا لحبيباتهم. أبقى على جانب السطح أخمن في الأيام المقبلة وما تحمله، استحضرت الباشا الذي أجبروه على الانعطاف إلى طولون، وتمنيت لو امتدت الجلسة أكثر، فأعرف دخيلته، لكن الأميرال دوبيري كانت له وجهة أخرى»[45].

إذن، هناك تفاعل قوي وواضح بين الزمان والمكان، فالزمن لا يتشكل في النص إلا عبر الفضاءات المتعددة باعتباره حافزاً مرجعياً يضبط تحولات عملية السرد وتعدد الساردين تكشف تحولاته المتلاحقة (الفضاء). فالفضاء دون استحضار لهذه الأزمنة يبقى فضاء فارغاً من كل دلالة معرفية وثقافية وحتى سياسية أيديولوجية.

إن استرجاع الماضي لدى عيساوي يتميز في الرواية بتجريد الأحداث من طبيعتها العادية وتحويلها بأسلوب سردي جميل إلى صور ذهنية متمثلة في سياق خاص بها مختلف عن سياق حدوثها

في التاريخ. فالروائي على مستوى الاسترجاع يعمل على استدعاء مجموعة من الأحداث، ويتعرض لها من خلال مزجها بمشاعر الخوف والفزع والفرح والانتشاء والألم والحزن، كما الغربة والضياع في عالم غريب عن شخصياته، على الرغم من أن استرجاع الأحداث عبر الذاكرة في زمن لاحق عليها يترك أثراً معيناً من الشعور بالخوف والبعد عن تمثلها تمثلاً حقيقياً، بل يقتصر الأمر فقط على تحليلها سياسياً وفكرياً وأيديولوجياً في بعض الأحيان ليرسلها في النهاية في قالب لغوي يفهمه القارئ المتلقي ويعيد إنتاجه من جديد دلالياً وتداولياً. غير أن هذه الذاكرة تحاول أن تستدرك ما أمكن عملية إعادة توجيه الأحداث والوقائع وفق مشاعر وانفعالات متجددة لدى المتلقي ترتبط بفهمه للواقع والحاضر وارتباطهما مع الماضي والتاريخ الذي يعبر عنه الروائي، باعتبار أن الذاكرة هي في النهاية معرفة الماضي في الزمن الحاضر الذي نعيشه.

إن زمن سرد وقائع وأحداث الرواية يصبح حافزاً لدى الكاتب على تحريك ذاكرته في مناحٍ متعددة عبر أزمنة محددة وفضاءات مختلفة، بحيث تصير الذاكرة مرتبطة بأحداث الرواية المستدعاة ووقائعها المتعددة ليعمل الروائي في الأخير على تنظيمها وترتيبها وفق نسق منسجم مع فعل القراءة والتلقي. ومن أجل تحقيق ذلك يستدعي الكاتب الذاكرة والتاريخ معاً بصورة منظمة وفق خط زمني يسير في اتجاه واحد ولا تتخلله أي انكسارات أو مفارقات زمنية في عملية السرد؛ نظراً لأن عبد الوهاب عيساوي في الرواية كان يرغب في أن يقدم رواية تاريخية تعتمد على الوقائع والأحداث التاريخية

الكبرى مغلفة بأحداث إنسانية متخيلة ترتبط بحياة الشخصيات ومدى قدرته على منح نفسه الحرية في التعبير عن مشاعر كل شخصية، والذي لا يتعارض فكرياً وسياسياً وتاريخياً مع ما جاءت به كتب التاريخ. فذاكرة الروائي هنا كانت تتحرك في اتجاهات مختلفة يبرز في بعض الأحيان أنها ذاكرة موسوعية ثقافية تختزن أفكاراً وقضايا ترتبط بفكر الشخصيات وقناعاتهم ومواقفهم التي لم يكتبها التاريخ وتجاهلها نظراً لقيمتها الثانوية في الأحداث والوقائع.

لقد أصبح عيساوي ذلك الصوت المؤطر لأصوات سردية متعددة استدعاها في روايته لتقدم للمتلقي الفضاءات نفسها وأوصافها على المستوى العمراني والدلالي، إضافة إلى ذكر تقاليد الناس وعاداتهم وأفكارهم التي كانت تميزهم آنذاك، مع التركيز على أحداث سياسية واجتماعية أساسية. لتصبح الذاكرة في النهاية، ذاكرة الكاتب، ذلك الخزان الثري الذي وقف في عملية الكتابة عند الدلالات التي يستدعيها التفاعل الزمني والأصوات السردية المصاحبة في النص الروائي من خلال إدماجها في الفضاءات المتعددة.

تـركـيب:

ترتبط الذاكرة إذن في رواية «الديوان الإسبرطي» من خلال وقوفها على المؤشرات الزمانية والمكانية باعتبارها مؤشرات مرجعية تحيل إلى الزمن التاريخي المعبر عنه، حيث نجد الروائي ملتزماً بالتأشير إليها من أجل ضمان صدقية العديد من الوقائع والأحداث على الرغم من تخيله للعديد من الأحداث الأخرى المرتبطة بها، فيضبط بأسلوبه

الخاص المسافات الفاصلة بين الأزمنة والأمكنة، سواء بمحددات زمنية أو بمحددات مكانية لها وقع لدى الشخصيات، ولها أثر واضح لدى المتلقي الجزائري بالخصوص، والعربي على العموم. إن فعل التذكر في الرواية يساعد المتلقي على تنسيق الأحداث واسترجاعها من خلال مقروئه في التاريخ الجزائري الرسمي وانسجامها منطقياً وواقعياً. من هنا يمكننا الحديث عن التحفيظ باعتباره وسيلة لتخزين الأفكار والمعارف والأحداث المتعاقبة في الزمن ومحاولة إعادة إنتاجها بتحويلها من فعل واقعي إلى فعل لغوي قابل للتلقي والتأويل، سواء من خلال التمييز بين أحداث الماضي ونتائجها على الحاضر، أو من خلال إعادة إنتاجها بطريقة تعتمد على إبعاد كل ما هو نفسي واجتماعي.

وفي هذا الإطار، يظهر لنا أن هناك تفاعلاً يربط بين الروائي كذات معرفية منتجة للملفوظ، وبين المتلقي كحامل لمعرفة قبلية تمثل مداخله الموسوعية التي يتلقى من خلالها ملفوظ الرواية، وبهذا يحاول هذا الأخير أن يكشف مقصدية الرسالة التواصلية وفكّ شفراتها التداولية والتحكم في السياق العام لعملية التلقي من خلال مساهمته في إعادة تأسيس المعرفة التي يحملها النص الروائي، والتي يتداخل فيه صوت الروائي المؤلف وأصوات سارديه المتعددة باعتبارهم أصواتاً للمؤلف نفسه، فهو يعتمد في روايته «على التميز الذاتي لرسالته وهو يستهدف القارئ الذي يعارضه»[46]، حيث يصبح النص الروائي بمثابة نص ثقافي ينتج معرفة موجهة إلى المتلقي عبر مجموعة من المؤشرات الإحالية والمرجعية التي تتطلب منه الربط بين عناصرها

المتعددة لإعادة بنائها وتحديد الدلالة التي تهدف إليها في النهاية. وهنا، تتجلى مقصدية الروائي والتي تتجاوز كونه يقدم لقارئه خطاباً إخبارياً عن وقائع وأحداث تاريخية فحسب إلى كونه يقدم خطاباً معرفياً ثقافياً يحدد مقصديته منه، فيجعل من خطابه الإخباري إطاراً دينامياً لتمرير المعرفة الواعية بالأحداث التاريخية للشعب الجزائري خلال حقبة زمنية من تاريخه.

إن قراءة الرواية تقودنا مباشرة إلى استنتاج أساسي وهو أننا أمام كمٍّ كبير من الأخبار والأحداث والوقائع والمعلومات التي قدمها الروائي بكل أمانة وفي إطار من الترتيب والتوضيح أسهم في استيعابها جيداً، حيث نجد أنفسنا كمتلقين مدفوعين إلى بناء وعي خاص وفهم أعمق لحقبة تاريخية من تاريخ الجزائر ومدى معاناة أهلها وشعبها من ويلات الاستعمار والغزو الظالم، حيث تسمح لنا هذه المعارف المقدمة في الرواية بتبني فكرة مفادها أن قوة الشعوب وإرادتها لا تقهر، وأنها عندما تثور ضد الظلم والغزو فإنها لا تتراجع إلا بتحقيق النصر والحرية.

وختاماً، نقول إن توظيف عيساوي للذاكرة في الرواية جاء لسبب كونها وسيلة لتأمين المستقبل، لأنها وسيلة أساسية للإجابة عن أسئلة الوجود والهوية الجزائرية، والتي تتجلى في: من أين جئنا كشعب؟ وكيف صرنا إلى ما صرنا إليه؟ وإلى أين نسير في مستقبلنا؟. فالزمن الروائي تعويض عن الزمن الواقعي الذي يمثله السرد الروائي عبر آلية الاسترجاع والذاكرة للبحث في مجموعة من الأسئلة والقضايا الوطنية منها الهوية الجزائرية في علاقتها مع الاستعمار الفرنسي

والغزو العثماني. فالهوية الجزائرية، بالنسبة إلى عيساوي، ثابتة وراسخة وهي جزء لا يتجزأ من الأرض وترابها ومائها وهوائها وناسها. هكذا تجيب الذاكرة المستدعاة في الرواية لتجيب عن أسئلة الحاضر من خلال استقراء أحداث الماضي للتأكيد على أن الجزائريين لهم امتداد هوياتي وتاريخي وثقافي في الماضي وفي الحاضر والمستقبل. وليس هناك ما يمكنه تقويض هذا الامتداد على الرغم من وجود العديد من الأبواق التي تقول العكس أو تبحث في الماء العكر. فأهمية الذاكرة هنا، تتجلى في البناء الثقافي والحضاري للأمة الجزائرية وعلاقتها بالأمة العربية وامتدادها الجغرافي والثقافي والهوياتي.

هوامش الفصل الثاني:

1 – عبد الله إبراهيم، السرد والإمبراطورية والتجربة الاستعمارية، المؤسسة العربية للدراسات والنشر، بيروت، ط 1، 2011م، ص 12.

2 – جورج لوكاتش، الرواية التاريخية، ترجمة: صالح جواد الكاظم، منشورات وزارة الثقافة والإعلام، بغداد، ط 2، 1986م، ص 63.

3 – إبراهيم الفيومي، الرواية العربية، مؤسسة حمادة للدراسات الجامعية والنشر والتوزيع، عمان، الأردن، ط 1، 2001م، ص 19.

4 – بول ريكور، الذاكرة، التاريخ، النسيان، مرجع سابق، ص 15.

5 – زهير الخويلدي، «مفهوم الهوية السردية من منظور بول ريكور»، مجلة دلتا نون، مركز دراسات الفكر والأمن العام، دمشق، لندن، العدد 2، الخميس 22 يناير 2015م، ص 26.

6 – بول ريكور، التاريخ والذاكرة في الكتابة التاريخية، ترجمة: محمد حبيدة، إفريقيا الشرق، الدار البيضاء، ط 1، 1990م، ص 140.

7 – Uet Fivush Neisser, The Rememembring Self: Construction and Accurancy in the self – narrative, Cambridge: Cambridge University, R (eds) 2008, P. 9.

8 – فاطمة الزهراء عطية، العجائبية وتشكلها السردي في رسالة التوابع والزوابع لابن شهيد، رسالة دكتوراه، جامعة بسكرة، الجزائر، 2015م، ص 2.

9 – سعيد يقطين، قضايا الرواية العربية الجديدة: الوجود والحدود، رؤية للنشر والتوزيع، القاهرة، ط 1، 2010م، ص 227.

10 – روجيه شارتييه، على حافة الهاوية: التاريخ بين الشك واليقين، ترجمة وتقديم: ميلود طواهري، دار الروافد الثقافية، ناشرون، بيروت، ط 1، 2017م، ص 278.

11 ـ روجيه شارتييه، المرجع السابق، ص 165.

12 ـ أليكس ميكشيللي، الهوية، ترجمة: علي وطفة، المرجع السابق، ص 7 ـ 8.

13 ـ أليكس ميكشيللي، المرجع السابق، ص 76.

14 ـ أليكس ميكشيللي، المرجع السابق، ص 101 ـ 102.

15 ـ بومدين بوزيد، «الاستعمار وزمن الحقيقة: قيم الاعتراف والتواصل مع الآخر»، مجلة المستقبل العربي، مركز دراسات الوحدة العربية، بيروت، العدد 335، السنة التاسعة والعشرون، يناير 2007م، ص 6 ـ 14.

16 ـ سعيد جبار، السردي والتخييلي في الرواية المغربية، دار جذور للنشر، الرباط، ط 1، 2004م، ص 111.

17 ـ عبد الوهاب عيساوي، الديوان الإسبرطي، رواية، دار ميم للنشر، الجزائر، ط 1، 2018م، ص 14.

18 ـ محمد علي سلامة، الشخصية الثانوية ودورها في المعمار الروائي عند نجيب محفوظ، دار الوفاء، الإسكندرية، ط 1، 2007م، ص 11.

19 ـ داود غطاشة، حسين راضي: قضايا النقد العربي قديمها وحديثها، مكتبة دار الثقافة، عمان، الأردن، ط 2، 1999م، ص 125.

20 ـ Philippe Hamon, Introduction à l' analyse du descriptif, Hachette, Paris, 1981, P.113.

21 ـ آسية البوعلي، «أهمية المكان في العمل الروائي»، مجلة نزوى، العدد 34، مسقط، سلطنة عمان، أبريل 2002م، ص 285.

22 ـ محمد رياض وتار، توظيف التراث في الرواية العربية المعاصرة، اتحاد الكتاب العرب، دمشق، ط 1، 2002م، ص 112.

23 ـ نضال صالح، النزوع الأسطوري في الرواية العربية المعاصرة، دار الألمعية، الجزائر، ط 1، 2012م، ص 252.

24 ـ عبد الوهاب عيساوي، الديوان الإسبرطي، رواية، مصدر سابق، ص 13.

25 ـ عبد الوهاب عيساوي، الديوان الإسبرطي، ص 26 ـ 27.

26 ـ حنا مينة، «الحدث في الرواية»، جريدة الرياض، المملكة العربية السعودية، الرياض، عدد بتاريخ: 05/ 09/ 2002م.

27 – حسين علي محمد، التحرير الأدبي: دراسات نظرية ونماذج تطبيقية، ط 2، الرياض، 2000م، ص 304 – 305.

28 – حسن بحراوي، بنية الشكل الروائي، المركز الثقافي العربي، الدار البيضاء، ط 2، 2009م، ص 113.

29 – يوسف توفيق، «كيف تكون الذاكرة ملاذاً للسرد»، الملحق الثقافي لجريدة الاتحاد الاشتراكي المغربية، الرباط، عدد 11051، بتاريخ: 5 أكتوبر 2018م، ص 9.

30 – يوسف توفيق، المرجع السابق، بتصرف، ص 9.

31 – بول ريكور، الذاكرة والسرد، ترجمة وتقديم: سمير مندي، المرجع السابق، ص 58.

32 – عبد الوهاب عيساوي، الرواية، ص 67.

33 – حسن بحراوي، بنية الشكل الروائي، المركز الثقافي العربي، الدار البيضاء، ط 2، 2009م، ص 27.

34 – عبد الوهاب عيساوي، الرواية، ص 61.

35 – عبد الوهاب عيساوي، المصدر السابق نفسه، ص 13.

36 – عبد الوهاب عيساوي، الرواية، ص 28 – 29.

37 – أمجد مجدوب رشيد، السرد ومرايا الذاكرة، مقاربات للنشر والصناعة الثقافية، فاس، المغرب، ط 1، 2016م، ص 7.

38 – أحمد مرشد، جدل الإنسان والمكان في روايات عبد الرحمن منيف، مقاربات للنشر والصناعة الثقافية، فاس – المغرب، ط 1، 2018م، ص 7.

39 – أحمد مرشد، البنية والدلالة في روايات إبراهيم نصر الله، مقاربات للنشر والصناعة الثقافية، فاس المغرب، ط 1، 2018م، ص 196 – 197.

40 – بيير جيرو، علم الإشارة: السيميولوجيا، ترجمة: منذر عياشي، مركز الإنماء الحضاري، حلب، سوريا، ط 3، 2007م، ص 25.

41 – عبد الوهاب عيساوي، الرواية، ص 38.

42 – عبد الوهاب عيساوي، الرواية، ص 148.

43 – عبد الوهاب عيساوي، المصدر السابق نفسه، ص 225 – 226.

44 ــ ســعيد جبار، خطاب الرحلة: الذاكرة وآليات إنتاج الدلالة، دار رؤية للنشــر والتوزيع، القاهرة، ط 1، 2017م، ص 53 ــ 54.

45 ــ عبد الوهاب عيساوي، الرواية، ص 179.

46 ــ W. Krysinski, Subjectum comparations, les indices du sujet dans le discours, in Théorie littéraire, éd. PUF, 1989, P. 245 ــ 246.

الفصل الثالث:

رواية التاريخ وذاكرة الإنسان المضطهد في رواية «حصن التراب» لأحمد عبد اللطيف

تفرض رواية التاريخ اليوم نفسها على القارئ والكاتب العربي باقتدار، حيث وجدت لها صدى في كل المحافل والمنتديات، وتربعت على الكثير من الجوائز العربية الذائعة الصيت في العالم العربي أسوة بنظيرتها في الغرب. فهذا النوع من الرواية يقدم التاريخ على طبق من ذهب، ويحاول جاهداً أن ينقذه من جموده العلمي والتوثيقي الذي يوجد في كتب التاريخ التي يمكنها أن تحمل بين طياتها العديد من المغالطات عند كتابتها من طرف الجهة المنتصرة والقوية. وهذا ما يدفع روائيينا المعاصرين إلى إعادة النظر في كتابة تاريخنا أدبياً من خلال نبشهم في المخطوطات والكتابات التاريخية المخزنة في مكتبات الغرب ومتاحفهم، وهذا ما جعل لهذه النصوص الروائية مساحة شاسعة في عالم النشر والتوزيع والاهتمام من طرف النقاد والقراء بكل أصنافهم.

تناولت الرواية العربية الحديثة والمعاصرة الأحداث التاريخية في بلاد الأندلس، ولا سيما في زمن صعود المشاعر العربية والإسلامية تجاه التاريخ العربي عامة، حيث تركز هذه الرواية على التقابل المنطقي بين غرب رجعي وغريب ثقافياً وسياسياً، وبين شرق يقدم أرقى الصور على بطولته وعظمته، لكنه أخذ في التقهقر والتراجع

على كافة المستويات. ولقد أكدت جميع الدراسات النقدية والثقافية حول الرواية العربية التي تعاطت مع الأندلس وأحداثه التاريخية على أن الفضاء التاريخي من مدن شهيرة كغرناطة وإشبيلية وقرطبة... ومآثرها الشاهدة على تاريخ حافل بالانتصارات والبناء والتشييد من صومعة الخيرالدا وقصور عظيمة خالدة. كما بقيت حركة الأحداث التاريخية في الرواية التي استهدفت الأندلس في ذهنية القوميين العرب، حيث تحول الحنين إلى نوع من الوعي الهش والسقوط في الشعور السلبي، من خلال إسقاط الواقع الحالي على زمن الأندلس وما وقع فيها من أحداث ووقائع أنتجت الهزائم والضعف والتشتت. وفي الوقت الذي انتهى فيه الحنين وتلاشت الحماسة القومية العربية التي عمرت لعقود من الزمن في القرن العشرين، ظهر في الأفق اتجاه جديد تعاطى مع الأمر بالنقد والشك والارتياب في الأحداث التاريخية التي عاشتها بلاد الأندلس.

استطاعت الرواية العربية الحديثة والمعاصرة أن تقف على أهم الأحداث السياسية والاجتماعية في الأندلس، وعرفتها المجتمعات الأندلسية خلال قرون من الازدهار والبناء والتدهور والهزيمة، بل استحضرت التخييل كوسيلة أساسية للتعبير عن أهم المشاعر الشخصية لدى كل كاتب وأحاسيسه النفسية والداخلية تجاه قضايا الأندلس ومراحل بناء الحضارة العربية والإسلامية في تلك الحقبة التاريخية العظيمة من تاريخ الأمة. وعلى الرغم من وجود العديد من الروايات التي كتبت من منطلق وصف الأندلس الفردوس المفقود الذي ضيعه بعضٌ من أبناء الأمة الذين كانوا على رأس السلطة فيه،

لكننا نصطدم بروايات أخرى تذهب مباشرة إلى الحديث عن الأحداث والوقائع السياسية والاجتماعية التي أسهمت في الهزيمة وضياع الفردوس وإجلاء المسلمين وقمعهم وتعذيبهم بطريقة غير مباشرة من خلال ضعفها وغرقها في الملذات وتحقيق المصالح الشخصية والعائلية والاستقالة من تقوية الدولة والحفاظ على أمنها، ومواجهة الأعداء بكل قوة وصرامة، وعدم الخضوع لهم وتوقيع عقد العبودية معه.

يحاول العديد من كتّاب الرواية المعاصرة أن يكتب عن أندلس مختلفة عن التي قرأنا عنها في كتب التاريخ، حيث تمّ في بعضها إسقاطها على الواقع الحالي، وواقع العرب اليوم الذي يعيش أزمة على المستوى السياسي والهوياتي، سواء استثمرت الأحداث التاريخية في التعبير عن الواقع، أو استحضرت الأحداث والوقائع وتخيلت أحداثاً أخرى لها علاقة بما هو ماضوي وأسقطته فكرياً وسردياً على شكل مأساوي يستدعي الهزيمة في أحيان كثيرة دون الوقوف على أهم محطات الازدهار والتطور والبناء ومراحل القوة التي عرفتها الأندلس في عصور مختلفة، سواء قبل عصر ملوك الطوائف أو بعده، قبل السقوط النهائي أو قبل ذلك بقليل.

كل الكتابات التي تعرضت للتاريخ العربي والإسلامي، أو على الأقل أغلبها، حاولت أن تناقش أحداثاً تاريخية لها من الأهمية بمكان، حيث يمكنها أن تقدم لنا معرفة أساسية عن هذا التاريخ وتصحح معلوماتنا التي تعرضت للتشويه على أيدي العديد من النخب المتنفعة سياسياً وأيديولوجياً من ذلك. وهذا لعمري ما دفع العديد من الروائيين

العرب المعاصرين إلى الكتابة في هذا النوع من الرواية، واضعين على عاتقهم مسؤولية كبيرة في البحث والتنقيب عن المعلومة والتيقن من الأحداث التاريخية والتمحيص في الروايات والمخطوطات وتحقيقها من جديد، أدبياً، لتقدم معرفة مهمة تتصف بالأحداث التاريخية الحقيقية، لكنها مغلفة بأحداث متخيلة لا تؤثر في الحقيقة التاريخية ولا تشوهها، وإنما تمنحها نكهة جمالية تجذب المتلقي وتحقق أفق انتظاره وتوقعه وتحقيق العدالة والبحث عن الحقيقة في ظلِّ قراءة تاريخية للأحداث من منظور أدبي وتخييلي يحافظ على الأحداث الكبرى ويغلفها بأحداث تخييلية مرتبطة بالعلاقات الإنسانية اليومية التي لا تشوه الواقع ولا تفسد الحقيقة. وفي هذا الإطار، يبرز اسم الكاتب الروائي المصري الشهير أحمد عبد اللطيف صاحب رواية «حصن التراب: حكاية عائلة موريسكية»[1] التي وصلت إلى القائمة الطويلة لجائزة البوكر العربية لعام 2018م، والتي تركت أثراً كبيراً لدى النقاد والقراء نظراً لوقوفها على مرحلة أساسية من تاريخ الأمة العربية والإسلامية، وهي مرحلة إجلاء العرب والمسلمين من الأندلس، وإلى كل ما تعرضوا له من عذابات وآلام ومعاناة.

لقد كتب الكثيرون من الروائيين والباحثين في التاريخ عن الأندلس، وعن تاريخها، وعن حضارتها المبدعة على مستوى الثقافة والمعمار والفكر والإنسان، وتركت أثراً كبيراً لدى الإسبان آنذاك، وما زالت تفعل إلى يومنا هذا. وإن كانت كل الكتابات تنحو نحو البحث عن أحداث كبرى علقت بتاريخ الأندلس وأُرّختْ في الكتب منذ وقوعها، فإن رواية «حصن التراب: حكاية عائلة موريسكية»

للروائي المصري أحمد عبد اللطيف، قد استغلت مخطوطات تاريخية حفظتها عائلة بسيطة عاشت في مرحلة من تاريخ الأندلس، وعانت كما عانت كل الأسر المسلمة والعربية في تلك الحقبة، الأحكام الظالمة والقرارات الجائرة التي اتخذتها السلطات السياسية الكاثوليكية ضدهم، وأخطرها تلك الأحكام القضائية ضد النوايا والمعتقدات الشخصية لدى الناس، ويمكن القول إن الرواية تمثل بامتياز تعبيراً عن وعي عربي ما زال يعاني تبعات التاريخ وهزائمه وسقطاته.

يمثل مفهوم أفق الانتظار لدى القارئ نوعاً من التكامل بين علم الجمال وبين التاريخ، حيث يقول ياوس فيه: «إن تحليل التجربة الأدبية للقارئ تفلت من النزعة النفسانية التي هي عرضة لها لوصف تلقي العمل والأثر الناتج عنه، إذ كانت تشكل أفق انتظار جمهورها الأول، بمعنى الأنظمة المرجعية القابلة للتشكل بصورة موضوعية، والتي تكون بالنسبة إلى كل عمل في اللحظة التاريخية التي يظهر فيها نتيجة عوامل أساسية وهي أربعة:

– التجربة السابقة التي اكتسبها الجمهور من الجنس الذي ينتمي إليه.

– الخبرة القرائية للقارئ وما تولد عنها من دراية.

– شكل وموضوعية الأعمال السابقة التي يُفترض معرفتها.

– التعارض بين اللغة الشعرية واللغة العلمية، أي التعارض بين العالم التخييلي والواقع المحض»[2].

ويمكننا أن نفهم من كلام ياوس أنه يركز على معرفة القارئ المسبقة لمجموعة من التقاليد والأعراف والأفكار التي تميز الأجناس الأدبية عن بعضها، هذا التميز الذي لا يمكن أن يكون إلا بالممارسة التي تمكّن القارئ المتلقي من معرفة التشويشات التي تصيب التقاليد والأعراف الفنية بين الوقت والآخر، فحين يشرع المتلقي في قراءة عمل أدبي حديث الصدور، فإنه ينتظر منه أن يستجيب بالضرورة لأفق انتظاره، أي أن ينسجم مع المعايير الجمالية التي تكوّن تصوره الخالص للأدب، في حين يسعى المؤلف إلى انتهاك هذه المعايير ومخالفتها ما أمكن، مما يجعل طريقته في الكتابة تدخل في صراع مع أفق انتظار هذا المتلقي، ويسمى هذا الفارق بين كتابة المؤلف وأفق انتظار المتلقي بالمسافة الجمالية[3]. ويقوم أفق انتظار المتلقي على التعارض الذي يمكنه أن يحصل للقارئ وهو يقوم بعملية القراءة للنص الأدبي، باعتباره مجموعة من المحمولات الموصوفة بالفنية والثقافية، وبين عدم استجابة هذا النص لتلك الانتظارات والتوقعات التي ينتظرها القارئ نفسه، حيث يتأثر القارئ فيقف وقفة أخرى ليدبر أفقاً مختلفاً عن طريق اكتساب وعي جديد قد يكون مقياساً خالصاً يعتمد عليه في التأريخ للأدب كما يرى ذلك أحمد بوحسن[4].

ويبني ياوس هذا المفهوم المركزي من خلال ثلاثة ردود فعل عند عملية القراءة، وهي[5]:

ـ الرضا والارتياح: ويكون ذلك حين يقتحم القارئ عالم النص فيجد فيه انسجاماً مع أفق انتظاره.

ـ الخيبة: يُحس القارئ بالخيبة أساساً حين يحاول أن يقرأ عملاً

أدبياً انطلاقاً من شروط ومحددات كوّنها من خلال قراءته لعمل أدبي مغاير.

– التغْيير: ويكون عندما يُذعن القارئ للجنس الأدبي الذي يقرؤه، ويستطيع أن يُكوّن رؤية أو نظرة خاصة بالجنس الذي يقرؤه، وهذا يعني أن يُكيّف أفق انتظاره مع العمل الجديد.

إن مهمة المتلقي في هذا الاتجاه لا تقف عند مسألة قبول العمل الأدبي أو رفضه، وإنما مهمته تتجلى في البحث والاجتهاد وإعمال عقله واكتشاف أدوات الفكر لديه. وعلى الرغم من أن ليس كل متلقٍ قادراً على اكتشاف الدلالات التي تحتويها النصوص التي يقرؤها ويتفاعل معها، لكن الضرورة تتطلب منه على الأقل الحصول على قدرة أو معرفة تمنحه إمكانية إدراك العلاقات بين الصور المستخدمة داخل النص، وفهم مغزاها. فمعرفته وخبرته الخاصة في مجال القراءة المسبقة تقوم في الأصل على المعرفة الذاتية، وعلى الذوق الجمالي الخاص به، وإلا يصعب عليه في النهاية الوصول إلى اكتشاف حقيقة المكونات والعناصر الجمالية في النص الأدبي. ومن هذا المنطلق يمكننا القول إن عملية التلقي وأفق انتظارها هي في الأصل عملية مشتركة بين المؤلف والقارئ، فالأول من خلال تجربته وأدواته الكتابية والإبداعية واللغوية التي تحتمل التحول والانفتاح الدلالي، والثاني من خلال خبرته الفنية وذوقه وتأويله الجمالي للنص.

ومن هنا، وجد أحمد عبد اللطيف في التاريخ، تاريخ الأندلس ضالته من أجل تكريس المعنى والتأويل، واستحضار التخييل

وعوالمه الأساسية التي تفسح المجال للخطاب الروائي أن يتوسع فضائياً وزمنياً وحوارياً من خلال مساحة شاسعة من التعبير المفعم بالحمولات الثقافية والمعرفية والفكرية التي تستجيب لشروط التاريخ وثقافة الحاضر والمستقبل وتحولاته الثقافية والفكرية والاجتماعية. إن تشكيل السرد الروائي لدى عبد اللطيف يستند إلى التاريخ لاستحضار أخباره وأحداثه الكبرى والصغرى وشخصياته الحقيقية، إضافة إلى شخصيات متخيلة تصنع هذا التاريخ معاً، ليحقق في النهاية تاريخاً خاصاً به مقبولاً لدى قرائه؛ لأنه لا يبتعد عن الحقائق التاريخية ولا يشوهها ولا يحاول طمسها.

تسلّل أحمد عبد اللطيف إلى الأندلس لرهن خطابه الروائي في التخييل، مستنداً إلى العادات والتقاليد والأحداث الكبرى المرتبطة بحقبة تاريخية، فقدم لنا سيرة عائلة من خلالها تعرفنا معه إلى تاريخ حقبة مهمة من تاريخ الأندلس، باستدراج واضح لشخصيات وأحداث ووقائع موجودة في مخطوطات عائلية، حيث قام بملء الفراغات بأسلوب سردي جميل واستقراء للتاريخ بوساطة أسئلة الوعي الفردي والجماعي لديه ولدى أغلب العرب والمسلمين الذين ما زالوا يشعرون بنوع من الحنين إلى تاريخ الأندلس ويعيدون سيرتها الأولى. هناك نوع من التناص مع المعرفة التاريخية والكتابة التاريخية المشدودة إلى العلمية والتوثيق المحض الذي ينفتح على رؤىً متعددة.

يبرز لنا من خلال قراءة رواية «حصن التراب» أن هناك إدراكاً فكرياً ووعياً تاريخياً واضحاً لدى الروائي مرتبطاً بوعيه الجمالي والفني لما يكتبه، متكئاً على خياله الإبداعي واشتغاله في

البناء السردي في الرواية وتشكيلها الفني، حيث تصير الرواية بعد ذلك بمثابة قراءة للتاريخ وأحداثه ومحاولة فهمها وتقديمها للقارئ في إطار مختلف لما يمكنه أن يجده في كتب التاريخ الجافة. ويبقى استدعاء الروائي للنص التاريخي أو النثري الأدبي، استدعاء يأتي في سياق الإقبال على القضايا الإنسانية والتفاعل معها والمرتبطة بتاريخ الأمة في الأندلس. فإخراج مثل هذه النصوص من سياقها التاريخي والفكري والفلسفي والأدبي الذي قيلت فيه، لا يعني أنه يقلل من قيمتها الفكرية والإبداعية، بقدر ما يحاول إعطاءها دلالة جديدة تجد صداها في الإطار الحَدَثي الذي قيلت فيه، وحتى في إطار الدلالة التي منحتها لها.

1 – «حصن التراب» رواية المعذبين:

انطلاقاً من هذه المقولة التي جاءت في الصفحة 94 من الرواية «أن تعيش حجراً خير من أن تموت إنساناً»، يمكن القول إن رواية «حصن التراب» رواية التعبير عن الإنسان المضطهد الذي ذاق من العذابات الكثير، وتعرض لكل ألوان القمع والظلم على أيدي من يمكن وصفهم أيضاً وتجاوزاً بشراً وآدميين. لقد عانت الإنسانية في زمن من الزمن كل أشكال التنكيل على يد الإنسانية نفسها، تحت مسميات عديدة ما أنزل الله بها من سلطان، بل تعرضت هذه الإنسانية لضربة قوية قاصمة للظهر على المستوى الأخلاقي والقيمي، وفضحت كل العناوين البارزة التي تدعي الحرية والأخلاق والقيم الحقة والعدالة، وغيرها من القيم التي نكث بها الإنسان بنفسه وحرم أخاه الإنسان

منها، ويتعلق الأمر هنا بمسلمي الأندلس وعربها الذين ذاقوا ما لم يذقه أي إنسان على مرِّ التاريخ، وفي كل العصور البشرية التي عرفتها الأرض منذ أن خلقها الله ومن عليها.

يتميز نص الرواية بكونه حقلاً معرفياً وإنتاجاً أدبياً سردياً يعالج قضايا معقدة ثقافياً وأيديولوجياً واجتماعياً، من خلال ابتعاد المؤلف عن التصريح والمباشرة، بل الرمزية والإيحائية التي ساعدته على تقديم نصه وجعله ينفتح على فضاءات متعددة للتلقي. فكان رهانه الإبداعي هو الوقوف على قضية اجتماعية من خلال طرح قضية تاريخية قومية، ومن ثمة البحث عن هوية والتحقيق في حقيقة العائلة الموريسكية وما عاشه أفرادها من معاناة وعذابات. وهذا لن يتأتى له إلا إذا انخرط في المجتمع، وبالتالي القارئ، وتوغل جيداً في الفضاءات والأمكنة المحتملة والمتخيلة في النص، والتي تفيده في بحثه وتحقيقه.

إذن، تحكي الرواية عن هذه المعاناة والعذابات بشيء من الحسرة والشفقة المشفوعة بمشاعر الغضب أحياناً، وبمشاعر الخوف من المستقبل، حيث نجد الروائي أحمد عبد اللطيف يبني روايته على موضوع تاريخي يؤكد ضياع تاريخ وهوية تمتْ صياغتها لمدة قرون من الزمن ليأتيَ في النهاية قوم وينهوها في مدة قصيرة ويتركوا فظاعات وأشكالاً عظيمة من الظلم والطغيان والعدوان تحت عناوين دينية تارة، وهوياتية ثقافية تارة أخرى. نعيش مع الروائي مأساة إنسانية بما للكلمة من معنى، حيث السرد يأخذ مجراه دون رقيب أو خوف من التبعات السياسية والأيديولوجية التي قد تمنعه من الكتابة

بحرية عن حقيقة تاريخية تركت وراءها تاريخاً أليماً وحزيناً ما زالت آثاره السلبية تقض مضاجعنا جميعاً. وكأننا بالذاكرة هنا تأبى أن تترك الأحفاد في راحة وهناء، لأنها ذاكرة مشروخة في الأساس تعيش على أمجاد الماضي التي لم تمنحنا شيئاً، ولم تفدنا في شيء، وعلى أحزانه أيضاً التي قتلت فينا كل إمكانية للنسيان؛ لأن الأحداث التاريخية الحزينة أقوى من أن ننساها أو نتناساها على الأقل.

وعلى الرغم من أن الروائي قد اختار أن يحكيَ حكاية عائلة موريسكية بسيطة لم تُعرَفْ لا في الماضي ولا في الحاضر، ولم يأتِ ذكرها في أي مرجع أو مصدر تاريخي أرّخ لتلك الحقبة التاريخية في الأندلس، فإننا نعيش معه قصة حزينة ومؤلمة انطلاقاً من مخطوطات سرية حول العائلة (عائلة محمد مولينا)، ومن خلالها نطلع معه على تاريخ الموريسكيين منذ لحظة دخول الكاثوليك إلى مدينة كوينكا وقراراتهم الظالمة ضد المدجنين والمسيحيين الجدد الذين تركوا دينهم الإسلامي غصباً وتحت طائلة التهديد بالتصفية، ثم في أثناء سقوط غرناطة وتهجير الموريسكيين عبر البحر، والذين تعرضوا لكل أشكال الاضطهاد والقمع من أجل ترك دينهم، أو التهجير القسري نهائياً من أوطانهم وأرضهم التي عمروها لمئات السنين. وعلى الرغم من ذلك، فإن السلطة المسيحية الجديدة آنذاك، لم تثقْ أبداً في من فضَّل البقاء وتغيير دينه، وشككت في العديد منهم، وحاكمت الكثيرين ظلماً وعدواناً دون دلائل مقنعة تثبت جرمهم المشهود، كل هذا أبان عن حقد دفين استولى على هؤلاء ضد العرب والمسلمين آنذاك، فكانوا يختلقون الجرائم والمخالفات من أجل محاكمة الأبرياء

هدفاً في إجلاء جميع العرب وإخلاء بلاد الأندلس منهم نهائياً؛ ليخلوَ لهم الجو والأرض إلى الأبد.

لقد احتفى الروائي أحمد عبد اللطيف بالموت باعتباره الخلاص من المعاناة والأحزان التي لا تنتهي عند الكثيرين من الموريسكيين الذين عاشوا كل أشكال الاضطهاد والقمع والظلم، حيث جعل الموت بمثابة الخلاص والملجأ الآمن لهم من هذه الأفعال التي أحالت حياتهم إلى جحيم لا يطاق. يقول السارد: «لمْ يكنْ أبي يخشى الموت. كان الموت، بكلمات أبي، محض انتقال من حياة لحياة. محض تخلٍ عن الزائل للفوز الدائم. الموت، بكلمات أبي، انكشاف المحجوب وتعرية الحقائق. كان أبي، في المقابل، يخشى الحياة. الحياة بكلمات أبي، سلسلة لامتناهية من الألغاز والفخاخ. الحياة، بكلمات أبي، محض كتلة صماء تثير القلق أكثر من الطمأنينة»⁽⁶⁾. فالموت بالنسبة إلى الأب هنا، ملجأ إلى الأمان وانكشاف للحقائق، حقيقة الإنسان، حقيقة أفعاله وأقواله وادعاءاته، حقيقته كمخلوق مجبول على الظلم والطغيان ونكران الجميل والكذب على الله. أما الحياة بالنسبة إليه فهي مجال لتكريس الشك والارتياب والقلق حيث اللااطمأنينة واللاأمان. إن السارد الأخير الذي توارث المخطوطات عن أبيه، والذي بدوره ورثها عن أبيه، وهكذا دواليك وصولاً إلى صاحب المخطوطة الأصلية الأولى التي تعتبر الوثيقة الأساسية المؤرخة لعائلة «دي مولينا» ولأحداث تاريخية عاصرتها هذه العائلة في الأندلس منذ 1443م إلى 1492م، قد تعرض بدوره لمشاعر نفسية جعلته يشعر بالضعف والقهر، ويستدعي الهموم من جراء ما قرأه فيها وما وجده من ظلم واضطهاد ضد أجداده الأوائل بالأندلس.

2 – الذاكرة والبحث عن الهوية المفقودة:

يشعر قارئ الرواية منذ البداية، بأنه أمام نص يعيد سيرة عائلة قد عاشت محنة كبرى في حياتها، تعرضت خلالها لكل أشكال التنكيل والظلم والقهر. هذه العائلة التي نجد لها ذكراً منذ البداية وفي عنوان الكتاب تحديداً، حيث التركيز عليها وعلى أفرادها، كان كافياً لنقول إن الأمر يتعلق لدى المتلقي بمدى شعوره بمعاناة هاته العائلة ومن خلالها معاناة أهل الأندلس في حقبة تاريخية من تاريخ العرب والمسلمين في تلك البقعة الأرضية من العالم، حيث الإحساس بالغبن والظلم البشري بكل أشكاله الاستبدادية والبربرية التي لم تمنح الطرف المنهزم والضعيف أي حرية في الاختيار أو التعبير عن الحق في الحياة بشكل مختلف عن الطرف المنتصر الذي لم يضعْ في حسبانه أن الإنسانية تتطلب منه التراجع عن قراراته المجحفة والظالمة في حق إنسان آخر مختلف عنه عقدياً وعرقياً وسياسياً.

لقد لعب التخييل دوراً كبيراً في الرواية من خلال الوقوف على سيرة عائلة موريسكية وعلى ذاكرتها المكتوبة والمؤطرة بأحداث سياسية ودينية مثيرة للأشجان أبطالها نساء ورجال وأطفال استطاعوا أن يحافظوا على شكل بسيط من البقاء على قيد الحياة، ليوصلوا صوتهم للعالم وللحفاظ على تاريخ قد تَمَّ تشويهه من طرف الإسبان الذين أنكروا أفعالهم، وبرروا كل قراراتهم على أساس ديني محض، بينما كانت كل قراراتهم تنطلق من رؤية سياسية أساسية لا يدخلها الشك من أي جهة، والدليل على ذلك ما جاء في الأرشيف الملكي عام 2015م من خلال حوار جمع الملك الكاثوليكي مع رجل دين تساءل

حول سبب محاربة دين المسلمين وفرض المسيحية عليهم أو نفيهم ماداموا لا يمثلون خطراً على الملك، فكان ردّ الملك صادماً:

«ــ هناك مسلمون بالطبع صاروا كاثوليكيين وأخلصوا للكنيسة. بالإضافة لذلك، لا بد أن بينهم من سيختار الوطن الذي لم يعرفوا غيره.

ــ إن كنتَ تعرف ذلك يا جلالة الملك، فما الداعي للــ...

ــ الداعي أن يخضع الجميع لسلطاني، وأن يدرك المسلمون أنهم الآن تحت إمرتي. ليس في ذلك أنانية مفرطة، ولا بحث عن مجد زائف. فالحقيقة أن مجد بلادنا مرتبط بمجدي الشخصي، وانتصاراتي انتصار لها. ووحدة هذه الأرض غاية أبتغيها ولا رادّ لها. كل خيراتها ينبغي أن تعود إلى أهلنا، فيما يعيش الغزاة حياة الهزيمة، حياة التنازل والخضوع»»[7].

من هنا، تصير الصورة واضحة للجميع، إن كل القرارات التي اتخذت من طرف الملك الكاثوليكي كانت في الأصل مرتبطة بالمجد الشخصي الذي هو في الأساس يعبر عن المجد الوطني، بل أكثر من ذلك كان سببها الحقد الدفين الذي عشّش في أذهان الكاثوليكيين منذ دخول العرب والمسلمين لفتح الأندلس واستيطانها وتأسيس دول إسلامية فيها. فالحقد كبير جداً ارتبط في مخيلتهم وأذهانهم بالثأر من كل تلك السنين التي حكم فيها العرب والمسلمون الأندلس، وأسسوا حضارة عظيمة بقيت آثارها إلى يومنا هذا، ولم تستطع عقلية المحو من تحييدها من الوجود والتاريخ، لكن في حقيقة الأمر إن هذه

المشاعر لا يحملها إلا من عمل بالسياسة، في حين نجد الناس العاديين لا يكنون العداء أو الحقد للمسلمين الذين عاشوا معهم على السراء والضراء، واقتسموا معهم كل شيء منذ دخولهم إلى بلاد الأندلس، يقول الروائي: «وأخيراً، لا يخدعنكم أحد بأن الكاثوليكيين يكرهون المسلمين، ولا أن الكاثوليكيين يتطلعون لطرد وقتل المسلمين. انظروا إلى أعمق مما ترونه على السطح، فحقيقة الأشياء ليست كما تبدو عليه. انظروا لتروا أن الملك يحرك الكنيسة، وليست الكنيسة من تحرك الملك. انظروا لتروا أن مآرب الملك الكاثوليكي تُختصر في السلطة والسيطرة والتوسع، والكنيسة محض أداة. الكنيسة التي تتحدث باسم الرب تجمع من الأتباع أكثر من الملك الذي يتحدث باسم الوطن. والضحية الكافر لن يجد من التعاطف ما يمكن أن يجده الضحية الخائن. هكذا يفتشون في ضمائرنا حتى ينتزعوا أملاكنا، لا ليرسموا أيقونات القديسين في قلوبنا»[8].

تؤسس الرواية لعقلية المحو وكيفية بناء ثقافة مسيحية جديدة تقضي على كل ما يرتبط بالإسلام والعروبة، وشطب تاريخ مئات من السنين وحضارة عظيمة أسست لوجودها بالفكر والأدب والعلم والثقافة قبل الدين. إن العقلية المسيحية التي كانت سائدة آنذاك كانت مرتبطة بوعي سياسي (ديني) تقوده الكنيسة والسلطة السياسية في تحالف أنتج العديد من المظالم والاستبداد في حق المستضعفين، وخاصة العرب والمسلمين. وفي هذا الإطار يقول الكاتب المغربي عيسى ناصري إن الرواية ترصد «جزءاً من تاريخ مآسي المسلمين في إسبانيا بعد سقوط الممالك، من خلال تتبع عائلة «دي مولينا»

الموريسكية، فالأب «ميغيل دي مولينا» يكشف لابنه إبراهيم خبايا وأسراراً عدة تخص تاريخ العائلة، أما تلك الأسرار فتحكي تاريخ الموريسكيين، وما يحتويه أرشيفها وذاكرتها من أوراق ومخطوطات كانوا يحرصون على كتابتها وتدوينها وأرشفة يومياتهم فيها، ونقلها لأبنائهم جيلاً عن جيل، حتى لا تدخل دهاليز النسيان، باعتبارها شهادة إثبات عن أعمال العنف والسلب والنهب، التي عانوا منها على يد بعض البدو نقرأ فيها: «ها هي الأيام تدور يا أخي لنرى أنفسنا بملوطة خضراء، محصورين في مكان واحد كمرضى الجذام»، ونقرأ أيضاً: «كنا خمس عائلات وحسب، هاجر منا من هاجر ومات كمداً من مات». إنه تاريخ مآسيهم وفواجعهم، حيث وصل الحال بالسلطة السياسية والدينية إلى ما يشبه الهستيريا التي وصل بها الحال إلى التفتيش في نوايا البشر ومبادئهم وعقائدهم، جراء الانحدار العربي، وبعد سقوط غرناطة لتتعقد وتتشابك الأمور بعدها وحتى الوقت الراهن. هكذا تضعنا حكاية عائلة «دي مولينا» الموريسكية، في صلب الفواجع اللاإنسانية التي يحكي عنها الواقع المعيش والتاريخ المعلن والمخفي، من خلال مخطوطات ووثائق تم توارثها، محفوظة في أسفل المنازل، دلالة على رمزية الانتماء للجذور والأصول التي يبنى عليها الأساس، فيحفظه على مرّ العصور، ومن ثمة صيانتها من المحو والضياع والمسخ حتى»[9].

هناك محوٌ للهوية العربية والإسلامية والإنسانية بطريقة غير شرعية، بل بأسلوب فيه الكثير من الظلم والاستبداد والطغيان الذي يستمد مشروعيته من الدين وتكريس التبعية بكل أشكالها تحت طائلة

التهديد والوعيد. وعلى الرغم من أن هناك سعياً حثيثاً لدى شخصيات الرواية للبحث عن هذه الهوية المفقودة، فإن الأمر كان أكبر منهم وأكبر من قدرتهم البسيطة على مواجهة القوة الغاشمة والسلطة السياسية والدينية التي كرست نوعاً من النظام وفرضت قانوناً صارماً لا يمكن تجاوزه أو حتى التفكير في مخالفته بأي وسيلة كانت. فلم يكن التظاهر بالتدين المسيحي سبيلاً ناجعاً لدى الكثيرين، حيث تَمَّ فضحهم أو اتهامهم ظلماً بذلك انطلاقاً من المظاهر التي برزت عليهم في أثناء ممارسة حياتهم العادية. والسبب كان هو القضاء على الوجود العربي والإسلامي في الأندلس نهائياً باسم عناوين دينية وسياسية واضحة المعالم.

تمثل عائلة «دي مولينا» تلك الهوية الأندلسية المفقودة التي أسقطت ورقة التوت عن مدعي السلام، وعن السلطة المسيحية آنذاك، وذلك بإبراز معالم الكذب والنفاق التي صاحبت قراراتها وتدبيرها للقضايا التي اتُّهم فيها العرب والمسلمون. تلك الهوية التي تمثلت في كل أشكال الحياة التي بقيت على مرّ العصور وفي المعالم والآثار التاريخية الثقافية منها والعمرانية واللغوية والدينية التي ما زالت تؤكد قوة الحضارة العربية والإسلامية في الأندلس، وقدرتها على البقاء والاستمرار ومقاومة كل أشكال التغيير والتدمير باسم هوية جديدة جاحدة تنكرت للتاريخ والحقيقة والإنسانية.

يرى عبد الملك مرتاض أن كاتب العمل الروائي يحاول أن يجعل الشخصية الساردة في مقام المتكلم عن جميع الشخصيات، متى أراد ذلك وتحت أي وصف يراه مناسباً، فقد يعطي السرد الفن الروائي اللغة

الشاعرية التي تؤكد الاقتضاب والتكثيف والابتعاد قدر المستطاع عن سوقية الكلمة أو تقعرها، لغاية إثارة المتلقي وجعله يقوم بدور تكملة العمل، ولا يكتفي أن يكون مستهلكاً له[10]. إن السارد عندما يريد أن يقدم شخصياته الروائية يعمل على استعراض بعض المعلومات عنها، أو طرح إرشادات ونصائح، أو النفور من بعض المواقف التي تنخرط فيها، أو تجميلها بحسب رؤيته كسارد أو بتعبيره عن رؤية المؤلف نفسه. ومن هنا يتأكد لنا في الرواية أن السارد، أو لنقل الساردين يقدمون أنفسهم من خلال ما يسردونه وما يقدمونه من أحداث ووقائع في كل موقف ولحظة في النص.

إن الرواية تنشغل بخصوصيات اللغة وعشوائيتها إذا ما وُضع في الاعتبار أن كل نص روائي يُبنى على خلق عالم، أو حالة ذهنية تشكل نوعاً من الإيهامات بالواقع. يقول الناقد شاكر حسن راضي في ذلك: «وفي الوقت الذي لا تتظاهر فيه الرواية بأن الأحداث التي تسجلها أو الأشخاص الذين تقدمهم يمثلون جانباً جمالياً، كما هو الحال مع المسح التاريخي أو السيرة الذاتية، إلا أنها تبقى تعتاش في استعاراتها على نسيج الخطابات اللغوية التي تصنع ذلك العالم. فالرسائل المتبادلة في الرواية، والحوارات التي تدور بين الشخصيات والأحداث والمشاهد التي يسردها الرواة تشترك في الكثير من الأشياء مع نظيراتها التي تقع خارج عالم الرواية، ويتولى الروائي عملية التشذيب والمعالجة وفقاً لمتطلبات حدود عمله؛ لكننا نحكم على نجاح العمل بمدى قدرته على الإقناع والإيمان به كنتاج نهائي»[11]. ويضيف الناقد أيضاً أنه حتى مع استخدام أساليب تجريبية مثل أسلوب تيار الوعي الذي لجأ

إليه جيمس جويس في روايته «يوليسيس» مثلاً، «تبقى المحاكاة هي المبدأ السائد، فقد حاول جويس لأول مرة أن يقدم محاكاة لغوية لحالتنا ما قبل اللغة، ولهذا السبب أهمل على نحو عام التنقيط والبنى النحوية المتماسكة... فهو لم يكنْ يكتب عن اللغة؛ بل يستخدمها كوسيلة من وسائل المحاكاة»[12].

من هنا، تتشكل لدى القارئ قناعة بكون اللغة تتقاطع مع الهوية، اللغة المعبرة عن السارد وعن المؤلف نفسه. وكأن الهوية هي اللغة، ومادامت الهوية مشوّهة، أو تشوهت بفعل فاعل، فإن اللغة نفسها صارت مفقودة على مستوى الوعي بها والتصدي للعدو من خلالها وتأجيج المقاومة الشعبية ضده، وإقناع الناس بمدى خطورة العدو وقدرته على تغيير الواقع وطردهم من الوطن وتعذيبهم وقتلهم، تحت مسمى الهوية المقابلة التي تمثله وعنوان القضاء على الخيانة التي يمكن أن تنتج من بينهم. وبالتالي، لم تعدْ للغة سلطة أو إمكانية للتحريض ولا للإقناع ولا حتى للتعبير عن المظلومية والغبن والألم.

إن الحفاظ على هوية مشوهة لا يمكنه أن ينقذ أي سلطة ظالمة غاشمة مستبدة من فضائحها وأفعالها الإجرامية في حق الضعفاء، لأن التاريخ سيبقى شاهداً على الأحداث الكبرى التي عرفها وخاصة تلك الأحداث التي راح ضحيتها الإنسان بالجملة. ولنلاحظ هذا الحوار الذي جاء في محاكمة «سانتشو كاردونا دي أدميرال في كوينكا 1478م»، حيث نجد كل أشكال الظلم وحرمان المتهم من كل حقوقه القضائية والإنسانية في التعبير عن رأيه:

– «أنتَ متهم بمخالفة أوامر الكنيسة التي نصتْ على محاكمة

كل من يثبت اعتناقه للإسلام، كما نصت على محاكمة الجيران الذين يعرفون عن جيرانهم اعتناق الإسلام دون الإبلاغ عنهم.

– أكرر: لا أجد جريمة في أن يأكل الفرد ما يشاء ويمتنع عن أكل ما يشاء. ولا أجد أي جريمة في أن يعتنق أحد أي دين. ولا أجد ضرورة للوشاية بهم. المسلمون أو المسيحيون الجدد جيراني وأهلي، رفاق طفولتي وأصدقاء شبابي، إنهم إسبان مثلنا، ولدوا هنا وزرعوا، كبروا هنا بيننا وحصدنا زرعهم معهم. آباؤهم وأجدادهم وأجداد أجدادهم عاشوا هنا وبنوا مدينتنا.

– أنتَ متهم أيضاً بإنشاء مسجد للمسلمين، وهذه الجريمة تفوق جرائمك الأخرى.

– إنْ كنتَ تعتبر احترام العقائد ومساعدة المقهورين جريمة، فأنا مجرم.

– بما أنكَ اعترفت بجريمتك، سيطبق عليك ما يطبق على المسلمين: قررنا نحن قس كوينكا، بتفويض من القس توماس دي توركيمادا، وفي صباح الأول من مارس لعام 1478م، إعدام السيد سانتشو كاردونا دي أدميرال بتهمة بناء مسجد والتستر على المسلمين»[13].

إن تهماً مثل هاته، لو اتهم بها أحد اليوم، لكانت بمثابة سخرية أو تهمة تافهة لا ترقى إلى مستوى المحاكمة، لكن، وبحكم أن السلطة الدينية والسياسية الحاكمة آنذاك، والتي قامت أساساً على التطهير العرقي والديني فإن مثل هذه التهم لم تكنْ بالنسبة إليها سوى

وسيلة لمواصلة هذا التطهير وإخراج جميع العرب والمسلمين من الأندلس نهائياً والقضاء على وجودهم بكل الوسائل المشروعة وغير المشروعة. لم يكنْ يهمُّها شيء سوى ذلك وتحقيق غايتها الكبرى والقضاء نهائياً على هذا الوجود الذي دام قروناً كثيرة، واستطاع بناء الأندلس وحضارته التي لم تستطعْ أي قوة أن تمحوها أو تقضيَ عليها، أو حتى على جزء بسيط منها.

إن محاكمة مثل هذه تستدعي منا الوقوف على همجية البشر، ومدى استبدادهم وطغيانهم في حالة الشعور بالقوة والسيطرة على الآخرين وحكمهم بالحديد والنار. محاكمة تنتج ظلماً كبيراً في حق الإنسان، ظلماً يقوم على محو هوية الآخر المختلف والضعيف. فالحقد كان دفيناً وكبيراً عشّش في القلوب والأنفس لمدة طويلة، وعند حلول الفرصة المواتية ظهرت بوادر الثأر والكره في الأفعال والأقوال والمواقف، فشلت الأصوات المعتدلة والإنسانية في ردها أو التقليل منها، حتى كادت تكفر بالإنسانية وبالقيم التي عرفتها من قبل وآمنت بها.

لقد صار الثأر وسيلة لتحقيق الوجود والذات الإسبانية التي افتقدها بعضهم أيديولوجياً مع الوجود العربي والإسلامي، على الرغم من أن هؤلاء الأخيرين لم يكونوا يحاربون المختلفين عنهم دينياً وعرقياً وثقافياً، حيث كان يجمعهم الوطن والقيم الإنسانية التي تربوا عليها في ظلّ الإسلام كدين تسامح وتعدد وقيم إنسانية. لكن الفهم الخاطئ لدى الآخر أو الوعي المغيب الذي ينتج ثقافة الكره والحقد على كل ما هو إسلامي دفع الإسبان آنذاك إلى خلق عداوة كبيرة وتربية أبنائهم

عليها، والدفع إلى تبنيها سياسياً ودينياً للثأر من العرب الذين غزوا بلدهم وأقاموا فيها دولاً عظيمة وحضارة أعظم. إن المدن العربية التي أسهمت في بناء هذه الحضارة تمّ تغيير أسمائها وتشويه تاريخها وإعادتها إلى التاج الإسباني تحت عناوين سياسية ودينية ظالمة، فمدينة جيان مثلاً كمدينة في الجنوب الإسباني تحولت بقرار سياسي إلى تشويه اسمها الحقيقي وتغيير معالمها الحضارية، يقول الروائي في ذلك: «إن لم تكنْ تعلم، فاعلمْ: تقع حصن التراب في جنوب إسبانيا، وتتبع مدينة جيان، التي صار اسمها خائن. ستعرف أن جيان، بعد أن وقعت تحت التاج الكاثوليكي، صارت ذراعاً له لمطاردة أجدادنا، فسماها الملك بالمدينة النبيلة. كان ثمة حصون عربية لم يبق منها إلا أطلال، لكن حصن التراب لها قصة أخرى، فحقول الزيتون، يا ابني، كانت رفيقة بنا. وأهلها كانوا أهلنا. الآن تغير اسمها كالعادة وصارت إثناتوراف، لكن تغيير الاسم لا يعني تغيير التاريخ. لا يعني، كما لا بد أنك تعلم، تغيير الهوية»[14].

يمكن لكل شيء أن يتغير طبقاً لتغير الظروف، لكن أن تتغير الهوية الفردية والجماعية لمجتمع معين، فهذا أمر غير وارد أو مستحيل، نظراً لأنه من الصعوبة بمكان أن يتغير الفرد ويتجاهل هويته اللغوية والعرقية والدينية بسهولة، حتى لو كان تحت طائلة التعذيب والتهديد. وهذا ما حافظ عليه أهل حصن التراب وأهل مدينة جيان كذلك. وفي ظل هذا الوعي بالهوية والحفاظ عليها، بقيت جيان، وحافظت على هويتها حتى وقت متأخر بفضل أهلها، أفضل من مدن أندلسية عربية أخرى ككونكة وطليطلة. «لكنْ اعلمْ يا أخي، ولعلك تعلم، أن جيان

لا تزال أفضل حالاً من كونكة ومن طليطلة، فالقرب من غرناطة والقرب من أهالينا إن لم يمنحك مشقة أقل يمنحك شعوراً أكبر بالونس والطمأنينة. في حصن التراب، يا أخي، أهل مريم يعملون في حقول الزيتون. فإن لم نعمل بالزراعة، عملنا بالحدادة وهي مهنة أجدادنا، أو عملنا بالعطارة كما نعمل هنا. لكن، لأنه لا يصح أن نقول [لن أشرب من هذا النهر مرة أخرى]، أترك لك مع هذه الرسالة مفتاح بيتنا ومفتاح محل العطارة. فإن خيراً فخير، وإن شراً عدنا»[15].

يستحضر الروائي حقيقة سقوط الأندلس وسبب ضعف المسلمين في ذلك العصر الذي دفع فيه المستضعفون الكثير من دمائهم وكرامتهم وأموالهم من جراء طيش الحكام وفسادهم وأخطائهم الكبيرة التي لا يمكن تصورها، بقول: «في النهاية، أنتَ محق يا أخي فيما ذهبت إليه، فنحن من ندفع أخطاء حكامنا. هم تفرقوا وطغوا فسقطت ممالكهم، سعوا وراء الغنائم كما فعل الأولون في أُحُد. تناسوا عمق الرسالة وأخذوا بقشورها، فنساهم الله. خالفوا العقل وساروا خلف ضلالات. أغلقوا آذانهم عن ابن عربي وابن حزم وابن رشد، واتبعوا السيف وأهدروا الدم. اتخذونا جسراً لمآربهم، وفوق رقابنا داست أقدامهم. واليوم تغرق السفينة، فإن غرقت تساوى في الموت الجميع»[16].

هذا المقطع من رسالة عبد الله دي مولينا إلى أخيه يونس دي مولينا، والتي يعلمه فيها بحقيقة وسبب سقوط الأندلس، حيث الفساد المستشري والتفرقة والتعصب لأمور لا علاقة لها بالعقل والمنطق والسياسة، فأدت إلى نتائج وخيمة وكارثية على الجميع، حكاماً ومحكومين. ويستحضر المرسِل هنا أسماء أعلام تجاهلهم الحكام،

أعلام في الثقافة والفكر والعلم والفلسفة كانوا ينشرون المعرفة والنور، ويدعون إلى تبني الثقافة وترك الرذيلة والسياسة التي تفرق الأخ عن أخيه، والفرد عن ابن عمه وعن أخيه في الدين. فمادام أن الحكام قد تجاهلوا علم وثقافة كل من ابن عربي وابن رشد وابن حزم وغيرهم، وتهافتوا على الملذات وعلى تحقيق الانتصارات الصغيرة على منافسين سياسيين لا يمثلون تهديداً كبيراً على البلاد، فإنهم حصدوا في النهاية الخيبات والهزائم لهم ولشعوبهم المستضعفة.

3 – الذاكرة الفردية والوعي الهش:

إن الانتقال بالذاكرة هو في حد ذاته انتقال مشوب بالمعاناة، بالحزن، أو بالأحرى بأشياء ومشاعر يصعب على السارد أو الروائي نفسه أن يتحكم فيها، لأنه يدرك أهمية الذاكرة في استرجاع أهم لحظات الحياة السابقة، إضافة إلى كونه في حاجة إليها، لأنها تساعده في تجاوز المشاكل والمصاعب والمثبطات التي يمكنها أن تعترضه في مسار حياته. هذه الذاكرة يصعب تجاوزها، وبالتالي فهي صادقة ولا يمكنها أن تكون كاذبة، فالسارد عندما يهرب إلى ذاكرته بصدق، يدرك معناها الذي تفيده، فهذا الأمر يمكن اعتباره بمثابة استدلال ضمني خفي، لأنه يعرف معناها في حدود إدراكه، أما عندما تنتقل الذاكرة من كونها فقط استرجاعاً للأفكار والمعلومات دون التحكم في هذه المعلومات وترتيبها وتنظيمها، فإنه يصير معها جاهلاً بمعناها؛ نظراً لتجاوزها لقصديتها.

تتمثل الذاكرة الفردية في الرواية في كونها تستحضر أهم

المحطات التاريخية التي مرت بها بلاد الأندلس قبل سقوطها وبعده. وكأننا في ملحمة أدبية تعيد رسم ملامح التاريخ العربي الإسلامي في الأندلس، وتقودنا مباشرة إلى الإيمان بأن هناك حلقة غامضة في هذا التاريخ. حلقة يتأسس عليها الوعي الهش الذي استغرق ذهنية العرب والمسلمين منذ ذلك العصر وما زال يفعل ذلك. طبعاً، لا ننكر أن هناك محطات تاريخية معروفة وظلت في كتب التاريخ تفيد بأن حقيقة السقوط وإجلاء المسلمين الموريسكيين من الأندلس كان وراءها التعصب الديني والسياسي المحض، لكن ما نجهله ويجهله الكثيرون هو كيفية التعاطي مع هذا الأمر، ومدى قابلية الحكام الإسبان آنذاك تقبُّل هذه الأفعال والمواقف التي أقدم عليها الملك بمباركة الكنيسة ورجالاتها.

تشتغل الذاكرة الفردية في السرد الروائي التاريخي على أساس أنها تعيد كتابة جزء مهم من التاريخ، وإحياء أحداث تاريخية عادية ومتجاوزة، سواء تعلق الأمر بتاريخ عائلات أو أفراد داخل المجتمع كان لهم فضل حفظ هذا التاريخ، إما عبر مخطوطات نادرة، وإما بالحفاظ على وقائع وأحداث كبرى شفهياً. ومن هنا تتجلى مساهمة الذاكرة الفردية في الكتابة السردية وإعادة إنتاج التاريخ المنسي أو البعيد عن انتصارات الحكام، والذي لا يخدمها بشيء. ويفترض موريس هالبفاكس M. Halbwachs أساساً أنّ عملية التذكر الفردية لا يمكن أن تنشأ أو أن تتم إلا ضمن إطار اجتماعيّ وثقافيّ معين؛ فعلى عكس التصورات العلمية السائدة في عصره والتي كانت تعتبر الذاكرة وعملية التذكر الفردية وظيفةً بيولوجية سيكولوجية محضة،

فقد تطرّق هالبفاكس في دراساته للذكريات الشخصية للفرد داخل إطار المجتمع الذي ينتمي إليه، واعتبر أنّ الإطار الاجتماعي، والذي تنشئه ثقافة مجتمع ما، يعمل بطرقٍ عديدة ومتنوعة على صقل نسقٍ جمعيّ يلعب دوراً كبيراً في قابلية الأفراد للتذكر والنسيان[17].

ولقد كان لموريس هالبفاكس إذن السبق في لفت الأنظار للذاكرة كظاهرة مجتمعية وثقافية تنتج عن طريق التفسير وطريقة النظر للماضي المشترك الخاص بجماعة ما، حيث أشار إلى تفسير الثقافة والهوية كنتيجة لفهم نشط للذات من جهة، وكامتلاك جمعي للماضي من جهة أخرى[18]. ومن هنا، نخلص إلى أن الذاكرة الفردية لدى أغلب شخصيات رواية «حصن التراب» تحاول أن تفسر ما أمكن أن تعبر عنه الأحداث التاريخية التي عرفتها حقبة من تاريخ الأندلس، وتعبر عن أهم الوقائع السياسية والاجتماعية المرتبطة أساساً بهوية الأفراد الساردين، والذين يربطون معلوماتهم ومروياتهم بمخطوطات تاريخية تركها الأجداد وحافظوا عليها من جيل إلى جيل حتى أصبحت في متناول الجميع.

تعبر المخطوطات في الرواية عن أهم الأحداث التي وثقها كل فرد عبر مراحل تاريخية وحقبة مهمة من تاريخ الأندلس، فمن أوراق خوان دي مولينا نقرأ مثلاً: «اسمعْ يا ميجيل: على الضفة الأخرى من البحر ألقوا بنا، كأننا حيوانات نافقة. لم نكنْ ندري في أي طريق نسير. لم نكن ندري في أي بيت سنقضي ليلتنا. ولا أي عمل سنعمل. برفقتنا، كان الآلاف والآلاف. بأطفالهم وزوجاتهم. بعجائزهم ومرضاهم. بأمتعتهم فوق أكتافهم، وجروحهم النازفة. تأتي المراكب

فترمي على نفس الشاطئ بالمئات وترحل. تطوان وفاس وطنجة تنظر إلينا كمنبوذين. المراكب تلقي بذوينا في شطآن لم نعرف بها. إلى مدن ليست مدننا وأنتَ يا ميجيل تسألني أين نحن. وأنا لا أعرف أين نحن حتى أجيب»[19]. هناك شعور بالفقد، بالتشرذم، بالضياع، بالتيه الذي لا خروج منه إلا بالرجوع إلى البلد الأصل، إلى الوطن الذي عرفوه وعاشوا فيه أحلى أيامهم ومرها. هذه هي حقيقة الأمور، والذاكرة الفردية هنا تكرس هذا الشعور بالضياع والتيه. فأن يتم طردك من وطنك وإجلاؤك إلى بلد آخر، حتى لو كان أهله يشاركونك الدين واللغة، فإنك ستشعر لا محالة بالفقد والضياع والتيه. وبالتالي الانتهاء إلى وعي هش بالأشياء والأمور ومحاولة الفكاك من كل شيء والبحث عن أي ملجأ للاختباء فيه حتى تمر العاصفة.

كل الأحداث المرتبطة بالعائلة وبأفرادها، وكل الأمور التي تعرضوا لها من طرف السلطة الكاثوليكية في تلك الحقبة التاريخية، تمثل نتاجاً لذاكرة فردية محمية بكتابات ومخطوطات بقيت مع الزمن وكافحت كل عوامل المحو والتشويه والتزوير لوقائع التاريخ الأندلسي. فليس من السهل الحفاظ على مثل هذه المخطوطات وإبقاؤها لقرون وهي تحمل أسراراً كبيرة عن تاريخ حافل بالأحداث التاريخية سياسياً وثقافياً ودينياً. فعائلة «دي مولينا» عبر مراحل تاريخها واستمرارها في الوجود وهي تحمل هذا الهمّ على كاهلها لتوصله إلى الناس، وتبين حقيقة التاريخ وتقدم الواقع كما كان دون تزوير أو تشويه يستمد قوته وأحقيته من السلطة والاستبداد. ويمكن الاستشهاد على ذلك من أوراق عائشة دي مولينا عام 1571م: «جاءنا الخبر،

143

كما توقعنا، فوق برك من الدماء. دماء، حتى لو غمّضنا عيوننا، نعرفها بالرائحة. دماء، كما نعرف، هي دماؤنا. دماء، منذ سنوات، تسيل كالبخور. ثورة قامت، من ضمن ما قامت، لتوقف النزيف. لكن النزيف، يا لوجعي، يزداد ويتضاعف. غرناطة، غرناطتنا، تنزف. ونحن هنا، لنزيفها، ننزف. ونحن هنا، بسبب نزيفها، ننزف. فيليبي الثاني، بيدٍ ملوثة بالدماء، يصدر مرسوماً بدماء أكثر. لم يكتفِ، يا للغرابة، بتنصير أهالينا. لم يكتفِ، يا للغرابة، بقهرهم. لم يكتفِ، بقسوته، بمحاكم التفتيش. فرمان الملك يأمر، من جديد، بتحريم أي مظهر لثقافتنا. يحرم، من ضمن ما يحرم، رقصة الثامبرا. يحرم، من ضمن ما يحرم، احتفالات السبوع. يحرم، من ضمن ما يحرم، دفن موتانا على طريقتنا...»[20].

هل هناك ظلم أكثر من هذا الظلم؟ وهل هناك استبداد وطغيان باسم الدين والسياسة أكثر من هذا الأمر؟ غابت الإنسانية وقيمها التي تفرض على الحاكم التعامل مع جميع الناس بالعدل والعدالة مهما كانت دياناتهم وأعراقهم وألوانهم، وأن يتم التغاضي عن الاختلاف العرقي والديني والسياسي في الحكم. لكن لم يكنْ لدى الملك الكاثوليكي إمكانية للتصرف على هذا المنوال وعلى النمط السياسي المفترض فيه، لأنه كان محكوماً بأيديولوجيا سياسية ودينية توجهه وتدفعه إلى ظلم المخالفين والمختلفين عن عرقه وعن ديانته.

لم يستطعْ الناس، والمسلمون على وجه الخصوص، تقبّل أي إذلال ضدهم، تمردوا في بعض الأحيان، لكنهم لم يستطيعوا تغيير السياسة التي كانت سائدة ولا تحويل القرارات الظالمة في حقهم،

ولا حتى تحقيق العدالة والحصول على حقوقهم في المحاكم التي اقتيدوا إليها ظلماً وعدواناً بتهم ما أنزل الله بها من سلطان. تُهمٌ تشي بالسخرية والكوميديا السوداء، تهمٌ سياسية لا شرعية لها ولا مشروعية. كل شيء كان معدّاً له من قبل، بل كانت النوايا، نوايا الكاثوليكيين قبل إجلاء المسلمين والعرب من الأندلس والانتصار في المعارك الحربية، موجهة نحو الانتقام والثأر بكل الوسائل البربرية وغير الأخلاقية التي يتصف بها المجرم.

وحتى الثورات التي اندلعت ضد أحكام التفتيش والقضاء المسيَّس، لم تكن قادرة على تغيير الواقع أو إيقاف نزيف القتل والتشريد، فثورة البشارات مثلاً كانت ثورة الإنسان بامتياز، ثورة المظلومين والضعفاء المعرضين للقتل والتشريد والظلم الممنهج، «مع نشوب ثورة البشارات، خرجنا مكلومين من حصن التراب لنؤازر أهالينا في غرناطة. كانوا، كما كنا، نعاني الازدراء والتحقير. كل شيء قد حُرِم علينا، وحرم عليهم. وغدا علينا أن نأكل ونلبس ونتكلم ونفكر طبقاً لمرسوم ملكي. ومع ذلك، أطعنا. ومع ذلك، ظللنا أهلاً للشبهات. الثورة كانت قادمة لا محالة، فمن يحتمل الاحتقار؟ ومن يحتمل السير برأسٍ مطرقة؟ لن أحدثكم يا إخوتي عن قسوة تبديل دين بدينٍ عنوة، كما حدث مع آبائنا، إذ القسوة الأشد أن يُنظر إليك كجاسوس لأن أصولك عربية. أن يشككوا في حبك وولائك لأرضك التي وُلدت فيها. لقد صرنا، نحن هنا وأنتم هناك، مثل غزلان شاردة في غابة. غزلان إن نجتْ من الأسود فلن تنجو من الفهود»[21].

وعلى الرغم من أن الاتفاق الذي جرى بين الملك الكاثوليكي

والأمير أبي عبد الله الصغير يقضي بمنح المسلمين والعرب العيش بسلام تحت هذا الحكم الجديد، وأن يمارسوا شعائرهم الدينية ويعيشوا حياتهم بحرية في إطار الاحترام المتبادل والمواطنة التي يتمتع بها كل فرد آخر من الشعب المسيحي، لكن الطرف الآخر لم يلتزم بهذا الاتفاق، وانقلب عليه مباشرة بعد التمكين له ومغادرة أبي عبد الله الصغير وخروجه من الأندلس نهائياً ليصفوَ الجو للملك الكاثوليكي لإعمال يدِ البطش في المسلمين والعرب، وإذاقتهم كل أصناف التعذيب والطغيان. يقول الروائي على لسان السارد: «حكى لي جدي أن اتفاق أبو عبد الله، الذي تتجاهله كتب التاريخ، كان ينص على أن يعيش المسلمون في سلام تحت التاج الكاثوليكي. أن يمارسوا شعائر دينهم، وأن يحتفظوا بممتلكاتهم. غير أن الملكيْن نقضا العهد بعد عشر سنوات. فجرى ما جرى، ولم يدفع الثمن إلا الشعب المسلم، مثل كل الشعوب التي تدفع ثمن أخطاء حكامها»[22].

يمكن لأخطاء سياسية أن تودي بعقود أو حتى بقرون من الازدهار والقوة لدولة معينة، وهذا ما حصل مع الأندلس التي عرفت قروناً من العزة والقوة والحضارة والبناء الذي ما زال صامداً إلى يومنا هذا يشهد على مرحلة تاريخية من تاريخ العرب والمسلمين الذين كانوا في أوج عطائهم الفكري والثقافي والعلمي، فشيدوا حضارة قوية تحكي عنها الآداب والثقافات منذ ذلك الزمن وإلى يومنا هذا. فالتاريخ غني بمثل هذه القضايا، قضايا تتعلق بالظلم والاستبداد والتشريد والقتل على الهوية، لكن ما يمكننا التأكيد على أهميته هنا هو تلك القدرة على الحفظ ومواجهة كل أشكال المحو من خلال ذاكرة فردية

قوية، سواء من خلال مخطوطات محفوظة، أو من خلال التوارث من جيل إلى جيل.

فمن خلال تذكر أحوال العائلة والأقارب، الأم والأب وأفراد عائلة دي مولينا الذين عانوا الكثير من جراء شطط في استخدام السلطة من طرف الملك وقراراته ومرسوماته الظالمة في حقهم، صار وعي هؤلاء الناس وعياً هشاً يحتاج إلى الكثير لإعادته إلى جادة الصواب والطريق الصحيح. لقد فقدوا الثقة في كل شيء، في كل من يدعي الإنسانية والقيم والأخلاق، لأن السياسة قتلت كل شيء وقضت الأطماع على كل الشعارات والاتفاقات الموقعة والوعود المقطوعة. يقول الروائي في أوراق ميجيل دي مولينا عام 1653م: «في الطريق، البرية لم يتوقف المطر. اختار الحوذي، لسوء الطالع أو حسنه، أن يسير في نفس مسار التهجير. احتفظت عيناي، كذكرى أبدية، بالمرتفعات المكسوة بالأخضر، بالشوارع المشيدة فوق التلال، بأبواب البيوت المقوسة. تأملت الجوامع وقد استحالت كنائس، والأهلة صلباناً. مع ذلك كان عبقنا يملأ الهواء. كانت بصماتنا تعلو البنايات. الرائحة والبصمة. رائحة أبي وبصمة محمد دي مولينا. رائحة أمي الممزوجة برائحة أبي. وبصمة دي مولينا المنصهرة في بصمة عائلة إرنانديث. رائحة وبصمة الأندلسيين. لحظات عابرة ومقيمة، شجرة جذورها في الأرض محجوبة، وفروعها يابسة، وأوراقها خضراء»[23].

إن التعبير عن الهشاشة في الوعي وفي تقبُّل الواقع الجديد لدى السارد هنا، بل لدى أغلب أفراد عائلة دي مولينا التي تعرضت لكل

أشكال الظلم والتعذيب والتهجير باسم عناوين سياسية ودينية مجحفة في حقهم لم تحترم آدميتهم وإنسانيتهم وحقوقهم في الأرض والوطن الذي أسهموا في بنائه لعقود من الزمن أو أكثر، يمثِّل للمتلقي أجلى صورة عن حقيقة الإنسان عندما يصل إلى السلطة ويمارسها على المستضعفين والمختلفين. إنه منطق القوي يأكل الضعيف، ومنطق الغالب وحقه المفترى في فعل ما يحلو له في المغلوب، ومنطق الغاب الذي يسود فيه القوي ويقود الآخرين باسم عناوين ما أنزل الله بها من سلطان. فالذاكرة الفردية هنا، وفي الرواية ككل، تستمد قدرتها على الحكي من خلال ما تركه الآباء والأجداد في مخطوطاتهم التي تؤرخ لحقبة تاريخية مفصلية في تاريخ العرب والمسلمين في الأندلس. حقبة عرفت كل أشكال الظلم والعدوان الممنهج الذي يستمد مشروعيته من الكنيسة والسلطة السياسية الغاشمة.

لقد أسهمت الذاكرة الفردية في إنتاج وعي هشّ لدى متلقي المخطوطات أولاً من أبناء وأحفاد عائلة دي مولينا الذين شعروا بالظلم وهو يلحق أجدادهم الأولـون. أما عن المتلقين، فحدّث ولا حرج، خاصة وأن المتلقي العربي اليوم يشعر بالهشاشة كلما قرأ أو اطلع على حادث أو واقعة تضرب وطنه العربي، سواء كانت حرباً أو أزمة سياسية واقتصادية، فبالأحرى إعادة قراءته لتاريخه وصراعاته المدمرة وخساراته المتعددة ضد الأعداء، والتي كانت سبباً أساسياً لما يقع اليوم في العديد من البلدان العربية. وكأننا بالتاريخ يعيد نفسه من جديد ويحاول جاهداً أن يفرض علينا العيش في مناخ ملؤه الهزيمة والتشتت والتفرقة السياسية والهوياتية التي قضت على

148

وحدتنا في أزمان متعاقبة كرست الكثير من الأيديولوجيات القاتلة والصراعات السياسية المرتبطة بالأساس بالجشع والطمع في الحكم والسلطة، تارة تحت عناوين دينية، وتارة أخرى تحت عناوين عرقية وطائفية لا علاقة لها بالدين والعرف والقيم المتوارثة.

4 – «حصن التراب» بين التاريخ والتخييل:

يعيش الإنسان حاضره فيتذكر ماضيه، وإذا لم يرتحْ لهما، وشعر بشيء معين يفقده الثقة فيهما، فإنه يحرك خياله من أجل إعادة بناء هذا الحاضر وتكييف الماضي حسب رغباته وحاجاته النفسية والاجتماعية، حيث يحاول إبداع أدوات وأساليب يستحضر بواسطتها الأشياء والصور والمشاهد وتركيبها وترتيبها ترتيباً خاصاً في ذهنه المتوقد. فالتخييل هو القدرة الإبداعية على التحكم في الصور والمشاهد بالتفسير والتأويل وحتى بالتركيب. فهو يختلف عن الذاكرة لأنه لا يتعلق باسترجاع الماضي بكل تفاصيله ومتعلقاته، بل إنه يتعلق بالمستقبل، ويتجاوز الواقع في صورته الدلالية المحضة. وهو نوعان: تخييل تمثيلي يتم فيه استرجاع الصور والمشاهد شبيه بالذاكرة الحسية المتعلقة بالانطباعات الشخصية. وتخييل إبداعي يتعلق بالضرورة بتركيب وترتيب صور بشكل غير واقعي وبدلالات إبداعية يستخدم فيه اليقظة الذهنية للفرد المبدع وديناميته الفكرية والذهنية... ويمكن القول إن التخييل والذاكرة يقومان بوظيفتين مترابطتين ومتداخلتين هما وظيفتا التخيل والتذكر، ولا يمكن أن نستغني عن بعض من التخيل ونحن نمارس فعل التذكر، ولا أن

نستغني عن بعض من التذكر ونحن بصدد التخيل. فالتخييل يضيف إلى الذاكرة ويعيد إحياءها ويبعث فيها الحيوية والنشاط على مستوى الذهن، كما أن الذاكرة قد تساعد التخييل باعتبارها مرجعاً أساسياً له.

فالنص الروائي عموماً يمثل، من حيث كونه نصاً أدبياً متخيلاً، في عمومه الصور التي تعكس الواقع بتفاصيله وتجلياته، حيث يقوم بتمثيل مكونات الواقع الاجتماعي الذي يعتبر في النهاية ثمرات ممتزجة للعناصر الثقافية والاجتماعية والسياسية والتاريخية والفكرية دون حصول الانفصال أو الانقطاع فيها. فأي فعل يروم استبعاد هذه المكونات يؤثر في الإبداع الروائي سلبياً ويمنعه من تحقيق مصداقيته الأدبية فيفقد الرواية دورها الحقيقي، والمتمثل في نقل الواقع بحذافيره، لكن مع تدعيمه بعنصر التخييل ليتعارض مع التاريخ ووقائعه المضبوطة. ولذلك، نجد أحمد عبد اللطيف، قد استعد ذهنياً وجمالياً وفنياً لدخول مغامرة الكتابة عن تاريخ الأندلس من خلال مخطوطات تاريخية تعود لعائلة موريسكية قد تكون متخيلة لديه، أو قد تكون عائلة حقيقية عاشت في مرحلة فارقة من تاريخ الأندلس وما زال أحفادها يتوارثون فكرها وتراثها ومعرفتها بالوقائع والحقائق التاريخية.

إن التخييل في النص الأدبي عموماً، وفي النص الروائي خصوصاً، لا يمكن وصفه بكونه خطاباً زائفاً أو كاذباً أو محرفاً، بل إنه خطاب يلجأ إلى الواقع، لكنه لا يقدمه كما هو بصوره وحقائقه، ولكنه يحاول إفراغه من دلالاته المرجعية الحقيقية وملئه بدلالات أخرى مختلفة توافق السياق الخطابي التخييلي. وتكون هذه الدلالة

الجديدة متجاوزة بالضرورة للأحداث الواقعية فتستدعي أحداثاً متخيلة تتخلل الأولى تدعيماً لها، أو توضيحاً أو حتى تفسيراً لبعض منها، ولا يمكن استحضار هذه الأحداث المتخيلة إلا لغاية التأثير في المتلقي وتوجيه فكره وتأويله وفهمه نحو فهم آخر مقصود، ونحو اتجاهات معرفية أخرى. ومن هنا، نخلص إلى أن رواية «حصن التراب» تحتضن الكثير من المواقف والمحطات التخييلية التي استند إليها الروائي أحمد عبد اللطيف ليثير حفيظة المتلقي، ويدفعه نحو تبني أفكار وتصورات فكرية وثقافية تعيد قراءة التاريخ الأندلسي من جديد، والبحث فيه وفي حقائقه المثيرة، والتي أسهمت في خلق دينامية فكرية ما زالت آثارها واضحة إلى اليوم.

يكتب المؤرخ بمنطق استحضار الوقائع الكبرى والأحداث المهمة في التاريخ، تاريخ الدول والشعوب، فيحلل ويفسر انطلاقاً من رؤيته لهذه الأحداث وفهمها في إطار ثقافته ووعيه الخاص، ولا شك في أن المؤرخ بشر ينال منه النقص والنسيان والخطأ وعدم الاستيعاب في عملية التفسير [24]. أما الروائي، فيكتب انطلاقاً من ثنائية الوعي بالحدث التاريخي ومدى ملاءمته أدبياً مع مخيلته التي تستدعي أحداثاً ثانوية لا تؤثر في الحدث الأكبر، لأنه يدرك مدى أهمية الحدث لدى متلقيه وقدرته على توجيه الوعي لديه. فالرواية التاريخية لا تمثل بحال من الأحوال الكتابة التاريخية المحضة، لأنها بكل بساطة تقوم على التخييل أكثر مما تقوم على الواقع بحذافيره وبكل ما يحمله من أحداث واقعية ووقائع حصلت. ففي رواية «حصن التراب» قد نجد أن هناك الكثير من الأحداث التاريخية المؤرخة للأندلس، لكن في

المقابل نقرأ الكثير من الأشياء والأحداث والوقائع التي تدل على أن الروائي يستخدم خياله وذهنه المتوقد لإبداع سرد روائي يستحضر العديد من المحطات والعلاقات الإنسانية التي تخيلها انطلاقاً من قراءاته في تاريخ الأندلس وما يرتبط به من أحداث بسيطة وعلاقات بشرية مثيرة.

إن الرواية التاريخية، والتي تستحضر أحداث التاريخ الكبرى وتستثمرها في العمل السردي تحاول أن تقيم علاقة مع القارئ على منطق يجمع بين الحقيقي الواقعي وبين المتخيل، حيث يعمل الكاتب الروائي على صقل شخصياته بصفات معينة ومحددة الأبعاد، سواء كانت هذه الأبعاد ذات صبغة إنسانية أو عاطفية شعورية، لأنه لا يقوم بهذا العمل إلا إن كان متقناً له سردياً وجمالياً. إن الروائي يقوم باستجلاب هذه الأبعاد من خلال وقوفه على ما تقدمه له المرجعيات والمصادر التاريخية، وما يدفعه إلى البحث فيها في قضية روايته وما يتعلق بها وبشخصياتها الحقيقية والمتخيلة معاً، فبعد سباحته المعرفية العميقة التي يغوص من خلالها في مرجعيات ومصادر متعددة، يكون عمله النهائي المرتبط بكتابة الرواية التاريخية عملاً شاقاً يحقق أهدافه الكلية التي تقدم للقارئ والمتلقي رواية متميزة على المستويات الفني والمعرفي والجمالي.

لا يمكننا الحديث هنا عن رواية تاريخية تقدم لنا حقبة تاريخية مهمة من تاريخ الأندلس، ثم نقول عنها إنها مجرد سرد عاديّ للأحداث التاريخية الكبرى والصغرى معاً، بل إنها عمل فني أدبي يستثمر التاريخ ليظهر لنا الوجود الحقيقي للإنسان عبر التاريخ ومدى قدرته على

البقاء والنضال من أجل تحقيق الذات على الرغم من الظلم والاستبداد المسلطين عليه. وكأنني هنا بالروائي يقوم بعمل المحلل النفسي الذي يقارب الأسباب الاجتماعية والإنسانية والنفسية التي جعلت شخصيات الرواية تتصرف على نحو من الأنحاء، وتحاول الحفاظ على هذا التاريخ محفوظاً في مخطوطات مهمة تفيد منها البشرية فيما بعد. ولقد استطاع الروائي أحمد عبد اللطيف أن يخلق لنا من هذه المخطوطات التي تركها أفراد من عائلة «دي مولينا» وتوارثتها الأجيال بعد ذلك، حياة مختلفة ملؤها الشعور بالظلم والتحقير والإحساس بالوجود والمحافظة على القيم والهوية بالنضال والمقاومة. عملية فرضت على الروائي أن يجاري عمل المؤرخ في بعض الأحيان، لكنه في الوقت نفسه خلق مناخاً من الأدوار الإنسانية والاجتماعية لدى شخصيات روايته، مما جعله يسرح بخياله ويستمد ذلك من قراءاته المتعددة في كتب التاريخ التي عنيت بالأندلس وبتاريخ العرب والمسلمين هناك، وحتى بما تعرضوا له على أيدي الكاثوليكيين.

أسهم الخيال لدى الروائي في خدمة البناء الفني والجمالي للرواية التي عالجت حقبة تاريخية من تاريخ العرب والمسلمين في بلادٍ كانت تمثّل النموذج الحضاري لهم، حيث لم يكنْ لخياله أن يتعارض مع الحقيقة التاريخية المعروفة لدى الجميع، والتي أثبتتها كتب التاريخ. فمن حق الروائي أن يجنح إلى الخيال في كتابة الرواية التاريخية؛ لأنه لن يقدم لقارئه كتاباً تاريخياً جافاً، فهو مبدع وفنان يحاول جلب المتعة المعرفية لمتلقيه قبل كل شيء، لكن ما ينبغي التأكيد عليه فقط هنا، هو عدم تجاوزه للمسلمات والمتعلقة بالضرورة بعدم تزوير

الأحداث التاريخية الكبرى أو معارضتها والتشكيك في صحتها إلا إن كان متيقناً من صحة ما يقترحه في ذلك نتيجة بحثٍ واستكشاف يدخل في باب التدقيق العلمي والتحقيق. فقراءة الرواية تقودنا حتماً إلى الاعتراف بأن الروائي قد قام بقراءة متأنية في مخطوطات تاريخية ألهمته بالعديد من الأفكار التي تحصّل عليها من خلال قراءاته المتعددة في تاريخ الأندلس، إضافة إلى وعيه الكبير بقيمة هذا التاريخ العربي الإسلامي الذي تعرض بطريقة أو بأخرى إلى التزوير والتشويه من أجل التأثير في متلقيه ودفعهم إلى تصديق أقوال وكتابات مختلفة عن الحقيقة والواقع الأندلسي.

يستحضر أحمد عبد اللطيف في الرواية أحداثاً تاريخية كبرى أهمها توقيع معاهدة بين أبي عبد الله الصغير وبين الملكين الكاثوليكيين، وثورة البشارات، ومحاكم التفتيش التي أقيمت لمحاكمة المسلمين والعرب ظلماً وعدواناً، هذه الأحداث الكبرى والمهمة في تاريخ الأندلس ما كان الروائي ليتجاهلها أبداً في نصه الروائي نظراً لأهميتها ومدى مساهمتها في الوقوف على أحداث أخرى أقل أهمية، أو أحداث ووقائع لها علاقة بالعائلة الموريسكية، سواء كانت واقعية أو متخيلة. كل هذه الأحداث التاريخية الكبرى كانت بمثابة المساعد الأساس لعملية السرد والوصف معاً، فالروائي قد تحكمت فيه دوافع نفسية مرتبطة بالوعي الفردي لديه وتفكيره المستمر، أسوة بباقي العرب والمسلمين في العالم، في ضياع الأندلس، جعلته يستعيد هذه الأحداث من خلال المخطوطات ليخلق لدى المتلقي صدمة تدفعه إلى تذكر هذه الحقبة والاستمرار في التفكير فيها والتحسّر على ضياعها.

يؤسس الروائي تصوره للفعل التخييلي والواقعي في روايته

على مبدأ «المقصدية» الذي يمثل المستوى التعبيري المرتبط برؤية متعمدة ومؤسس لها من قبل تجمع بين مزيج متنوع من الشخصيات يجمعهم فضاء واحد، وتجمعهم قرابة دموية، لكن في إطار مسار سردي متصل، حيث تمثل الشخصيات حالة اجتماعية تعبر عن فلسفة موحدة تقوم على التذكر واستعادة الماضي، والتي يوجهها الروائي لخدمة الأفكار والتواصل بها، إذ تمثل المعنى المسبق في ذهنه. وإذا كان لاستعمال مفهوم المقصدية حدود في الرواية، بسبب الأصل اللساني القائم في اللغة الطبيعية، فإن الروائي يحاول تجاوزها – باعتبارها مأزقاً نظرياً تختلف من منظورها فاعلية توظيف مفهوم المقصدية بين اللغتين: المتداولة والأدبية – بتحوير الإشكالية إلى تساؤل مفتوح عن الفرق بين أن يكون «الأدب ذا مقصدية متصلة بالتخطيط الواعي للمبدع، وبين أن يكون للتجربة الأدبية ناتج لا تسبقه دلالة مضبوطة وواضحة المعالم في ذهن الكاتب»[25]. هنا تتجلى بحق الفاعلية الوظيفية للمقصدية التواصلية التي يشتغل عليها الكاتب في الرواية، حيث يوجه لغته الروائية في النص لخدمة الأفكار والمواقف داخله، وبالتالي التأثير في المتلقي وتوجيهه فكرياً وذهنياً.

تحمل رواية «حصن التراب» مجموعة من المؤشرات السابقة التي لها دلالات معينة تخبر بمعلومات تهم رغبة المرسِل في توجيه خطاب معين يتعلق بتاريخ الأندلس، وبتاريخ عائلة موريسكية عانت الكثير، وأرّختْ لتلك المعاناة، حيث تشير الرسائل الواردة في النص إلى تاريخ مرجعي يتعلق بتواريخ تحيل إلى أحداث مهمة وقعت في الأندلس وفي مدن ومناطق متفرقة، أهمها «حصن التراب»

وغرناطة، والبشارات، ومدن أندلسية أخرى كثيرة، وتتعلق بما تعرضت له المدن والقرى عبر تاريخها الطويل، وما عرفته شعوب الأندلس وما عاشته من ظلم واستبداد أيضاً... فتضمين النص عناوين فرعية تتعلق بالعنوان الرئيس، يجعلنا نفترض أن هذه الرسائل متعددة بدلالة العلاقة بين (حصن التراب وعائلة دي مولينا) باعتباره عنواناً للرواية، وبين (أحداث الرواية وشخصياتها التي حاول الروائي تحديد عناوين فرعية لها شارحة أو مفسرة)، وعلاقة بالمتخيل الروائي نفترض أن التركيب السردي سيخضع لمواصفات خاصة تستحضر وجهات نظر المرسِلين، ما يجعلنا نبحث عن الحكاية في سياق تعدد الأصوات التي تريد إبلاغ الرسالة الخاصة بالنص.

يحاول مؤلف الرواية أحمد عبد اللطيف أن ينتج تخييلاً يبحث في أغلب الأحيان عن الماضي والتاريخ الرسمي وغير الرسمي، وذلك من خلال استحضاره للوقائع التاريخية التي قرأ عنها في كتب التاريخ، أو وصلته بالتواتر والحكي، فالتخييل في الرواية ناتج عن فكر الروائي نفسه، وعمّا تختزنه ذاكرته الشخصية، وعمّا يدركه فكرياً وثقافياً، ولذلك يصعب على الناقد أن يحدد إطاراً عاماً لهذا التخييل وعلاقته بالواقع في الرواية، لكنه قد يضع مسافة معينة بينهما من خلال ما يدركه بدوره من معارف تاريخية ويفهمه الفهم الصحيح. فآن روبول تحدد هذه العلاقة بين الواقع والتخييل في ثلاثة أمور هي: الاتحاد والتقاطع والمفارقة، حيث تعتبر أن كل تخييل يمكن له أن يكون أقل أو أكثر واقعية، كما أن أمر تحديد واقعية الأحداث وحقيقتها في نظرها يلزم المرء البحث في المستندات والوثائق، في المقابل يبقى تأويلها طريقاً سالكة إلى التخييل[26].

ويظهر لنا من القراءة المتأنية لرواية «حصن التراب» أنها تمدنا بمجموعة من الأحداث والوقائع التي ترتبط بالتاريخ، تاريخ الأندلس، سواء تعلق الأمر بأزمنتها أو بشخصياتها أو بفضاءاتها المتعددة، فمن السهل أن ندرك واقعية هذه الأحداث التاريخية ونربطها به وبما قرأناه في الكتب التاريخية، ونحدد إطارها الاجتماعي الخاص، خاصة إذا ما انتقلنا إلى الأمكنة والفضاءات المستحضرة في الرواية، لكننا لن نعثر على كل هذا حقيقة وفي الكتب التاريخية، لأن الروائي لن يجازف بالتصريح بكل شيء أو يستبعد التخييل فيما كتبه، أو يبادر إلى التعبير عن الأحداث بحذافيرها وكأنه يكتب كتاباً في التاريخ، بل إنه يهدف إلى كتابة رواية تخييلية على مستوى الأحداث والشخصيات على الأقل، ففي ظل القراءة الأولى للرواية، يمكننا القول إن القراءة معرضة للتأويل وللتدخل في الأحداث والوقائع وتحويرها، بل إلى تغيير الأسماء التي قد تثير بعض المشاكل في حالة الكتابة عنها أو تقديمها على حقيقتها. ومادامت الرواية هي قراءة في مخطوطات قديمة، أو بالأحرى قراءة في سيرة الأجداد والآباء الأولين والسابقين، فإنه يصعب علينا تحديد تجليات الواقعية والتخييلية في النص، لأن النسق السردي المتبع في الرواية لا يضمن خصائص كل نوع على حدة.

لا يقدم الروائي أحمد عبد اللطيف في روايته للقارئ أحداثاً يحاول من خلالها كسر الواقع التاريخي وتمويهه، أو حتى تزييفه بطريقة أو بأخرى، بل يعمل على تقديم أحداث ووقائع قد تكون بمثابة إعادةٍ لتأسيس التاريخ الأندلسي من خلاله أو مشابهة له، لكن من منظور

متخيل يصعب نسخه فيما بعد، أو حتى اعتباره نسخة طبق الأصل منه. ونقرأ في الرواية: «أكتب هذه الأوراق الآن اتباعاً لوصية أبي. وصية سيرثها عني أبنائي. أكتب، كما كتبوا وسيكتبون، لأن الذاكرة أطلال، والكتابة ترميم. ورغم أني لست مؤرخاً، والاعتراف بالحق فضيلة، ولست كذلك من هؤلاء الذين منحهم الله القدرة على سرد الأحداث وتحليلها، ولا أنا رجل ذو شأن ليهتم أحد بقراءة ما أكتبُ، إلا أنني أومن، والله حسبي، أن الحوليات بديل عن الكلام. ولأننا نحن، أبناء كونكة، نعلم ما جرى وما سيجري، إذ الأيام تكرار للأيام، والأحداث تكرار للأحداث، ولن يكون مباحاً لأحد أن يقول ما لا يروق للملك، أجد نفسي مضطراً، اضطرار الحر، أن أدون ما استطعت. ما مكنتني منه قدرتي وعجزي. لا أبغي في ذلك إلا وجه الله، ولا أطمع سوى في أن يعرف أحفادي أن هذه أرضنا، بها ولدنا وبها نموت. وأنه ما من أرض أحبذُ إلى نفوسنا من هذه المدينة»[27].

هذا المقطع من أوراق محمد بن عبد الله بن محمد دي مولينا في خريف 1492م، يعبر فيه صاحبه عما كتبه عن تاريخ الأندلس عامة، وعن الأحداث التي وقعت لعائلته أيضاً. وفي الكتابة طبعاً قد يتسرب نوع من الأشياء والأفكار المتخيلة، أو التي تعبر عن المشاعر والأحاسيس الفردية المرتبطة بالنفسية المهزوزة لدى كاتب هذه الأوراق من جراء ما وقع عليه من ظلم، وما عاشه من استبداد سياسي وديني. هنا يتجلى التخييل الذي يستفيد منه الروائي نفسه وهو يكتب روايته ويحاول تقديم نص سردي مفعم بالأفكار والأحداث التاريخية المؤثرة في تاريخ العرب والمسلمين عامة.

تتجلى علاقة الروائي بالساردين في النص في مدى تفاعله مع ما يسرده كل واحد منهم، سواء تعلق الأمر بما جاء في المخطوطات الموروثة، أو من خلال ما يعبر عنه لغوياً وتدخله في بعض الأحيان لتوجيه السرد وأحداثه نحو وجهة مختلفة لتعريف القارئ ببعض الأحداث التاريخية ومدى قدرتها على تغيير الواقع، والتدخل في الأقدار وحياة المسلمين الذين تعرضوا للإجلاء والقمع بكل أشكاله البربرية من طرف السلطة الإسبانية آنذاك. ففي هذا المقطع يتجلى الإيمان القوي بالحق والعدالة الإنسانية المفقودة في عهد الإسبان.

إن الملاحظة المتأنية في هذا المقطع من الرواية، تحيلنا إلى رؤية نقدية معينة ضمنية أراد منها الروائي أن توجه نقدها اللاذع لبعض الأفكار التي لا همّ لها اليوم إلا التشفي والتباكي على الماضي وعلى تاريخ الأندلس، في حين نجد أنفسنا اليوم أكثر ضعفاً وتشتتاً وتشرذماً من ذي قبل. فالخطاب الساخر والنقدي المدمّر هذا، ينسج استراتيجيته الإقناعية بقضية الأندلس، وذلك انطلاقاً من قراءات متعددة تهدف إلى تبني البكاء والتحسّر بدل التفكير في تجاوز الخسارات والهزائم والتفكير في المستقبل الذي قد يمنحنا بديلاً متقدماً للنهوض والابتعاد عن كل ما يفرقنا.

تـركـيـب:

نخلص هنا بعد قراءة الرواية إلى أن المؤلف وهو يختار هذا النوع من الكتابة الروائية، كان يعرف أنه يضع يده على جرح كبير، وعلى ألم نفسي معشّش في أذهان كل عربي وفي عقولهم. إننا أمام

رصيد كبير من الأخبار والأحداث والأفكار المستمدة من تاريخ الأندلس، التاريخ الغني بكل ما هو مثير سياسياً ودينياً وثقافياً، وأمام مجموعة من المواقف التي قدمها الروائي بكل أمانة، وفي إطار من الترتيب والتوضيح أسهم في إعادة التفكير فيها جيداً، حيث يصير القارئ العربي عموماً مدفوعاً إلى بناء وعي خاص به، وفهم أعمق لحقبة تاريخية من تاريخ أمته العربية والإسلامية في بلاد الأندلس، ومدى إدراكه لمعاناة المسلمين الذين تعرضوا للتهجير والتعذيب والتشريد باسم عناوين دينية وسياسية لا علاقة لها بحقوق الإنسان والقيم الإنسانية.

إن انفتاح النص الروائي على الأحداث التاريخية، أو على النصوص الأخرى، يمكّن بالضرورة لغة الرواية من الاغتناء بتجارب أخرى في الكتابة أو الإبداع أو حتى في التاريخ. ومن هنا، يمكننا القول إن رواية «حصن التراب» قد عرفت تنوعاً كبيراً وغنىً بادياً على مستوى الدلالة واللغة التي تنتظمها من خلال تشبعها بالنص التاريخي والديني والأدبي والأسطوري. فالعديد من الحوادث التي تدخل في إطار هذه الحقول، قد أسهمت في تكوين رؤية اللغة كما تعتقد جوليا كريستيفا. ولقد دخلت الرواية على خط الحوار مع باقي الأجناس الأدبية والمعرفية (الرسالة، الشعر، الموسيقى، الغناء، النثر...)، فتفاعلت البنيات الفكرية والتخييلية لتجذّر الدلالة واللغة معاً، مما جعل الرواية تنزع إلى تجديد الرؤية الخاصة بالتعاطي مع التراث والتاريخ، وذلك من خلال مزج الماضي بالحاضر والبحث عن امتداده في المستقبل، مزجاً خاصاً تنتفي فيه الحدود لتمتزج

المرجعيات التاريخية والقديمة مع الحديثة والمعاصرة من خلال اندماجٍ منطقي وتخييلي يترجم رغبة الروائي أحمد عبد اللطيف في مقاربة الواقع ونقده والبحث عن إمكانية لتغييره وإصلاحه.

إن توظيف أحمد عبد اللطيف للذاكرة الجماعية والفردية في الرواية كان دافعاً له لكتابة التاريخ العربي والإسلامي الذي تعرض للتشويه، سواء من طرف الإسبان أو من طرف العرب أنفسهم، مخافة إقرارهم بالهزيمة والضعف. وهكذا أجابت الذاكرة عن أسئلة مطروحة قديماً وحديثاً، وما زالت تطرح إلى يومنا هذا، حول ماذا حصل؟ وكيف سقطت الأندلس؟ ولماذا لم يهرع العرب والمسلمون إلى نجدة أهلهم وإخوانهم في الأندلس انذاك؟ وما الذي تغيّر بعد سقوطها؟. أسئلة تصعب الإجابة عنها بساطة أو بأجوبة تشفي الغليل وتقنع من يطرحها. لكن وفي خضم هذه الأفكار المقلقة لكل عربي يبقى عزاء الجميع هو مدى صمود ثقافتنا العربية والإسلامية في بلاد الأندلس إلى يومنا هذا، والتي تؤكد على حضارتنا وعلى أننا كنا هناك في زمن ما وفي حقبة طويلة كانت حافلة بالإبداع والبناء والتشييد.

161

هوامش الفصل الثالث:

1 – أحمد عبد اللطيف، حصن التراب: حكاية عائلة موريسكية، رواية، دار العين للنشر، القاهرة، ط 2، 2018م.

2 – رشيد بن حدو، «مدخل إلى جمالية التلقي»، مجلة آفاق المغربية، اتحاد كتاب المغرب، الرباط، العدد 6، 1987م، ص 11 – 13.

3 – المرجع السابق، ص 13.

4 – أحمد بوحسـن، «نظرية التلقي والنقد الغربي الحديث»، مجلة منشورات كلية الآداب والعلوم الإنسـانية، الرباط، سلسـلة ندوات ومناظـرات، رقم 24، 1993م، ص 30.

5 – رشيد بن حدو، «مدخل إلى جمالية التلقي»، المرجع السابق، ص 11 – 13.

6 – أحمد عبد اللطيف، الرواية، ص 11 – 12.

7 – أحمد عبد اللطيف، الرواية، ص 171 – 172.

8 – أحمد عبد اللطيف، الرواية، ص 72.

9 – عيسـى ناصري، «حصن التـراب للمصري أحمد عبد اللطيـف: الكتابة في مواجهـة المحـو»، جريدة القدس العربي، لندن، العدد 9262، بتاريخ 2 أغسـطس 2018م، ص 10.

10 – عبد الملك مرتاض، في نظرية الرواية: بحث في تقنيات السرد، سلسلة عالم المعرفة، المجلس الوطني للثقافة والفنون والآداب، الكويت، 1998م، ص 244.

11 – شاكر حسن راضي، «النسق المزدوج لإعادة تعريف الشعر»، مجلة الرافد، دائـرة الثقافة، حكومة الشـارقة، الإمـارات العربية المتحدة، العـدد 222، فبرايـر 2016م، ص 64.

12 – شـاكر حسـن راضي، «النسـق المزدوج لإعادة تعريف الشعر»، المرجع السابق، ص 64.

13 – أحمد عبد اللطيف، الرواية، ص 24.

14 – أحمد عبد اللطيف، الرواية، ص 53 – 54.

15 – المصدر السابق نفسه، ص 66.

16 – المصدر نفسه، ص 70.

17 – M. Halbwachs, Les cadres sociaux de la mémoire, Librairie Félix Alan, P. 14, 108.

18 – غيـداء أبـو خيـران، «الذاكـرة الجمعيـة: كيـف تتلاعب السياسـة بتاريخ المجتمعـات وذكرياتهـا»، مجلة نون بوسـت، بتاريخ: 28 مـارس 2018م، رابـط المقال: https://www.noonpost.com/content/22663.

19 – أحمد عبد اللطيف، الرواية، ص 197 – 198.

20 – المصدر السابق نفسه، ص 151 – 152.

21 – المصدر نفسه، ص 158.

22 – نفسه، ص 177.

23 – أحمد عبد اللطيف، الرواية، ص 221.

24 – راغب السرجاني، قصة الأندلس: من الفتح إلى السقوط، مؤسسة اقرأ للنشر والتوزيع والترجمة، القاهرة، ط1، 2012م، ص 9.

25 – يوسـف نـاوري، «الواقعـي والخيالي في الشـعر العربي القديم: المسـائل التقليديـة في معيار نظرية التلقي»، جريدة الحياة السـعودية، الرياض، رقم العدد 12787، بتاريخ: 07 /03 /1998م، ص 20.

26 – Anne Reboul, Réalité de la fiction, rhétorique et stylistique de la fiction, presse universitaire de Nancy, 1992, copie électronique.

27 – أحمد عبد اللطيف، الرواية، ص 56.

الفصل الرابع:

ذاكرة المهمشين
ومعاناتهم الاجتماعية في رواية
«في حضرة العنقاء والخل الوفي»
لإسماعيل فهد إسماعيل

تتبني الرواية العربية على ما يسمى الارتباط بكل ما يتعلق بالذاكرة القريبة المدى، أو حتى البعيدة المدى، باعتبارها حاضنة للفترة التاريخية المحددة، والتي يمر منها الوعي الفردي العربي، مما ينتج في النهاية تداخلاً تفاعلياً يلعب دوراً أساسياً بين الواقع بكل تجلياته السياسية والاجتماعية والثقافية والدينية، وبين الخيال بقدرته على تقليص الأحداث الواقعية إلى لحظات سردية تؤثر في القارئ تأثيراً مباشراً، وتدفعه إلى إعادة النظر في الواقع وأحداثه الحقيقية وإعادة قراءتها من جديد قراءة متأنية تستدعي الوعي الفردي والثقافة السائدة والمرتبطة أساساً بمدى قدرته على التأويل، تأويل الأحداث والقضايا بطريقة تفكيكية واعية بها وبصدقيتها.

إن الروايات التي عولت على الذاكرة التاريخية والخيالية معاً، اتجهت بطريقة أو بأخرى إلى إنشاء نوع من الصور التخيلية المنطبعة بالوعي الفردي لدى الروائي نفسه ومن ثمة لدى قارئه المفترض. فكل الروايات العربية التي اتجهت هذا التوجه في الكتابة السردية حققت نوعاً من الوعي المرتبط أساساً بالحلم، الحلم بعالم مختلف وبواقع متعدد الأفكار والتأويلات المستندة إلى التعدد الثقافي والفكري والسياسي. فالذاكرة ليست وعاء للأفكار والأحداث والوقائع، وإنما

هي مجال للابتكار والإبداع وإعادة التفكير في الأشياء والمعارف والأحداث الماضية وتركيبها من جديد حتى تساير الثقافة الجديدة المرتبطة بفكر الروائي وبفكر القارئ.

ومن هنا، يمكن الحديث عن ذاكرة تواصلية تحقق تفاعلاً ثقافياً لدى القارئ، والتي «تعتمد على التفاعل الاجتماعي الثقافي في الحياة اليومية من تجارب وتقاليد شفوية ضمن فترة زمنية محددة وغير ثابتة الشكل، وعادة لا تتجاوز أربعة أجيال لتاريخ الحدث (نحو مئة عام)، وترتبط بأناس معاصرين للحدث. هذا الشكل من الذاكرة مرتبط بحياة الناس، ويعتمد على روايتهم، ثم تتحول الذاكرة التواصلية بعد الفترة الزمنية المحددة لكي تصبح من مكونات الذاكرة الثقافية»[1].

ويرى يان أسمان أن الذاكرة الثقافية هي التشكيلة الثقافية المتطورة لمجموعة بشرية معينة، ولا تقتصر على أجيال محددة، ويمكن أن تكون ممتدة آلاف السنين. ولا ترتبط الذاكرة الثقافية بالضرورة بالناس المعاصرين للحدث، بل بما يتم تسجيله من أحداث وذكريات، وما تمكنوا من الحفاظ عليه عبر الأجيال المتعاقبة. وتعتمد الذاكرة الثقافية على تراكم المعرفة والخبرة والذكريات التي يتم تمريرها شفوياً أو كتابياً أو حتى مجازياً؛ فهي تتشكل من خلال التراث المادي كالآثار والكتابات والتراث غير المادي والعادات والتقاليد. إن أهم ما يميز الذاكرة الثقافية هو أنها مدونة طويلة الأمد من إنتاج جماعة بشرية محددة بهدف إعادة إنتاج هويتها، حيث تقوم هذه الأخيرة بالسهر على تطبيق ورعاية تلك الذاكرة الثقافية[2].

يفكر الروائي العربي وهو يكتب بذاكرته بعيداً عما يفترضه

الخطاب السردي من محوٍ للرموز الثقافية والاجتماعية وحتى للإيحاءات الممكنة والاستيهامات الفردية لدى شخصياته الروائية، هذا المحو يهدف إلى إعدام الوعي السلبي بالأفكار والأشياء، وإلى غربلة كل ما يشوبه الشك والارتياب في أثناء عملية الكتابة، سردياً، بل روائياً، حيث يهدف الروائي العربي عادة إلى تصفية العديد من المواقف والأفكار مع النفس أولاً، ومع مجتمعه المتعلق بالماضي والحاضر وحتى بالمستقبل الغامض، وذلك من خلال تصحيح الذكريات وما تحمله من أفكار ومواقف سياسية وثقافية وأيديولوجية ومحاولة صياغتها داخل نسق سردي واضح ومفهوم للقارئ.

وعلى الرغم من وجود اختلاف واضح بين كتابة الذاكرة وكتابة الذكريات، فالروائي وهو يكتبهما معاً يشعر بنوع من الفرح أو بنوع من الارتياح الشخصي والأمـان النفسي، معبراً عما بداخله دون إحساس بالنقص أو بالدونية، بل إن كتابة الذاكرة بالنسبة إليه تقتضي استعادة ثقافات وأحداث ووقائع مؤثرة فيه وفي ذهنه، وتؤثر في قناعاته الفكرية والسياسية، مما يدفعه إلى استعادتها بشكل ينمّ عن شعور بالتفوق والنصر. أما كتابة الذكريات فتعتمد على السيرة، أي سرد الذات وما يتعلق بها من مشاعر وأحاسيس، وما ارتبطت به هذه الذات الساردة من فضاءات ولحظات وأحداث وشخصيات وآفاق شاسعة للتفكير والتعبير... إن الكتابة عن الذكريات، سواء كانت سيرة ذاتية، أو كانت سيرة غيرية هي كتابة تنتج نوعاً من الشعور بالارتياح والراحة النفسية التي تتبع قول الحقيقة أو جزءاً منها على الأقل. ولعل تجربة الكتابة الروائية عند الأديب الكويتي إسماعيل فهد إسماعيل

تعبر بجلاء عن هذا الأمر، حيث تعبر رواياته عن أهم المحطات التي عاشها في حياته وعايشها عن قرب وتفاعل معها إيجاباً أو سلباً، وفكّر فيها بمنطق الأديب الناقد للسلوك الاجتماعي والسياسي لدى أفراد مجتمعه الكويتي. وها هي روايته الجميلة «في حضرة العنقاء والخل الوفي» تعبر عن ذلك، وتتطرق بكل حرية لفئة مجتمعية (البِدُون) تعاني وتشعر بالدونية دون أن تجد من ينصفها رسمياً، اللهم تلك التعبيرات والمواقف المتضامنة معها ومع مطالبها العادلة.

ومن هنا يمكن القول إن الذاكرة لدى الروائي تتجه نحو إنشاء عالم من الصور التخيلية، ولا تترك مساحة لانطباع الأشياء على الوعي الفردي والجماعي. وهي غالباً ما تظهر على أنها متوافقة مع منطق الحلم مع صناعة الصور البصرية لدى الروائي، والتي تتجاوز صور الوعي الفردي لديه. وللوقوف على أهمية هذه الصور التخيلية لدى الروائي العربي بالخصوص، سنحاول في هذا الفصل الوقوف على أهم تجليات التخييل في رسم ملامح الوعي الفردي لدى الشخصيات الهشة في الواقع المفروض عليها، وفي تحديد أهم السمات المحددة للذاكرة الفردية في تأويل المواقف السياسية والاجتماعية لدى الشخصيات الهشة المأزومة والمغلوب على أمرها في المجتمع الكويتي من خلال رواية «في حضرة العنقاء والخل الوفي» للكاتب الكويتي المثير للجدل إسماعيل فهد إسماعيل.

1 – في رحاب رواية «في حضرة العنقاء والخل الوفي»:

ولد إسماعيل فهد إسماعيل بالكويت عام 1940م، وحصل على

بكالوريوس أدب ونقد من المعهد العالي للفنون المسرحية بالكويت، ثم عمل في مجال التدريس وإدارة الوسائل التعليمية، وأدار شركة للإنتاج الفن، حيث اتصف إنتاجه الفني بالإبداع الجميل وبالكم المثمر والمنتج، وإضافة إلى جانب ارتباطه بالقضايا القومية وعدم ابتعاده عن السياق الفني الخاص بتجربة كتاب الستينيات العرب الرواد، فمنذ بداياته الأولى، انخرط الأديب في قلب الظاهرة الأدبية العربية، ونشر في المجلات العربية الشهيرة، سواء في القاهرة أو في الكويت أو بيروت ودمشق وبغداد. وعبر مشواره الإبداعي المتميز أصدر 27 رواية بدءاً من روايته الأولى «كانت السماء زرقاء» في عام 1970م، إضافة إلى ثلاث مجموعات قصصية ومسرحيتين والعديد من الدراسات النقدية، وصلت روايته «في حضرة العنقاء والخل الوفي» إلى القائمة الطويلة للجائزة العالمية للرواية العربية عام 201م4. ومن بين أعمال إسماعيل فهد إسماعيل الأدبية: «البقعة الداكنة» عام 1965م، «كانت السماء زرقاء» عام 1970م، و«المستنقعات الضوئية» عام 1971م، و«الحبل» عام 1972م، و«الضفاف الأخرى» عام 1973م، و«الأقفاص واللغة المشتركة» عام 1974م، و«ملف الحادثة 67» عام 1975م، و«الشياح» عام 1975م، و«النيل يجرى شمالاً: البدايات» عام 1983م، وغيرها من الأعمال الأدبية. حصل على جائزة الدولة التشجيعية بالكويت في مجال الرواية عام 1989م، وجائزة الدولة التشجيعية في مجال الدراسات النقدية عام 2002م. وفي سياق إحياء الذكرى الأولى لرحيله بدأت لجنة تحكيم أول جائزة تحمل اسمه تلقّي الأعمال المرشحة للدورة الأولى من مختلف الدول العربية، وستعلن اللجنة الفائزين في قائمة من ثلاثة كُتاب. والجائزة

التي أطلقتها دار العين في القاهرة من تصميم النحات الكبير سامي محمد مع نشر الأعمال الثلاثة الأولى. ونشر الكاتب الكويتي سعود السنعوسي مجموعة من الصور تجمعه بالكاتب الراحل عبر صفحته على «الفيسبوك»، فيما نشرت الكاتبة الكويتية بثينة العيسى فيديو مصوراً لندوة خصصت لتأبين الراحل. وفي عام 1970م، نشر الأديب الكويتي روايته الأولى التي كانت بعنوان «كانت السماء زرقاء»، وقتها قدمها الشاعر الراحل صلاح عبد الصبور، محتفياً بها، معتبراً إياها فتحاً روائياً مهماً قائلاً: «كانت الرواية مفاجأة كبيرة لي، فهذه الرواية جديدة كما أتصور. رواية القرن العشرين. قادمة من أقصى المشرق العربي، حيث لا تقاليد لفن الرواية، ولا تزال الحياة تحتفظ للشعر بأكبر مكان. ولم يكن سر دهشتي هو ذلك فحسب، بل لعل ذلك لم يدهشني إلا بعد أن أدهشتني الرواية ذاتها ببنائها الفني المعاصر المحكم، وبمقدار اللوعة والحب والعنف والقسوة والفكر المتغلغل كله في ثناياها»[3].

تطرق الكاتب إسماعيل فهد إسماعيل إلى قضية البِدون في روايته الشهيرة «في حضرة العنقاء والخل الوفي» الصادرة عام 2012م، والتي استطاعت أن تثير الجدل داخل الكويت وفي بلدان الخليج كافة، فوصلت للقائمة الطويلة لجائزة البوكر العربية عام 2014م، غير أنه لم يفز بها، ربما لجرأة الكاتب في طرح قضية اجتماعية وسياسية مثيرة للجدل وللقيل والقال. وفي عام 2017م، استطاع إسماعيل فهد إسماعيل أن يصل إلى القائمة القصيرة للجائزة نفسها بروايته الشهيرة «السبيليات» التي قدم من خلالها رؤية فنية لتجربة الفنان والرسام

الكاريكاتوري الفلسطيني ناجي العلي، وعن سيرته المتميزة في الفن والحياة. وهذا ما جعله يتبوأ المكانة اللائقة في عالم الرواية العربية وحضوره اللافت في الأدب العربي واهتمامه بالقضايا القومية التي تهم الأمة وما تعانيه من مشاكل وصراعات وخلافات.

تقول المبدعة والناقدة الكويتية سعدية مفرح عن الرواية في تقديمها لها: «هل أقول إن [في حضرة العنقاء والخل الوفي] هي درة الإنتاج الإسماعيلي الروائي؟ لو كان إسماعيل فهد إسماعيل ممن حرصوا على مثل ذلك التاج طوال عقود من الكتابة في الرواية وما حولها لقلتها، لكنه الكاتب الذي ظل ينقش في تفاصيل الهامش حتى كاد ذلك الهامش أن يحتل مساحات المتن كلها، وهو الكاتب الذي يكتب بقلق من يقبل على الكتابة الروائية للمرة الأولى في حياته. في هذه الرواية نجد أنفسنا في مواجهة مع الآخرين ضمن جغرافية كويتية صرف قد تبدو جديدة تماماً في عالم هذا الكاتب المنداح في الجغرافيات العربية الأخرى أكثر من سياقاته الكويتية في إطارها المحلي. وهو إذ يدخل عالم المجتمع الكويتي فإنه يدخله من مأساة البِدون، والتي تعتبر من أهم التحديات المجتمعية الراهنة في هذا المجتمع العالق ما بين تقاليده وتقليديته من جهة، وحراكه السياسي المتقدم والنشط دائماً من جهة أخرى، في إطار من الوعي الثقافي المبكر والمنتج لبيئة سياسية متميزة بنزوعها الدائم نحو الديمقراطية وكل معطياتها الممكنة والقابلة للتحقق في هذه الجغرافيا»[4].

كتب إسماعيل هذه الرواية وهو مدرك لمدى تأثيرها في القارئ الكويتي والخليجي خاصة، والعربي عامة، خاصة وأنه يعبر عن

مشاعره تجاه فئة منبوذة في المجتمع لا تحصل على الحقوق نفسها التي تحصل عليها باقي فئات المجتمع، ولا تشعر بمواطنتها الكاملة من خلال استحضار شخصيات تعيش على واقع اجتماعي تكرهه أو تشعر بالنقص من خلاله؛ شخصيات تعبر عن قلق دفين وعن إحساس منفتح على المعاناة والألم، ألم النفس والروح، ألم مفعم بالصراع الداخلي وبالوعي الهشّ بالواقع وبالوجود. فلغة الرواية المشبعة بالاختصار والتأويل الذي يستدعي من القارئ البحث عن هوامش وأفكار وعبارات أخرى لملء الفراغات المتروكة في ثنايا السرد تصوغ مهمة جمالية وفنية في الرواية حتى يتخيل القارئ أن الكتابة السردية في الرواية أصبحت صعبة المنال والإدراك، إدراك ما يريد قوله إسماعيل فهد إسماعيل في نصه الروائي. إن لغة الرواية هنا لا بد من الإشارة إلى أننا أمام لغة بعيدة عن التسجيل السينمائي الموثق لكل تفصيلة ولحظة وحدث، بقدر أننا أمام تصوير دقيق للحظات معيشة تتداخل فيها العلاقات والأحداث والمواقف الفردية والجماعية للشخصيات المتفاعلة في الرواية.

يقدم إسماعيل فهد إسماعيل في الرواية شخصياته بأسلوب سردي يروي من خلاله المشاعر الداخلية والنفسية لكل شخصية على حدة، فيشعر القارئ معها كأنه يعيش في ذلك العالم وتلك المواقف والأجواء المتمثلة بتفاصيل دقيقة ومتتالية في عملية السرد، حيث التقمص البارز للشخصية، وخاصة شخصية منسي التي تشعر بفراغ ظاهري وخفي يبرز بوضوح أكثر في الحوارات التي تنخرط فيها مع باقي الشخصيات الأخرى، والتي تفتح معها الذاكرة الفردية فضاءات للتعبير والبوح عن المشاعر والأحاسيس النفسية المترتبة عن الشعور

بالنقص والمكانة الثانوية في الوطن. فكل الحوارات أو أغلبها تعكس حالة منسي النفسية المتخمة بالرعب والخوف من المستقبل، والمعبرة عن الضياع والتشتت الذهني والفكري المرتبط أساساً بالوضع السياسي والاجتماعي السائد في البلاد في أثناء الاحتلال العراقي وبعده.

إن استحضار العالم النفسي للشخصية الروائية (منسي على سبيل المثال) ومحاولة تكثيف اللغة السردية يدفع القارئ المحلل إلى اكتشاف نوع من المغامرة السردية لدى الروائي من خلال السارد الذي تمثله شخصية منسي نفسها، حيث استدعاء الذاكرة المفعمة بالمشاعر والأحاسيس المهزوزة التي توحّد السارد والبطل في ذاتٍ واحدة دون ترك مسافات أو أحداث متباعدة ومختلفة، فالبيئة التي عاش فيها منسي كانت تستدعي منه كسارد أن يعبر عما يشعر به تجاه الوطن، الكويت، وتجاه مواطنيها، وموقفه تجاه الاحتلال العراقي الذي فضح بوضوح الكثير من المواقف التي آمن بها الكثير من المهاجرين العرب بالخصوص، والذين منهم من تنكّر للخير واصطف في صف الاحتلال وباركه دون أن يدري أن الاحتلال سيزول مهما طال الزمن، وستعود الأمور إلى نصابها ومن ثمة من ينقذهم من المحاكمة والطرد النهائي. منسي، كشخصية مهزوزة عاطفياً ونفسياً، عانت في البداية صراعاً داخلياً، بل زادت مراقبة صهره سعود له وتحرشه به والتبليغ الكاذب به لدى سلطات الاحتلال من ذلك، فسقط سقطته المدوية في حبائل الاحتلال لولا الألطاف الإلهية وتدخّل صديقه سليمان الياسين لكانت نهايته أكثر من السجن لشهور.

تعاني شخصية منسي في الرواية نظرة بعضٍ من مواطني البلد الأصليين، حيث نظرة الاحتقار تارة، ونظرة ملؤها الشفقة المصحوبة بالإهانة المبطنة في تصرفات غريبة ومواقف غير مقبولة منهم. فمنسي، وعلى الرغم من زواجه بمواطنة كويتية لم يشعر بأي تغيير قد حصل في حياته وفي نظرة الناس إليه، وخاصة موقف صهره سعود الذي أذاقه كل أصناف العذاب، واجتهد وأبدع طرقاً في إهانته والانتقام منه، بل لم تشفع له تضحياته في سبيل استقلال الكويت من الغزو العراقي الظالم، ولولا يقظة أصدقائه سليمان الياسين والقاضي صلاح الفهد لما تمكن من إرجاع كرامته وحريته بعد أن زجّ به القضاء العرفي في السجن عن طريق شهادة كيدية من صهره سعود. إذن، فالرواية تقدم لنا شخصية البِدُون في إطار من التأطير السياسي والاجتماعي لها في مجتمع عُرف عنه أنه مجتمع يؤمن بالديمقراطية من خلال العديد من المؤسسات الدستورية التي تنشط في الكويت منذ عقود، لكن مشكلة البِدون ما زالت تقض مضجع العديد من السياسيين والمثقفين في الكويت، والذين يؤمنون بأهمية معالجة هذه القضية المؤثرة في موقف العديد من المنظمات الحقوقية في الداخل الكويتي وفي العالم. يقول الروائي على لسان السارد (بطل الرواية منسي) في النص: «بدأتُ كتابتي إزاء زمن موغل، صيف عام 1971م، انطلاقاً من مسرح الخليج في منطقة النقرة، أبدأ كتابتي عن الزمن الآن، صيف 2010م، انطلاقاً من مسرح الخليج في منطقة السالمية، بيت عربي مترامي المساحة، ينفتح بابه على ناصية طريق خلفية، بما يمنحه ميزة العزلة. الوقت ساعة ليل متأخرة، هدوء شامل يتخلله دويُّ وحدة تكييف الهواء المثبتة على نافذة مطلة على الطريق إياها،

باب الغرفة خاصتي موصد، رغم ذلك يبقى أنفي مؤهلاً لالتقاط رائحة زفر البحر خلال الهواء المحبوس المشبع رطوبة، غرفتي واسعة تصلح قاعة اجتماعات، لكن أعضاء الفرقة باقتراح من جانب سليمان الياسين خصوني بها إثر مغادرتي السجن ربيع عام 1992م، لأحتلها من وقتها»[5].

ونجد من خلال القراءة المتأنية للإنتاج الأدبي الروائي العربي اليوم، ملامح كثيرة تؤكد تحولات مختلفة تحدث في الخطاب الروائي في علاقة متماثلة مع ما يحدث في الواقع السياسي والتاريخي والثقافي العربي. ومن أهم عناصر هذه التحولات والتغيرات التي تساعد الروائي نفسه في احتضان التاريخ والأحداث الاجتماعية الواقعية والمتخيلة، نجد التفكير التفاعلي التحليلي بين الواقع الاجتماعي، وبين السياسي والثقافي المرتبط بالقناعات الفكرية الفردية والجماعية. وفي هذا الإطار تأتي رواية «في حضرة العنقاء والخل الوفي»، والتي تقدم لنا قضية اجتماعية وسياسية ترتبط بالوعي الغامض والمتغير حسب الأهواء والتحولات السياسية والثقافية داخل المجتمع الكويتي المتطور يوماً عن يوم، مما دفع كاتب الرواية إلى تحقيق معادلة منطقية تربط بين الواقع المتمثل في وجود نسبة مهمة من مواطني الكويت يعانون من صفة البِدون، وبين الخيال المتمثل في شخصية منسي وما تعرضت له من معاناة ومآسٍ وعذابات، ومثلها العديد من الذين لم يجدوا من يقف إلى جانبهم، سواء قبل الاحتلال العراقي أو في أثنائه، أو حتى بعده، وما نتج عنه من مظالم واتهامات خطيرة ضدهم أودت بالعديد منهم إلى حبل المشنقة.

2 – ذاكرة البِدون والوعي الهش بالانتماء:

تعد قضية البِدون من القضايا الاجتماعية والسياسية المثيرة للجدل في الكويت، بل من أهم القضايا الحقوقية التي أسالت الكثير من الحبر محلياً وإقليمياً وحتى عالمياً. وهذا إن دلّ على شيء فإنما يدل على أن هذه القضية قد وضعت كل من يقف وراءها أمام مساءلة حقوقية وإنسانية كبرى، سواء من خلال الانتقادات الموجهة لها إعلامياً أو من خلال ما يتم التأريخ له أدبياً وفنياً. إن الكتابة الروائية التي اتجهت نحو الكتابة عن قضايا سياسية اجتماعية تثير جدلاً كبيراً داخل المجتمع، وتثير حفيظة العديد من الفئات والمنظمات، هي كتابة تهدف إلى ترك الأثر والبحث عن حلول لهذه القضايا المثيرة دون ترك ضحايا محتملين وهم كُثُر.

تُثار هذه القضية في المجتمع الكويتي، ويتم تسليط الضوء عليها إعلامياً وسياسياً وثقافياً ويعاد تحريكها كلما سنحت الظروف بذلك، واستدعت ضرورة العمل السياسي ذلك، دون إيجاد حلول واقعية لتجاوز هذه الأزمة الاجتماعية، وعلى الرغم من وجود وعي مجتمعي في البلاد بمسألة التسريع بمعالجة هذه القضية نهائياً، فإن هناك من يقف حجر عثرة أمام التغيير والدفع لحل هذه المسألة التي تسيء إلى الكويت، وتضرب ديمقراطيتها الرائدة في العالم العربي في مقتل. وبالعودة إلى الرواية، تمثل شخصية منسي مثالاً صارخاً على هذه القضية المثيرة للجدل، حيث التصوير الظاهر للمواطن المحروم من حقوقه الأساسية المتعلقة بالجنسية والانتماء إلى الوطن الذي وُلد فيه وعاش فيه عقوداً، وقبله عاش فيه والده ومات ودُفن

في ترابه. ومن هنا، نسجل على الروائي أنه، من خلال روايته هذه، يهدف إلى إيصال رسالة معينة محملة بمقصدية إخبارية وأخرى معرفية تواصلية لقارئه المفترض، سواء كان هذا القارئ مواطناً عادياً، أو كان مسؤولاً سياسياً حكومياً، من أجل إثارة انتباهه إلى هذه الفئة المهمشة في البلاد ودفع كل من يستطيع المساهمة في إنهاء معاناتها وعذاباتها، مادام الأمر لا يتطلب سوى قرار حكومي جريء لا يخاف في فعل وقول الحق قولة لائم.

يستدعي الروائي من خلال شخصية منسي كسارد في الرواية ذاكرته الغنية بالأحداث والمواقف والمعلومات قصد إخبارنا، إخبار القارئ، بأن قضية البِدون لم تكنْ لتطفوَ إلى السطح لولا المعاناة التي يعانيها هذا الأخير في كل موقف ومرفق ومكان وفضاء يلجأ إليه لقضاء مآربه وحاجاته. فالمقصدية الإخبارية هنا حاضرة بقوة بهدف إيصال الفكرة، فكرة كون مواطنين كويتيين يعانون ويعيشون تحت ضغوط نفسية تكاد تعصف بهم نفسياً وتقذفهم إلى المجهول، حيث يوظف السارد ذاكرته بطريقة مختلفة لاستدعاء أحداث معينة ومؤثرة، حيث يتم من خلالها التعبير عن رؤية خاصة به وموقف معين من واقعه المعيش ومن علاقاته الاجتماعية والعاطفية، يهدف من خلالها إلى تمرير معرفة معينة إلى القارئ. هذه الأحداث المستدعاة تحقق أمرين اثنين هما: الإخبار والإقناع. فمن خلالها يدفع السارد القارئ إلى الاقتناع بفكرته والتدليل عليها بما هو حقيقي وواقعي، حدث في حياته الماضية ولا يمكن التشكيك فيه؛ لأنه مدعوم بوقائع وبشهادات عديدة، فلحظات الاستذكار تصبح لحظة للتحقق والتوقع، وهذا بدوره

يمكنه أن يجتاز كل الدرجات من إعادة التذكر المضمرة إلى الذاكرة التصريحية الإخبارية، الجاهزة مرة أخرى من أجل السرد[6]. إن الروائي من خلال السارد لا يستذكر هذه الأحداث وأحداثاً أخرى مختلفة لكي يؤكد صدقيتها من كذبها، بل يهدف إلى إحداث نوع من الصدمة لدى القارئ يوجه موقفه توجيهاً محدداً يدرك من خلاله دلالة هذه الأحداث، حيث يستدل بأهمها وأكثرها قدرة على التأثير فيه، خاصة وأن القارئ قريب جداً منه، ويعرف تمام المعرفة أن مثل هذه الأحداث والمواقف المعبر عنها روائياً يمكنها أن تقع في أي وقت وتنتج نتائج خطيرة على المجتمع وأفراده، يقول السارد في ذلك: «وصل المعلم لعند اسمي. منسي اسم متداول في مصر. استجبتُ له أنا. خطف نظرة لوجهي، عاد يدقق ورقته. أنتَ غير كويتي. وددتُ لو أصحح، كويتي. ظهر اليوم ذاته، السجادة الصوفية ذاتها، أمي وأنا نجلس متقابلين تتوسطنا، صينية بصحن أرز إلى جانب طاسة شوربة عدس، زمننا ذاك، أمي تعمل فراشة تغذية في مدرسة الشرقية للبنات، سألتها عن نسبة اسمي لمصر مثلما قالها المعلم، مضغتْ لقمة رزّها، تعلقتْ عيناي بعروق رقبتها النافرة، غافلتها زفرة حزينة. لأنكَ سألتَ. صوتها مع استطرادها يضمر إعزازاً لثالث غائب»[7].

هناك نوع من الوعي لدى السارد بدونيته في مجتمعه الأثير الذي لا يستطيع أن يرى عنه بديلاً، لكنه يصطدم بالعديد من الأشكال المانعة لهذا الشعور، سواء كانت أشكالاً ثقافية أو أشكالاً سياسية تعتمد على القانون المنظم لفئة البِدون. وفي هذا الصدد، نجد أن هناك نوعاً من التناقض بين ذات السارد وموضوع قضيته، ويرى الناقد

علي السعيدي في ذلك أن الذهاب إلى «خلخلة التقابل المختلق بين الذات والموضوع، بأن نعيد تموضع الذات، عبر تحجيم تموقعها أمامه، فمن شأن الادعاء باستقلالها عن الموضوع، وقدرتها على القبض على حقيقته، أن يفقد العقل بصيرته، لكونه يصير قيد رؤية اختزالية وتحديد يميل إلى التبسيط، إذ يترتب عن ذلك الادعاء تصنيف المعرفة، والفصل بين ضروب معرفية، تكون تلك الموسومة بالموضوعية في أعلى مراتبها»[8]. إن السارد في هذا الموقف يعلن عن حلمه، حلم مرتبط بمدى تحقق غايته المتمثلة في الحصول على الجنسية والاعتراف بوطنيته التي لا يدخلها الشكّ، يقول: «الأحلام نوعان منام ويقظة، الناس شاكلتنا لا يحلمون يقظة، عندما التقيتُ أمكِ، لم تكنْ حياتنا قد استغلقت تماماً، القوانين المنظمة للشأن السكاني المأخوذ بها بعد سنوات قليلة منعت المأذونين الشرعيين من تحرير عقود زواج البِدون، مطلوب إبراز أوراق ثبوتية رسمية، أمر المنع لا يتصل بمسألة تنظيم النسل أو تحديده، لكنه إلغاء حتمي لنسل البعض، لو كان واحدنا يمتلك جواز سفر لبلد ما مجاور، تزوّج وعاد، فإن لجأ بعضنا لحل إبرام عقد زواج غير موثق في وزارة العدل، الزواج مبدأ تأسيس عائلة، مكابدة مصيبة أطفال مولودين، يُمنع منعاً باتاً إصدار شهادات ميلاد لأبناء لا يحملون وثائق ثبوتية، الطفل المولود صفر خارج السجلات الرسمية، المعضلة المحيرة موتانا ممنوعون عن استصدار شهادات وفاة، لا اعتراض لدى الموتى والأحياء مطالبون أن لا يموتوا رحمة بذويهم»[9].

هنا تبدأ العملية الفكرية في الرواية، ونستطيع تلمّس بعض ملامحها

النوعية بالاعتماد على تراكم الأحداث والوقائع والسرد النفسي لدى السارد العائش في حياة ملؤها الحزن والمعاناة والألم الدفين، هذا الجهد الإبداعي لدى إسماعيل فهد إسماعيل المتصف بالإتقان في الكتابة، وبناء المعمار الجمالي الخاص بكل أجزاء الرواية، المعتمد على الشمول والتكثيف اللغوي الواضح، والقدرة على القبض على التعبير اللحظي، المنطلق من تصور واضح لزمن القصة وأحداثها المتتالية المرتبطة بحقبة زمنية محددة، وبمدى استمرارية القضية والحدث الأساس في الزمن.

لقد استطاع إسماعيل فهد إسماعيل أن يطوِّع الواقع، ويعيد صياغة المستقبل روائياً بواسطة المتخيل اجتماعياً؛ لأنه يعلم مسبقاً بحكم ثقافته ومعرفته بالواقع الكويتي وثقافة مجتمعه ومدى تعاطيهم مع القضايا الأساسية، أن القارئ الكويتي خاصة، والعربي عامة، في حاجة إلى صدمة ثقافية وفكرية تخرجه من شتاته الفكري والذهني ووعيه المأزوم والفاقد مؤشرات التطور والتغير. وهو بهذه الرواية يحاول أن ينقد الواقع من خلال استحضار الواقعي والمتخيل المرتبط بقضية اجتماعية متغيرة على مدى عقود من الزمن، والذي يسعف حقاً في إثارة انتباه القارئ والتأثير فيه. إن نجاح الروائي في هذا النص منوط بتوظيفه لهذه التناصات المثرية لنصه الروائي، حيث لم يألُ جهداً في القراءة من أجل تسجيل أهم الأحداث التاريخية والقضايا المثارة تاريخياً، والتي تركت أثراً واضحاً في قارئه ومتلقيه.

تلعب الذاكرة الفردية للسارد دوراً واضحاً في تحديد أهم عناصر الإخبار، إخبار القارئ بقضيته الاجتماعية التي تقضّ مضجعه كل

حينٍ، ويعيش على أمل الحصول على الجنسية وتحقيق الذات، سواء كان ذلك من خلال زواجه بفتاة مطلقة لا يعرفها جيداً، ولا يعرف نواياها الصادقة تجاهه ومدى صدقها في حبها له. وذلك ما تبيّن في نهاية الرواية، حيث شاركت أخاها سعود في إلحاق الأذية به وإدخاله السجن ظلماً وعدواناً، سواء بإيعاز منها، أو بصمتها على أفعاله وسلوكاته تجاه زوجها، لتنهيَ مسيرة إهانته وتعذيبه بمغادرة بيت الزوجية وطلب الطلاق منه بعد أن حققت غايتها الكبرى وهي الإنجاب منه. الذاكرة المستدعاة هنا من طرف السارد منسي أخبرتنا كقرّاء بكل شيء دون أن تمارس التقية في ذلك، نظراً لأنه أحسّ بظلم كبير لحقه من الأنثى التي أحبها كثيراً ووثق بها، لكنها أسهمت في تعذيبه وإهانته وسجنه وحرمانه من ابنته الوحيدة. يقول السارد: «حول طاولة صغيرة عند ناصية طريق في حي السيدة زينب وأنا أسمع حديث أمكِ تولّد لديّ يقين ليس البِدُون وحدهم ضحايا ظلم وإنكار وجود، المرأة بِدُون نوع ثانٍ»[10].

إن السرد الإخباري لدى السارد يحيلنا إلى مقصدية الروائي الإخبارية في تقديم معرفة معينة لقارئه، نظراً لكونه مثقفاً مؤمناً بحقوق هذه الفئة المجتمعية التي عانت لعقود من قانون ونظام يجعلهم في المرتبة الثانية ويحرمهم من حقوقهم السياسية والاجتماعية البسيطة، كالحصول على الجنسية والاعتراف بوطنيتهم وإنسانيتهم. فالروائي هنا يتكئ على عملية فكرية وموقف نقدي ثقافي تجاه فكر آخر يتصف بالعطب والهشاشة والتغوّل على الضعفاء والوصاية على الآخرين، وفي ذلك يقول إدجار موران: «إن إصلاح عطب

الفكر ليس معناه التموقع في موضع، يسمح لصاحبنا بتقديم النصائح، وعرض الوصايا، أو ادعاء تأسيس علم بكل شيء، وهو في هذا يعني أنه ليس القصد هنا تحديد وصايا الفكر المركب التي سبق لي أن حاولت استخلاصها، بل التحسيس بالنواقص الهائلة لفكرنا، وأن نفهم أن فكراً مشوهاً يقود بالضرورة إلى أعمال مشوهة، إنه الوعي بالباطولوجيا المعاصرة للفكر»[11].

إن رواية «في حضرة العنقاء والخل الوفي» نزيف تعبير خيالي مفعم بالأفكار والمعرفة. صفحات من السرد الشائق لتقديم الزمن الروائي المشحون بالعذابات والآلام والقسوة، قسوة الأمكنة والناس والأشياء التي تجرّ معها روحاً معذبة لتعيش موتاً من نوع آخر، موتاً تقاسي معه الويلات وانتهاك الآخر الغريب مهما طال به الزمن في الوطن، ومهما قدّم من تضحيات من أجله. قسوة تدفع روحاً متسامحة إلى أقصى درجة لبناء صرح ثقافي ذاتي يقيها من تعذيب الضمير ومحاكمته باسم العديد من العناوين التي جرتها إلى المحاكمة الظالمة والقاسية، روح تجسد في الحقيقة وواقعها الذي يفوق الخيال نوعاً من التعبير عن الشخصية المهمشة والمظلومة والمقهورة تحت عناوين سياسية وثقافية عفا عنها الزمن والتاريخ، يقول السارد: «أنتَ. قالها مفردة جافة دالة على نفاد صبر يشوبه انزعاج ولم يضفْ لها يا البِدُون، المفاجأة تتجاوز حدود الانشداه، كنا في السابع من أكتوبر احتلال، كان الوقت صباحاً مبكراً، أتطلع ناحيته، أراه واقفاً مسنداً ظهره لباب سيارته مسافة بضعة أمتار عن باب الملحق، حضرني تساؤلي، متى وصل ليقف منتظراً بقائي، سحنته المشحونة باشمئزازه، مفردته، أنا النكرة، استبدّ بي غضبي ينازعه حقدي، هذا الإنسان يعاملني بدونية

لا يجيدها سواه، الاحتلال أيام سود، صباحي ذاك أكثر سواداً»[12] .

تشتغل الذاكرة الفردية لدى السارد هنا بشيء من التقية، أو بعبارة أخرى، بشيء من البوح المشوب بعدم قول كل شيء، وكأننا أمام شخص يريد أن يحافظ على شعرة معاوية مع المسؤولين، وألا يفسد الودّ مخافة صدمه برفض طلب الجنسية إلى الأبد. إن قناعة بعضهم بأن قضية البِدون تستنزف العديد من الأمور وتفرض على السلطة التفكير فيها أكثر مما يجعلها تتناسى أو تتجاهل مطالب شعبية أخرى، تدفع بعضهم هذا إلى الحقد على هذه الفئة، ودعم أي قرار ضدها أو الوقوف أمام أي مبادرة لإيجاد حلول سياسية واجتماعية وحقوقية لها. هنا تحتفظ ذاكرة منسي بمثل هذه المشاعر الحاقدة ضده وضد فئته ككل، وكأنه يدرك مدى صعوبة تحقيق الجزء اليسير من مطالبها. يقول السارد: «قناعته الراسخة إن البِدون صنف احتلاليين، خلايا نائمة سابقة لمجيء العسكر، إحداث الفرقة بينهم صنف عمل وطني يُحمَد عليه، الأيام القادمة كفيلة تثبت ذلك»[13] .

إن مساواة فئة البِدون، والتي بالمناسبة لم تختزْ واقعها ووضعها الاجتماعي هذا، بالاحتلال وعسكره فيه نوع من الإجحاف والظلم بحقها، فلا يعقل أن يتم حشرها مع الاحتلال الذي جاء بمشروع القتل والتدمير والاستغلال لكل شيء، فقتل المقاومين والوطنيين بمن فيهم البِدون، وسجن منهم ما عجزت السجون أن تسعهم، وطارد السياسيين وحكام البلاد في الداخل والخارج، إنه ظلمٌ وقهر مشوب بنوع من الإنكار والتجاهل لهم، ولو كان هذا الظلم نابعاً من أفراد غير سياسيين ولا علاقة لهم بالسياسة أو بالنخبة.

يخبرنا الروائي هنا من خلال السارد أن ذاكرته الفردية المفعمة بمشاعر الحب والوفاء والتقدير لفئة البِدون لم تكنْ ذاكرة عادية، أولاً لأنها التقطتْ بالتفصيل عدداً مهماً من الأخبار والأحداث المهمة في تاريخ الكويت أيام الاحتلال، قبله وبعده، وقدمت لنا (كقراء) أفكاراً مهمة يمكن أن نبنيَ عليها قناعات سياسية وفكرية تتأسس على شكل مواقف تجاه قضية البِدون ومعاناتها مع الوضع الذي تعيشه. إذن هناك مقصدية إخبارية لدى الروائي يحاول تمريرها من خلال هذه الأحداث التاريخية التي مرتْ بها بلاده في تسعينيات القرن الماضي، لكن المثير للاهتمام هو عدم القضاء على هذه الظاهرة الاجتماعية وقبرها نهائياً، بل أصبحت قضية سياسية يستخدمها السياسيون كورقة ضغط على الحكومات المتعاقبة، سواء كانوا في المعارضة أو كانوا خارجها؛ وذلك بتبادل الأدوار فيما بينهم.

هنا يتأكد لنا أن الروائي إسماعيل فهد إسماعيل كمثقف بالدرجة الأولى، وكمبدع غيور على وطنه وسمعته في العالم، يحاول لفت انتباه السلطة الحاكمة في بلاده لأن تضع حداً لهذه الظاهرة المثيرة للجدل والتحلي بإرادة سياسية قوية لإنهاء معاناة فئة كبيرة من الشعب تسهم في بناء مؤسساته. فلا يعقل أن يفترس الشخص عقوداً من عمره دون أن يحصل على الجنسية اعترافاً بما قدمه للبلاد والمجتمع، يقول السارد: «هنا أنا طوال خمس وثلاثين سنة عمر الواحد في كنف دولة مستقلة ذات كيان معترف به، بقيتُ محروماً من أية وثيقة انتماء رسمية، مع مصادرة الدولة كلها، مع غياب سلطتها يولد كيان ثانٍ من رحم الكارثة، المقاومة الكويتية، الظرف بالتعقيد المرافق،

قبول العمل كما المبايعة قصد الاستشهاد، وسط هذه الفوضى العارمة والمنظمة تحت أرض لدرجة الذهول، تخصص المقاومة فسحة محبة، ترعى ناسها دون النظر للوائح معتمدة أو قوانين منظمة، رجل القانون صلاح الفهد سماني كويتياً»[14].

أسهمت المؤشرات الزمنية والمكانية في الخطاب الروائي بطريقة مباشرة وغير مباشرة مشكّلة بذلك ذاكرة ثقافية فردية لدى السارد باعتبارها المرجع الأساسي، والتي أغنتْ دلالة الخطاب الروائي وكشفت عن مقصدية الروائي الإخبارية، والتي تسهم في توجيه موقف القارئ من خلال قراءة تأويلية للرواية وقضيتها الأساسية المتعلقة بقضية البِدون. فزمن السرد في الرواية محفز إلى قراءة الذاكرة الفردية لدى السارد في نواحٍ متعددة وعبر أزمنة تاريخية محددة، حيث يتم استرجاع الماضي القريب والبعيد معاً بارتباطه الواضح بالأحداث السياسية والاجتماعية التي مرت بها الكويت في حقبة التسعينيات من القرن العشرين. فالذاكرة الفردية تعيد تنظيم الأحداث والوقائع وفق نظام منسَّق ومتماسك في القراءة والتلقي. فالتواريخ واضحة ومرتبة، والأمكنة حاملة تأويلات متعددة لانخراط السارد وشخصيات الرواية فيها والتفاعل معها بشكل رمزي وواقعي في آنٍ معاً.

إن الذاكرة الثقافية لدى السارد ساعدته على اختزان الأحداث والأمكنة وإعادة إنتاجها بأسلوب سردي منظم يركز على المشاهدة، والمعيش اليومي يستدعي صوتاً ثقافياً مؤطراً لأحداث سياسية خاصة تداخلت فيها الأيديولوجيا والقناعات الشخصية والمشاعر المضطربة

تجاه الغرباء ومطالبهم الحقوقية. وبهذا تكون الذاكرة الفردية لدى السارد وعاءً مفعماً بالأحداث والثقافات والأفكار والمعارف، حيث يهدف الروائي من خلال روايته إلى اقتسامها مع قارئه المفترض، وتقديم المعرفة الغنية بالأفكار للوقوف عند الدلالات التي تنتجها المؤشرات الزمنية والمكانية، بل إن هذه الذاكرة جعلت من السارد، على الرغم من معاناته مع وضعه الاجتماعي والسياسي، يعقد علاقة قوية ووطيدة مع الوطن باعتباره الملجأ الذي يذوب فيه بشخصيته وثقافته العربية المتصفة بالتسامح مع الأخ والآخر مهما كانت الإساءة وعدم الاعتراف بالتضحيات الكثيرة.

3 – المقصدية التواصلية وبناء الذاكرة الثقافية:

ترتبط المقصدية التواصلية في الخطاب الروائي بمدى الاستدلال الرمزي المتعلق أساساً بالدلالة التداولية لدى الروائي نفسه، حيث تتم إعادة بناء النص الروائي بطريقة جديدة تستند إلى الجمع بين المكونات الدلالية والتداولية المحددة سلفاً في ذهن الكاتب، والتي يتعمّد من خلالها الوصول إلى مقصدية تعتمد على السياق السوسيوثقافي والاجتماعي لديه، ويدفع القارئ إلى تأسيس أفق لتلقيه للنص، ومدى تشكيله لركيزة محددة لعوالم النص وصورته الدلالية التي ينسجها في أجزائه وعناصره المختلفة. ونظراً لأهمية قضية البِدون في الوعي الثقافي والسياسي لدى أغلب الكويتيين بصفة عامة، فإن الروائي اشتغل على نصه في إطار من التأطير الفكري والذهني لسارده لتجاوز الصيغة المجازية لكل ما يبوح به من أسرار وأفكار.

يساعد عنوان الرواية وعتباتها الأولى القارئ على الولوج إلى عوالم النص الداخلية، والتي تحفزه إلى التلقي التأويلي المناسب وكشف طبيعة النص وقضيته الأساسية مستنداً إلى ذاكرة السارد الخطابية الداعمة لمسار عملية القراءة النقدية. فالأخبار والمعلومات الكثيرة التي يستحضرها الروائي من خلال السارد تنمو عن طريق الذاكرة، باعتبارها الوسيلة الأساسية لتقديم معرفة منفتحة على أشكال متعددة للتلقي، المرتبط أساساً بالوصول إلى الدلالة العميقة وراء النص. يقول السارد: «تجاوزتْ عهود العارضة المعدنية، وقفتْ تنتظر عبوري، أنا وكوّة الكابينة، دفعتُ جواز سفري، تسلمه رجلهم، فتحه، تطلّع للصورة، انتقل لوجهي، نظرته تحمل امتعاضاً طارئاً، زمَّ شفتيه، كمن يمنع نفسه عن قولٍ ما، عاد ينظر في صفحة جواز السفر، قرأ اسمي بنبرة صوت تراوح بين التساؤل والتشكّك، اعترفتُ له. أنا. رفع عينيه لوجهي ثانية، عندما يتفحصك أحدهم بصفتك ماذا، يعتريك شعور يفيدك إن الآخر يعرّيك، ثوانٍ معدودة تساءلتُ خلالها، لو قال لي. عدْ من حيث جئتَ»[15].

هناك، إذن، نوع من الشعور بالدونية، بالنقص لدى السارد، في كل لحظة يتعرض فيها إلى المراقبة أو المساءلة. شعور ملؤه العذاب والألم النفسي الذي يصاحبه نوع من الإحساس بالهشاشة. مشاعر تكشف عن إحساس كبير بالغربة والبعد عن الانتماء إلى الوطن، فأينما ذهب يشعر بأنه مراقب أو مكروه من الآخرين، من أهل الوطن الأصليين، وأنه مجرد عالة على المجتمع لا يمكن قبوله بأي صورة كانت، مهما ضحى أو قدّم من أشياء وأعمال تجاه الوطن، لأنه

بكل بساطة غريب عن هذا الوطن، ودمه ليس مثل دماء الكويتيين الحقيقيين مهما حصل، حتى لو تزوج بكويتية واختلط دمه بدمها وكانت نتيجة اختلاطهما ابنته زينب. فهو أولاً وأخيراً غريب عنهم، ولا يمكن قبوله ببساطة بينهم مثله مثل باقي البِدون الآخرين.

تتأسس المقصدية التواصلية لدى الروائي عبر ذاكرة السارد الثقافية من خلال انتقاله من فضاء إلى آخر، ومن خلال وقوفه على أهم الأحداث والمحطات السياسية والاجتماعية التي تعرض فيها إلى الإهانة والظلم على أيدي من كان يتوسم فيهم الخير والتقدير. فذاكرة السارد (منسي) هنا بما تقدمه من أفكار ومعلومات تساعد القارئ على تقريب صورة الواقع الاجتماعي في الكويت، وتجعله يدرك حقيقة فئة البِدون، وخاصة القارئ العربي الذي لم يطلعْ مسبقاً على قضية البِدون، ولم يعرف عنها شيئاً. وكأننا بالروائي يمارس نقده الاجتماعي والسياسي للمؤسسة الرسمية ويضعها أمام مأزق يدفعها إلى التفكير في إيجاد حلٍّ حقوقي وإنساني لهذه الفئة الاجتماعية التي عاشت في الكويت عقوداً من الزمن، وضحت بمالها وصحتها من أجل ازدهار البلاد وتقدمها. يقول السارد: «صباح الاثنين قصدتُ إدارة مرور العاصمة لغرض تجديد إجازة القيادة، ووقفتُ أمام شباك الموظف المختص. تفحص الموظف طلب التجديد، تفحص وجهي، ألقى بالطلب في درج مكتبه. امشِ. تحاملتُ على شعوري بالمهانة. متى أجيء لتسلّم رخصة القيادة. صدرتْ تعليمات تقضي بعدم التجديد للبِدون، يضيق المكان أو يضيق الصدر، ما الذي يريدونه بالضبط، هناك من يقول حصولك على حق المواطنية آتٍ لا محالة، أنتَ مدرج

ضمن قوائم معدّة، وهناك من ينهرك. امشِ. أمشي إلى أين؟»[16].

لا شك في أن الهاجس لدى الروائي إسماعيل فهد إسماعيل هو فضح السلوك الاجتماعي والسياسي المستبد والظالم ضد فئات من المجتمع الكويتي، بل تعرية مناطق وفئات مهمشة وأقليات دينية وإثنية ومهاجرين ووافدين، وخاصة فئة البِدون التي شعرت بالمهانة والدونية. فالرواية تخبرنا عن هواجس السارد باعتباره مثقفاً وصحفياً وصوتاً نقدياً يدعو إلى التغيير الذي سيطاله هو نفسه لا محالة. وبعبارة أخرى، استعادة الذات الضائعة والتائهة لضمان موقع اجتماعي غير الذي يعيشه. كل هذا تكشف عنه الموضوعات والأسئلة التي طرحها الروائي على لسان السارد، والتي تحيل إلى أحداث عاشها، وإلى تجارب قاسية اختبرها في حياته واستشهد بها في عملية السرد.

يتجلى غنى الرواية وقدرتها على استحضار التخييل الذي يحاور الذات والعالم والوجود، الواقع والخيال، المؤلف والسارد والقارئ المفترض، من خلال بنائها السردي الجمالي الذي يحاول المؤلف الحرص فيه على ضبط العناصر المكونة لعملية السرد على مستوى كل من الزمان والمكان والشخصيات، والاحتفاء بكل ما هو يومي وتاريخي، وذلك بتوفير مساحة مهمة للجمع بين ما هو تاريخي واقعي وما هو تخييلي باستدعاء الماضي وتجاربه المختلفة على المستوى السياسي والثقافي، سواء كانت تجارب السارد (منسي)، أو كانت تجارب باقي الشخصيات الأخرى. وهكذا تحتفي الرواية بالماضي من خلال أحداثه ووقائعه، سواء بالعودة إلى الوثائق التاريخية التي أرخت للمرحلة، أو بالعودة إلى ثقافة الروائي نفسه الذي عاش

التجربة بنفسه وانخرط فيها، حيث لعب التخييل دوره الكبير في إضافة إمكانات جديدة للحلم والرؤيا والبوح.

إن مؤلف الرواية وهو يعيد صياغة تجارب شخصياتها وأحاسيسها المتغيرة ومشاعرها الواضحة والمعبرة عن الألم والمعاناة عبر وسيط التخييل، يحاول اختراق الصمت الذي ظلّ يطال قضية اجتماعية وسياسية عقوداً من الزمن دون أن تجد من يطرقها ثقافياً أو إعلامياً على الأقل. فإعطاؤه الكلمة لمنسي باعتباره شخصية معبرة عن الواقع الذي تعيشه فئته الاجتماعية يعبر عن انكسار واضح للإنسان فيه، ومجالاً لطرح الأسئلة الواقعية بعيداً عن التقية أو الخوف من ردود الفعل المناهضة والمقاومة للتغيير وإصلاح ما يمكن إصلاحه، وإرجاع الحقوق إلى أصحابها. إن إضفاء البعد الإنساني والحقوقي على الأحداث في الرواية، وجعله عنواناً بارزاً في الأحداث السياسية المتعلقة بالاحتلال العراقي، واستحضار قضية البِدون في خضم سرد الوقائع في فترة الاحتلال تمنحنا كقراء إمكانيات متعددة للتأويل وإعادة بناء الحقيقة التاريخية، الحقيقة المتعلقة بفئة اجتماعية مهمشة ومظلومة. ويظهر لنا من خلال القراءة التحليلية للرواية أن المؤلف يهدف إلى إيصال مجموعة من القيم والأفكار الإيجابية عن طريق انتقاء الأحداث والوقائع واختيارها بدقة، ورغبة منه في تجاوز الأزمة وحلها نهائياً والتفكير في المستقبل المشرق، عوضاً عن إبقاء الوضع على ما هو عليه إلى ما لا نهاية.

بهذا المنطق إذاً يكون المؤلف قد أسس لمقصديته التواصلية المتعلقة بتوعية القارئ وتوجيه رأيه وتحويل موقفه لصالح فئة البِدون،

وتبنيها سياسياً واجتماعياً، فملفوظ الرواية قد عمل على تمريرها إلى القارئ بدقة متناهية وبأسلوب ملؤه الأسى والمعاناة ساعدته على إعادة تأسيس رأي عام وطني جديد تجاه القضية، حيث تشكلت صورة البدون في مخيلة المواطن الكويتي من جديد، أو على الأقل لدى قراء الرواية، والذين تأثروا بها إيجابياً، وصارت مطلباً للعديد من النخب الكويتية التي اقتنعت بعدالة القضية وبحقوق أصحابها.

يقول السارد وهو يحكي عن قصته في أثناء الاحتلال العراقي، ومدى المعاناة التي شعر بها من جراء نظرة الكويتيين إليه وإلى فئته التي هناك من اعتبرها خائنة وداعمة للاحتلال وشامتة في الوطن وأهله: «المنطق يقول. بترتُ جملتها. ماذا يقول. نمّتْ زاوية فمها عن شبح ابتسامة دالة استهانة. البِدون يشمتون بالكويتيين. تطامى غضبي، بذلتُ جهدي حتى لا أنفجر لاعناً. من هو صاحب هذا المنطق. نفضتْ يدها، وقفتْ. انسَ الموضوع. مشتْ لغرفتها، أطبقتْ بابها، غضبي يحاصرني، كيف لإنسانية الواحد أن تُهدَر بسهولة قصوى، شخصية عهود، بالنسبة لي، اكتشاف متأخر»[17].

تشتغل ذاكرة السارد الثقافية هنا، بمنطق النسيان، نسيان ما حدث، وما قيل عن فئته الاجتماعية ومدى الظلم الذي لحقها من جراء المشاعر المهتزة التي تعرض لها بعض المواطنين الكويتيين وهم يتعرضون للظلم وللاحتلال الغاشم. ليس من السهل أن يكون المرء يعيش حياة رغيدة وسعيدة ولا يفكر في أي شيء لأن كل مقومات الحياة اليسيرة مضمونة له، وبين عشية وضحاها يتعرض لاستعمار ظالم ويفقد كل شيء جميل، ويصير مطارداً في وطنه ومعرضاً

للقتل والسجن والتعذيب. هنا كانت ثقافة التسامح التي آمن بها منسي، وعمل على تطبيقها ومواجهة خصومه وظالميه بها، وخاصة زوجته وأم ابنته الوحيدة عهود وأخاها الظالم سعود. وفي الوقت نفسه وجد في سليمان الياسين وصديقه القاضي نِعْمَ السند والمنقذ من السجن المدبَّر له ظلماً وعدواناً من طرف صهره سعود للضغط عليه من أجل تطليق أخته. هناك تحوّل من حال إلى أخرى لدى منسي، تحوّل على مستوى الوعي السياسي والثقافي بقضيته الأساسية، وهي الحصول على الجنسية الكويتية، تحوّل اتصف بفكرة ملؤها التسامح والتضحية والإيثار، فقرر في النهاية السفر والرحيل إلى الغرب لعله يجد هناك من ينسيه معاناته، ومن يقدم له مساعدة تمنحه اعترافاً بوجوده وبكيانه كإنسان دون استحضار لأي أيديولوجيا أو مصلحة أو منفعة من ورائها.

يقود المؤلف قارئه إلى عالمه الروائي المثقل بالأحزان والمعاناة، وينقل إليه حالات من التوتر والقلق التي يعيشها السارد داخل المجتمع، فيتبادر للقارئ من الوهلة الأولى أن منسي شخصية مظلومة ويصاحبها طيلة النص ويعيش كل اللحظات التي يعيشها، سواء كانت لحظات ومواقف حزينة، أو كانت سعيدة، وكأننا بالسارد (منسي) يستجدي نوعاً من الدعم والمساندة والنضال إلى جانبه من أجل تحقيق نوع من الاختراق السياسي والاجتماعي لصالح قضيته الأساسية وهي الحصول على حق المواطنة، ومن خلاله على الجنسية الكويتية له ولباقي الوافدين. حيث يكشف السارد مساحة كبيرة من القلق والحزن والشعور بالمهانة يتجاوز أي شعور إنساني آخر، فأن يشعر المرء بالفقد لمدة عقود من عمره دون أن يحصل على هوية

تحدد انتماءه السياسي والاجتماعي يدفعه إلى الإحساس بنوع من الضياع والانشطار على مستوى الوعي والتفكير مهما حصّل من علم ومعرفة، ومهما كانت وظيفته الاجتماعية. يقول السارد في ذلك: «طفقتُ تراقبني صامتة لحين فتحت دولاب الملفات، تناولت ملف طلب الجنسية. ماذا تفعل. آخذ وثائق ثبوتية. أصدرتْ غمغمة خافتة، قلتُ. وثائقنا التي لم تكن تعني لهم شيئاً هنا تعني الكثير هناك»[18].

هنا يتعلق الأمر بانتظارات المتلقي التي يؤسسها بنفسه وهو يستوعب القضية، لأنها تمثل بالنسبة إليه انتقالات عبر مواقف مختلفة من أجل الوصول إلى موقف واحد موحد، وبالتالي استعادة توازنه النفسي والفكري تجاه قضية البِدون، حيث تكتمل لديه المعلومات التي يكونها عن هاته القضية وعن أصحابها مما يحصل عليه في أثناء القراءة النقدية للنص، ليصل في النهاية إلى نتيجة مفادها تكوين فكرة حقيقية وواقعية بعيدة عن تدخّل الأيديولوجيا والسياسة في تحديد موقفه منها ومن أصحابها، بل إنها تشدّ انتباهه وتوجهه إلى مسارات مختلفة واستراتيجيات فكرية وثقافية متعددة، فتصبح «كالمفاتيح المتدلية في سقف الكلام يهتدي بها السائر في مسالك القول ومهالكه، يبدد بها ظلمة المعنى، ويعري بها دروب الفهم والتأويل، وهي أيضاً كالمفاتيح المعلقة على جدار النص تنفك بها مغاليق الدلالة، وتنحل بها عقد الخطاب»[19].

إن المقصدية التواصلية لدى المؤلف في الرواية تتجلى في تحديد أهم المسارات التي يمكنها أن تدفع القارئ إلى فهم الدلالات والمعاني المستدعاة، حيث يهدف من خلال ذلك إلى أن يحقق نوعاً

من الاستقرار الذهني والفكري لديه ليواصل عملية القراءة حتى آخر نقطة في النص، ويتمكن من حلّ جميع شفراته، وخاصة تلك الأفكار والمواقف والرؤى والمقاصد التي يحملها المؤلف ويحاول تصويرها من خلال شخصيات الرواية ككل، لأنها هي المسؤولة بالدرجة الأولى عن عرضها والتحكم فيها في أثناء سيرورة عملية السرد.

يعود منسي كسارد في الرواية إلى طفولته، وبالضبط إلى أيام الدراسة، ليحكيَ عن معاناته منذ صغره في مجتمع يعتبره غريباً ودخيلاً عليه، ووافداً يصعب الاعتراف بوطنيته المتجذرة مهما حصل ومهما قدّم من تضحيات تجاهه. هنا يستحضر ذكرياته وما اختزنته ذاكرته من أحداث ووقائع ومشاعر تجاه الكويت وأهلها، حيث يسرد كل الأحداث المهمة في تاريخ الوطن، معتبراً نفسه منه رغماً عنه، لأنه لا يعرف له وطناً آخر غيره. فمنذ ولادته وهو لا يعرف غير الكويت بلداً ووطناً يحبه وينتمي إليه بكل جوارحه، فكيف يحرمونه من وطنيته ويعتبرون أن الانتماء لا يتمّ ولا يكتمل إلا بوثيقة ثبوتية من الجهات الرسمية، الوطن أكبر من تلك الوثيقة، بل أكبر من تلك القرارات التي يمكن للمسؤولين اتخاذها في حق مواطن حقيقي، إن الوطن بالنسبة إلى منسي هو ذلك الشعور النفسي الذي يمنحه الأمان والسلام الداخلي والشعور بالوجود؛ يقول السارد: «تقولها تغني بها معها زاد عدد الكويتيين الذين لا يبالون أو من الذين أسهموا عنوة، أو عن سابق تصميم بتكريس معاناتنا، جعلوها مزنة لتبدو وكأنها مستعصية الحل، هناك كويتيون يحلقون خارج السرب يعاملونك بصفتك مواطناً، بصرف النظر عن أوراق ثبوتية قيد قرارات رسمية.

الإنسان موقف تؤكده مبادرة لا تراوح عند مشارف إبداء تعاطف أو مشاركة وجدانية»[20].

وتتجلى مقصدية المؤلف في استحضار شخصيات كل من القاضي صلاح الفهد ومبارك سويد وسليمان الياسين في مدى شعوره بمدى عدالة قضية منسي ابن أبيه، ومدى انخراط النخب المثقفة في الكويت في دعمه ومساندته ومساعدته في إنقاذ نفسه من السجن، بل وانخراطه القوي في المقاومة الوطنية ضد الاحتلال العراقي الظالم، ومساندته القوية في مواجهة صهره سعود الذي أذاقه العذاب والمرارة لكي يطلق أخته عهود أم ابنته الوحيدة زينب؛ وفي هذا يقول: «قصدناكَ لهنا من أجل حسم مسألة تطليق السيدة عهود أخت الدكتور سعود. لم أتأخر إجابتي. الزواج وكذلك الطلاق كلاهما مرهون بالسيدة عهود. تجسدت حيرة المحامي على وجهه لحظة رفع سعود صوته غاضباً. اسمعْ يا البِدون أنتَ حقير وعهود حقيرة مثلك»[21]. ومن هنا، نخلص إلى أن إسماعيل فهد إسماعيل لم يلجأ إلى هؤلاء الشخصيات لمساندة منسي اعتباطاً، أو لمجرد دعم روايته بشخصيات فنية وسياسية وقضائية، بل استحضرها لأن القضية المعالجة فيها تستحق أن يكون وراءها نخب فاعلة في المجتمع، وقادرة على إحداث تغيير على المستوى الفكري والسياسي، ولم تكن على مستوى اتخاذ القرار.

يمكننا القول إن قضية منسي ابن أبيه هي القضية الأساسية التي تشكل الإطار العام للرواية، وعلى الرغم من أنها تتضمن العديد من القضايا الثانوية الأخرى، وأهمها الاستعمار العراقي، فقضية البِدون تؤسس بالدرجة الأولى النسق العام الذي ينظم عملية السرد في

الرواية، وتمثّل نوعاً من الركائز الأساسية للنص؛ نظراً لأنها تحدد ماهية السارد والصوت المهم داخله، وهو صوت منسي الذي يمثل فئة البِدون أفضل تمثيل. فالمؤلف لا يكتفي بإخبار قارئه بحالة منسي وأحوال فئته الاجتماعية السياسية والاقتصادية والثقافية، بل يجعل منها وسيلة أساسية لتمرير مجموعة من الأفكار والمعارف الغائبة عن القارئ الكويتي، والعربي عموماً. وهذا ما يجعل القارئ يرتبط ببعض الأحداث والوقائع المسرودة، والتي تبدو قريبة إلى الواقع الحقيقي، وكأنه أمام خطاب يقيني يكشف عن المواقف الذاتية للمؤلف نفسه.

يدل الخطاب الروائي في النص على صدقية المؤلف، وعلى ما يقدمه لقارئه من معرفة وأفكار حول قضية البِدون، أو على الأقل يقدم صيغة واقعية من التصديق للأحداث والوقائع. فالمؤلف يقدم لنا المعرفة وأحياناً يذيلها بما يثبت أفكاره ومواقفه حول القضية من خلال ما يسرده السارد، وهذا ما يؤكد اقتناعه بعدالة القضية التي يناقشها في الرواية، وعلى الرغم من وجود بعض الأفكار الثانوية التي تؤطر القضية الأساسية، فإنه يراهن على ذكاء القارئ ليتأمل ما يقدم له من معرفة وأفكار بطريقته الخاصة، وبما يؤمن به من أفكار ومواقف تجاه قضايا وطنه وأمته ومجتمعه. فالقارئ المتلقي للنص هو المعني الأول والأخير به وبما جاء فيه من أفكار ومعرفة وفق اجتهاداته الممكنة والخاصة في التأويل والتحليل.

4 - التخييل والتوثيق التاريخي للأحداث:

إن أول ما يتبادر إلى ذهن قارئ رواية «في حضرة العنقاء والخل

الوفي»، هو تلك الإحالات المرجعية على أحداث ووقائع تاريخية في حقبة مهمة من تاريخ الكويت، حقبة الاحتلال والغزو العراقي في تسعينيات القرن العشرين، حيث قام المؤلف بالتصريح المباشر بأسماء الأمكنة والفضاءات والأشخاص التي لها علاقة مباشرة بالغزو، على الرغم من انزياحه في بعض الأحيان إلى التخييل في استحضار بعض الأحداث الثانوية التي لها علاقة بما حدث في أثناء الغزو من تفاعل وتأثر داخل النفس الوطنية لدى المواطن الكويتي تجاه الغزو الظالم.

لقد عمد الروائي إسماعيل فهد إسماعيل إلى التصريح في الكثير من الأحداث في أثناء عملية السرد، التي تضمنت أخباراً ومعلومات تؤكد الحقيقة التاريخية، مراعاة للتوثيق التاريخي للأحداث التي وقعت في حقبة من تاريخ الكويت، والتي لا يمكن نسيانها أو تجاهلها؛ نظراً لما خلفته من آثار سلبية ومن مشاعر داخلية عصفت بمناخ الثقة في الجار الشقيق الذي يجب عليه أن يدفع إلى حسن الجوار والمساهمة في استقرار جيرانه وأشقائه، حيث ترك الغزو آثاراً سلبية على المواطن، لأنه شعر بالظلم وهو يعيش استباحة لوطنه وأرضه وعدواناً لا شرعية له إلا ما تحمله النفس المتسلطة والمتجبرة من حقد وكره وحسد وبغض، يقول السارد على لسان حبيبته عهود: «استباحوا الكويت يا منسي. أجهشتْ باكية، أوشكتُ أجهش أيضاً، حوطتُ كتفها. العالم من أقصاه يقف مع الحق الكويتي. لم تنبسْ. الكويت تعود حتماً مثلما كانت. نفوس الناس لن تعود مثلما كانت»[22].

يعمق الروائي موسوعة القارئ التاريخية حول الغزو العراقي

للكويت، حيث يحيل مباشرة إلى أسماء معروفة وأخرى متخيلة تسهم في رسم الأحداث السياسية والتاريخية للمقاومة الكويتية، لأن التأريخ بالنسبة إليه هنا ليس هو مجرد التأريخ للوقائع والأحداث كما هي وكما وقعت دون تدخّل منه لإجبار القارئ على تمثّل الحقيقة من خلال استحضاره لوقائع ثانوية تتعلق بالعلاقات الاجتماعية، والتي يمكن أن تحصل بين الشخصيات الواقعية والمتخيلة، نظراً لأهمية الأحداث المسرودة، سواء كانت حقيقية، أو كانت متخيلة. فعلاقة منسي، الصحفي الذي يناضل من أجل الحصول على الجنسية قبل الغزو وبعده، بالمقاومة الكويتية كانت علاقة وثيقة ومنتجة، سواء من خلال ما كان يسهم به من برامج إذاعية، أو من خلال كتاباته الصحفية حول الأحداث التي وقعت في أثناء الاحتلال، وكأننا بالمؤلف وهو يستحضر شخصية منسي يؤكد أن فئة البِدون الوافدين كانت إلى جانب الحق، ولم تنجر إلى إغراءات المحتل ووعوده الزائفة والكاذبة التي كان يروّجها. يقول السارد: «الكويت منذ ساعات تتعرض لاجتياح عسكري ضارٍ، جيوش النظام العراقي اجتاحتْ الحدود، أكملت السيطرة على المناطق الشمالية، دخلت وسط البلد، إحدى فرقها المؤللة تحاصر قصر دسمان، حيث يسكن أمير البلاد، القصر يتعرض لقصف عنيف، احتلوا مبنى وزارة الإعلام في شارع السور، فرقة أخرى حاصرت مطار الكويت الدولي، نبيل يسكن منطقة الشعب البحري، ها هو من نافذة في شقته يرى إحدى كتائب جيشهم تحاصر قصر الشعب سكن ولي العهد رئيس الوزراء، المعتدون يستهدفون القيادات الكويتية العليا»[23].

إن ما دفع الروائي إلى عدم إخبار القارئ بهوية شخصية نبيل هو

اعتماده على تخيّل شخصيته، لأنه يدرك مدى حقيقة وجود مثل هذه الشخصيات في أثناء الغزو وانتشار الجيش المحتل في الشوارع، وقيامه بالفظائع في حق المواطن الكويتي حقداً وكرهاً له، بل إنه يعتقد أن هذه الشخصية في الأساس موجودة، قد تكون من معارفه، أو قد تكون من الشخصيات التي ورد اسمها في الصحافة الكويتية، وهي تكتب عن يوميات الغزو وعن فظائعه. وفي هذا، يمكن القول إننا أمام حقيقة تاريخية من شأنها الاستدلال على أن الروائي من خلال سارده يدرك أهمية مثل هذه الوقائع وضرورة استحضارها لإيصال معلومات ومعرفة للقارئ تؤكد واقعية الأحداث ومدى تأثيرها في المواطن آنذاك وما زالت آثارها قائمة إلى يومنا هذا. وكأننا هنا بالروائي يحاول إيهام القارئ بأن بعض شخصيات الرواية تم استحضارها لتأثيث الأحداث التاريخية والسياسية التي مرت بها البلاد في أثناء الغزو، مؤكداً أهميتها في المساهمة بشكل أو بآخر في تعزيز المواطنة الحقة والمقاومة الشريفة للمحتل وإخراجه من البلاد مهزوماً مدحوراً.

إن ما يؤكد للقارئ أن السارد، وهو يحكي بسلاسة ما يتذكره من أحداث ووقائع في أثناء الغزو العراقي، أن له علاقة بها، وأن طبيعة المسافة التي تربطه بها هي مسافة قريبة جداً أو مرتبطة بها ارتباطاً وثيقاً، هو تلك الرؤية الواضحة لكل ما يقع من خلاله، وتلك النظرة الشاملة لممارسات المحتل ومدى إيغاله في الظلم في حق المواطن. فللسارد حضور خاص ومهم في خطاب الرواية، حيث يجعل الروائي من صوته صوتاً أساسياً دون الشخصيات الأخرى، باعتباره حسب

بوث Booth، الكاتب الضمني أو الذات الثانية للكاتب نفسه[24] . وفي هذا الصدد يرى عبد الله إبراهيم أن كل هذا يخول للسارد سلطة كبيرة داخل النص، والتي من خلالها يتولى مهمة الإدلاء بكامل تفاصيل عالم التخييل وحيثياته في النص الروائي، سواء من خلال تقديمه للشخصيات الأخرى ووصف ملامحها وسماتها ومميزاتها الفكرية والثقافية والنفسية، أو سرد الوقائع والأحداث المتداخلة والمتوازية، أو القيام بتقديم الخلفية الزمنية والمكانية للشخصيات والأحداث وسبك العناصر المختلفة، وتقديمها إلى القارئ تقديماً واضحاً[25] .

يظهر أن السارد يقدم نوعاً من التعاطف والاعتقاد الثقافي في الوطن وقدرته على تجاوز المحنة، حيث كلما دخل في حوار ذاتي بينه وبين نفسه يؤكد أنه وطنيٌّ غيور محبٌّ للكويت وأهلها على الرغم من معاناته، بل إن حواره مع طرف آخر يجعله في موقف قوي، حيث يشعر محاوره بصدقيته ومصداقيته في تبني الفكر المقاوم ومدى قناعته بإيجابيته وقدرته على دحر الاستعمار وإخراجه؛ يقول السارد: «لم أفهمْ. محطة البث في منطقة بيان، بمعنى أنها لا تبعد عن هنا سوى مئات الأمتار، سماع بثّ الموجة القصيرة يتوضح أكثر فأكثر كلما باعدت عنها، تسمعها بشيء من الوضوح في منطقة الفحيحيل جنوباً، أو منطقة الجهراء شمالاً مع وضوح تام في البلدان البعيدة»[26]؛ خاصة أنه انخرط بشكل قوي في المقاومة ضد الاستعمار، حيث أسهم من جهته بإعداد برنامج إذاعي خاص يتم توجيهه للشعب الكويتي لإبقائه في المواجهة والمقاومة والحفاظ على أواصر الأخوة والتكتل ضد العدو لإخراجه من الوطن ودحره إلى بلده.

هنا يتأكد لنا مدى مصداقية التوثيق التاريخي المعبَّر عنه في الرواية، التوثيق الذي يستحضر أهم الأحداث والوقائع التي أسهمت في إجلاء الاستعمار، وأهم المواقف التي عبّر عنها كل فرد داخل المجتمع الكويتي مع التحديد التفصيلي لبعض السلوكات المرتبطة بالمواقف السياسية، سواء كانت مواقف الوطنيين، أو كانت مواقف الوافدين، وخاصة أولئك الذين عبروا في أكثر من مرة عن وقوفهم إلى جانب المستعمر من بعض الوافدين العرب الذين كانوا يؤمنون بفكر الرئيس العراقي آنذاك الذي يدعي فيه القومية ومحاربة إسرائيل ومحوها من الوجود. يعني أن هذه المواقف السلبية تجاه الكويت الوطن الذي استقبلهم واحتضنهم بعدما لم يجدوا ملاذاً غيرها، لم تكن سوى تعبير حقيقي عن نفسية العربي التائه والضائع بين أيديولوجيات سياسيةٌ تستند إلى المصلحة الخاصة والبعيدة كل البعد عما يسمى القومية والأخوة العربية عند الكثيرين منهم. إن التخييل هنا، يتجلى في اتكاء الروائي على مواقف بعض الفئات الوافدة على الكويت دون تحديد واضح لها، ودون الإعلان عن الأفعال التي قاموا بها لمساندة الاحتلال في ظلمه وطغيانه. استدعاء التخييل كعملية لتوثيق العديد من الأحداث والمواقف يدفع القارئ إلى إعادة النظر في العديد من المسلمات التي عمّرت ذهنياً وثقافياً في فكر الشعوب العربية التي يوجهها الإعلام، ويقودها حسب المصالح الفئوية والشخصية لدى بعض المستبدين في عالمنا العربي.

يحتفي السارد هنا بحياة وإنجازات فئة البِدون من الوافدين على الكويت منذ زمن بعيد، إنجازات وحياة أجيال كاملة من المهاجرين

والوافدين على دول الخليج من العرب وغير العرب، وعلى الكويت بالخصوص، هذه الأجيال التي عملت وتعبت وتألمت في رحلتها الصعبة لتكتسب مواطنتها الكويتية، وتصير جزءاً لا يتجزأ من الشعب الكويتي حقاً. إنه لمن المؤلم أن يكون جزء من هذه الأجيال لا يستطيع أن يعبر عن معاناته إلا عبر عملية الكتابة أو التعبير المجازي والرمزي عن مشاكله وما يشعر به من غبن وظلم، حيث نشعر ونحن نقرأ تلك الحكايات المكتوبة وكأننا في عالم لا ننتمي إليه؛ وعلى الرغم من أن كل ما نقرؤه في الرواية حول منسي وباقي أفراد فئته هو مجرد تخييل من الكاتب نفسه، لكننا نعلم يقيناً أن شبيه منسي موجود بكل التفاصيل المحكية وربما أكثر، لأن واقع البِدون يؤكد ذلك.

تـــركــيـــب:

تبقى أهمية القراءة، قراءة الرواية، بالنسبة إلينا تكمن في كونها رواية جريئة في الطرح، طرح قضية أساسية ومهمة في وعي العديد من الفئات الاجتماعية المكونة للمجتمع الخليجي عامة، والكويتي على وجه الخصوص، قضية تثير العديد من الأفكار والمواقف السياسية والاجتماعية لدى فئة الوافدين على البلاد. فالمؤلف (إسماعيل فهد إسماعيل) هنا يدرك أهمية هذه القضية بالنسبة إلى العديد من الناس داخل وطنه، فهي تمثل بطريقة أو بأخرى قضية تقض مضجع السلطة الحاكمة، ومن يؤمن بها، وبمدى أهمية تجاوزها وإيجاد حلول مقنعة وحقوقية لها.

يستخلص القارئ من النص العديد من الأفكار والمواقف التي تثير حفيظة النخب الحقوقية والثقافية وحتى السياسية، وخاصة تلك المواقف الرافضة لفئة البِدون والنظرة الدونية تجاهها، بل تلك الأفكار المؤطرة بعناوين سياسية وأيديولوجية تحتقر هذه الفئة، وتعتبرها مصدراً لكل المشاكل التي يعيشها الوطن، بل إن بعضاً منهم من يعتبر أن الاحتلال وغزوه للبلاد قد وقع بسببهم، أو أنهم نذير شؤم، وما إلى ذلك من المظالم التي لحقت بهم. إن قراءة الرواية تعطينا الإشارة بأن فئة البِدون كانت وما زالت أمام تحدٍّ كبير من مواجهة الأخبار والأحداث والوقائع والمواقف التي قدمها الروائي بكل أمانة، وفي إطار من الترتيب والتوضيح أسهم في استيعابها جيداً، وبالتالي ضحْد كل فكرة تقف حجر عثرة أمام تحقيق غايتهم الأساسية في الحصول على الجنسية الكويتية، والاعتراف بوجودهم وبأحقيتهم في المواطنة الكاملة.

هوامش الفصل الرابع:

1 – Astrid Erll, Mémoire collective et cultures du souvenir: une introduction, Stuttgart/ Weimar: J. B. Metzler, 2005, P. 190 – 192.

2 – يـان أسـمان، الذاكـرة الحضاريـة: الكتابة والذكـرى والهوية السياسـية في الحضارات الكبرى الأولى، ترجمة: عبد الحليم عبد الغني رجب، المجلس الأعلى للثقافـة، القاهـرة، ط 1، 2003م. وانظـر أيضاً: جاك لوغـوف، التاريخ والذاكرة، ترجمة: جمال شـحيد، سلسلة ترجمان، الدوحة/ بيروت، المركز العربي للأبحاث ودراسة السياسات، 2017م.

3 – إيهاب محمود الحضري، «إسـماعيل فهد إسماعيل: المثقف النبيل أبو الرواية الكويتيـة»، صحيفة العيـن الإخبارية، بتاريخ: 25 سـبتمبر 2019م، رابط المقال: https://al – ain.com/article/arabic – novel – literature – ismail – fahd – ismail.

4 – انظر: (تقديم: سـعدية مفرح)، إسماعيل فهد إسـماعيل، في حضرة العنقاء والخـل الوفي، رواية، الدار العربية للعلوم ناشـرون، بيروت، ط 1، 2013م، ص 6 – 7.

5 – إسماعيل فهد إسماعيل، في حضرة العنقاء والخل الوفي، رواية، الدار العربية للعلوم ناشرون، بيروت، ط 1، 2013م، ص 10 – 11.

6 – بـول ريكـور، الذاكرة، التاريخ والنسـيان، ترجمة جـورج زيناتي، المرجع السابق، ص 81.

7 – إسماعيل فهد إسماعيل، في حضرة العنقاء والخل الوفي، ص 12.

8 – علي السعيدي، «الفكر بين التبسيط والتعقيد»، مجلة نزوى، عمان، العدد 84، أكتوبر 2015م، ص 257.

9 – إسماعيل فهد إسماعيل، في حضرة العنقاء والخل الوفي، ص 48.

10 – المصدر السابق، ص 74.

11 – إدجار موران، الفكر والمستقبل: مدخل إلــى الفكر المركب، ترجمة: أحمد القصـــوار ومنير الحجوجي، دار توبقال للنشـــر والتوزيع، الـدار البيضاء، ط 1، 2004م، ص 19.

12 – إسماعيل فهد إسماعيل، المصدر السابق، ص 230.

13 – إسماعيل فهد إسماعيل، المصدر السابق، ص 287.

14 – إسماعيل فهد إسماعيل، المصدر السابق، ص 292.

15 – المصدر السابق، ص 114.

16 – المصدر السابق، ص 167.

17 – إسماعيل فهد إسماعيل، المصدر السابق، ص 184.

18 – إسماعيل فهد إسماعيل، المصدر السابق، ص 206 – 207.

19   عبــد المجيد بــن بحري، «قراءة في عتبات النــص النقدي: بحث في بلاغة التصدير، محنة الشــعر لنزار شقرون أنموذجاً»، مجلة الحياة الثقافية، تصدر عن وزارة الثقافة التونسية، تونس، العدد 168، 2005م، ص 143.

20 – إسماعيل فهد إسماعيل، المصدر السابق، ص 15.

21 – المصدر السابق، ص 147.

22 – إسماعيل فهد إسماعيل، المصدر السابق، ص 191.

23 – المصدر السابق، ص 176 – 177.

24 – R. Barthes, W. kayser, W .C. Booth, Ph. Hamon, Poétique du récit, Editions du Seuil, 1977, P. 93.

25 – عبــد الله إبراهيــم، المتخيل السـردي: مقاربات نقدية فــي التناص والرؤى والدلالة، المركز الثقافي العربي، الدار البيضاء، ط 1، 1990م، ص 117.

26 – إسماعيل فهد إسماعيل، المصدر السابق، ص 294.

الذاكرة الثقافية ومقصدية السارد في رواية «الحي الخطير» للروائي محمد بنميلود

إن الكتابة عن الذاكرة الثقافية لشعب ما كالشعب المغربي، ليست بالأمر الهين ولا بالكتابة السهلة واليسيرة بالنسبة إلى كاتب يمارس التعبير بالوقائع والأحداث اليومية وتسجيلها بأسلوب شعري وسردي جميل، وبلغة ملؤها التصريح والترميز معاً. فكتابة الذاكرة عند الكاتب المغربي عموماً تنحو هذا الاتجاه في أكثر من عمل روائي بالدرجة الأولى، خاصة مع رواد الإبداع الروائي المغربي مثل عبد الكريم غلاب ومبارك ربيع وبنسالم حميش والميلودي شغموم... وغيرهم الذين كانوا يحاولون عدم الانجرار نحو البوح الصريح عن المشاعر والمواقف السياسية والفكرية؛ في حين مع الجيل الذي أتى بعدهم، وخاصة جيل التسعينيات والألفية الجديدة اختار ألا يمارس التقية في التعبير الأدبي، وأن ينخرط كلياً في إخراج المشاعر الفردية والجماعية والرفع من مستوى التعبير عن المشاعر والمواقف تجاه القضايا الوطنية اجتماعياً وثقافياً ودينياً واقتصادياً، نظراً لأن هذا الجيل عاش شكلاً جديداً من الحرية، واستطاع أن يفرض نوعاً من الوجود الأدبي في كتاباته على الرغم من التضييق والمواجهة التي تعرض لها وما زال يتعرض لها، سواء بشكل مباشر أو غير مباشر.

إن قراءة متأنية في المنجز الروائي المغربي، خلال العقدين

الأخيرين من القرن الواحد والعشرين، تدفعنا إلى القول إن هذا المنجز قد تجاوز بكثير ما كتبه الرواد في مجال الرواية، واستعاد بريق الرواية المغربية من جديد بعد أن عرفت غياباً، أو شبه غياب في العقد الأخير من القرن العشرين. هذا المنجز الجديد، والذي نجد من رواده العديد من الكتّاب المتميزين الذين استطاعوا أن يحققوا للرواية المغربية مكانتها في العالم العربي، ونالوا جوائز على ذلك مثل: عبد الكريم جويطي، وطارق بكاري، ومحسن أخريف، وإبراهيم الحجري، وحسن أوريد، ومحمد بنميلود،... وغيرهم؛ بدأت تظهر بوادر الاهتمام به عربياً وعالمياً، سواء من خلال ترجمته إلى لغات عالمية، أو من خلال استدعاء روائيين للمساهمة في ملتقيات دولية وندوات أدبية ومحاضرات جامعية هنا وهناك.

تركز الرواية المغربية المعاصرة على مواقف متباينة من الواقع الاجتماعي وحقائقه المختلفة، ومدى تعدد المواقف الإنسانية الفردية منها والجماعية. هذه المواقف المتباينة، تتراوح بين الإحساس الذي يتميز به الروائي نفسه، وبين ما يعيشه من مواقف مع باقي أفراد مجتمعه، مما يدفعه إلى التعبير عنها سردياً دون تفكير في ردود الفعل التي يمكنها أن تبرز إلى العلن بعد قراءة إنتاجاته السردية الروائية. ومن هنا، يتأكد لنا أن الروائي المغربي المعاصر يغامر في عملية الكتابة، ويندفع دون خوف أو تردد في التعبير عن مشاعره تجاه القضايا الوطنية التاريخية التي تستند إلى الذاكرة، وتتسم بعمق تاريخي وشخصيات تراثية تقليدية تركت بصماتها في التاريخ الوطني.

ولقد لعبت الرواية المغربية المعاصرة دورها التوثيقي للأحداث

التاريخية القريبة والبعيدة في الماضي، من خلال تكريس وعي معين لدى القارئ، بهدف توجيه رأيه تجاه الأفكار والأشياء والقضايا المطروحة. إن التوثيق للحدث التاريخي سواء كان توثيقاً بالفكرة، أو بالحدث يستمد شرعيته في النص الروائي انطلاقاً من تحقق وجوده في الواقع، أو من خلال تحققه متخيلاً وممكن الحدوث في الواقع. أما الأسطوري والغرائبي فهو مرتبط بمدى صدقية الروائي في حصول الاعتقاد به عند المجتمع وتكريسهم له في الواقع من خلال الإيمان بوجوده وتخيله في أذهانهم، وكذلك عندما يتلقاها القارئ بتجاربه ومشاعره فيبدأ في تفكيك الصورة المقترحة من طرف الروائي، حيث يعمل على إعادة بنائها ومزجها بما يريد من معانٍ ودلالات.

لا تخلو رواية مغربية من كتابة الذاكرة الفردية أو الجماعية؛ لأن هذا النوع من الكتابة يدفع القارئ إلى إعادة قراءة تاريخ مجتمعه القريب والبعيد، واستيعاب العديد من المرتكزات التي تؤسس لهذا التاريخ على المستوى السياسي والثقافي؛ نظراً لأن التاريخ بمثل شكلاً من الهوية لدى المغربي على الخصوص ويقدم له شكلاً جديداً من القراءة التاريخية للأحداث على شكل نصوص سردية تخييلية ملؤها الوقائع والأحداث المثيرة والمفعمة بالمواقف الإنسانية والاجتماعية التي عرفها التاريخ المغربي منذ قرون.

إن فعل الكتابة الروائية الذي يرتكز على الذاكرة بالأساس، يتحول من فعل سردي يعتمد السرد المتواتر والوصف إلى فعل سردي مفعم بالمعرفة والفكر والثقافة المرتبطة ارتباطاً قوياً بمدى وعي الروائي بما يكتبه أولاً، وبمدى قدرته على الاسترجاع، استرجاع الأحداث

والأفكار والأشياء والشخصيات. وليس صعباً على روائي وشاعر كمحمد بنميلود أن يفعل ذلك، لأنه كاتب ذاكرة بامتياز، ذاكرة الفضاء والمكان والزمان، ذاكرة الناس البسطاء والفقراء والمظلومين، ذاكرة الشعب الثقافية والفكرية التواقة إلى الحرية والكرامة الإنسانية والتعبير عن الذات والحاجة والمعتقد. ذاكرة الإيمان بالذات والوجود في عالم يصادر حق الوجود علانية باسم عناوين مختلفة وتحت شعارات زائفة.

يعبر الروائي محمد بنميلود، من خلال رواية «الحي الخطير»[1]، عن هوية مغربية غير متحولة بفعل الاختراقات الثقافية والفكرية والاقتصادية التي تمارسها قوىً داخلية وخارجية. يعبر عن هوية الإنسان المغربي الحقيقي الذي يخضع لشروط الوطنية الحقيقية وشروط التجربة الاجتماعية المرتبطة بالثقافة الشعبية البسيطة التي تكونت في فضاءات متداخلة تمدنا بالثقافة الرمزية والتصور الواعي للمجتمع المغربي المنتشر في الأحياء الهامشية والفقيرة الشعبية الغارقة في المشاكل الاقتصادية والاجتماعية ولكنها لا تفرط في ارتباطها الهوياتي والقومي والإنساني. إنه كاتب يعي وعياً كبيراً بمدى قدرة الذاكرة الفردية والجماعية على إعادة بناء الوعي الثقافي في المجتمع ونقد السياسات والقرارات المجحفة في حق الشعب البسيط، وقدرتها على إحالة الظلم على التاريخ وتسجيله وحفظه أدبياً ليكون شاهداً على مرحلة تاريخية من تاريخ الوطن، وعلى حقبة زمنية تركت هامشاً كبيراً من الظلم والتسلط على فئات مهمة من الشعب المغربي.

1 – البناء السردي في الرواية:

تتنبني رواية «الحي الخطير» للروائي المغربي محمد بنميلود على استرجاع أساسي لفصول حياتية مرتبطة بمراحل عمرية عاشها السارد في طفولته وشبابه، حيث تشتغل الذاكرة بطريقة مختلفة ومغايرة فتستمد قدرتها على الاستذكار والتذكر من عفويتها وبساطتها وسلامتها من التعرض إلى النسيان أو المرض أو الشيخوخة والعجز. لتلعب الذاكرة بذلك دوراً أساسياً في الرواية، وتحدد أهم المراحل والمسارات السردية المتواصلة بلا انقطاع. إنها رواية تحكي بنهم وبقدرة على الإبهار موجهة أعين القارئ المتلقي إلى إمكانات متعددة لتأويلها والدخول إلى عوالمها الحكائية والسردية والتخييلية والخطابية لحمله بعيداً عن التأويل السطحي الذي لا يقدم شيئاً سوى بعض التحليلات البسيطة والأفقية التي لا تسعف في الوصول إلى الفكرة الأصيلة التي يرغب المؤلف في إيصالها إلى قارئه.

إن محمد بنميلود ككاتب جريء يفضح بأسلوبه الأدبي المختلف، أسرار الحيّ الشعبي من خلال الوقوف على العديد من الفوارق الطبقيّة بين الأغنياء الذين يجهلون واقع الأحياء الفقيرة، ولا يعرفون ما يقع فيها أو ما يحصل فيها للسكان البسطاء والمستضعفين، «ولا يعترفون بوجودها أصلاً، وبين الفقراء المحرومين المهمّشين الذين حُكم عليهم بعيش حياة اللصوص والمهرّبين والقتلة لمجرّد أنّهم ولدوا في هذه البقعة الجغرافيّة من المدينة. وهنا بالتحدّيد عقدة الرواية والحيّ وحياة الراوي عموماً: هل من مهرب من هذا الحيّ؟ من هذه اللعنة؟ من هذا الجحيم؟ الجميع يقتل ويسرق ويحرق ويؤذي، الجميع

غارق في مؤامرات الحشيش والسكر وأكواخ القوّادات، إنّما هل من سبيل إلى الهرب؟ إلى الخروج؟... الرواية بأسرها محاولة هرب من هذا الحيّ، من السجن، من الحكم بالموت داخل هذه النار المستعرة. سماء الحيّ نفسها تصبح سماء «دامية» لأهلها والساكنين تحتها، فكيف الهرب؟»[2].

إن الرواية مليئة بمشاعر الغضب والحقد الدفين على الدولة ورجالاتها، ومفعمة برؤية نقدية لكل أوجه الظلم والخراب والفساد الاجتماعي والاقتصادي والتسلط والاستبداد السياسي. فلا فرق عند الروائي بين العصابات التي تنتشر بالأحياء الفقيرة والشعبية في المدن، وبين عصابات الدولة المتمثلة في بعض رجال السياسة والاقتصاد والسلطة الذين يستغلون مناصبهم لطحن الفقراء وإقبار أحلامهم وطموحاتهم البسيطة في الحياة. كما يصر السارد في النص على تأجيج نوع من الحقد والحنق على النظام والقانون والعدالة الغائبة، والتي يعانيها؛ لأنها لم تنصفه، حيث وضعته في زنزانة عفنة عانى فيها كل أنواع المعاناة، يقول في ذلك: «بل أكثر من ذلك إني مستعد لتكرار كل شيء من البداية برعب مضاعف وإصرار أكبر على الجريمة، كما أني قد بدأت أيضاً في التخطيط للهروب من السجن، من قبضة هذه العدالة التي لا يطبقونها إلا عليّ وعلى أمثالي من الحثالة»[3].

وما يثير القارئ هو لغة الرواية التي وظفها الروائي في النص، حيث نجدها لغة مختلفة عن لغة العديد من الروائيين، وإن كانت تتقاطع مع لغة بعضهم، خاصة تلك اللغة الروائية التي تستمد معجمها من الرصيد الثقافي الشعبي، والذي نجد له حضوراً عند العديد من

الكتّاب المغاربة وحتى المشارقة بشكل أو بآخر. فلغة الرواية لغة مباشرة إلى أقصى الحدود، لكنها لغة واقعية تنهل من الثقافة الشعبية والواقع الاجتماعي الذي يعيشه الفرد في الأحياء الشعبية العربية عموماً، والمغربية خصوصاً، وهذا إن دل على شيء إنما يدل على أن الروائي قد خبِر هذا الواقع وتفاعل معه، بل عاش تجربةً ما داخله، وإلا فإنه يصعب على كاتب لم يعش مثل هذه الأوضاع التي حكى عنها في الرواية، أو على الأقل وجد من يسرد له ويحكي عنها بتفصيل ممل، أن يكتب نصاً كهذا. إن الرواية كفعل لغوي غير مباشر ومتعدد يفترض في المتلقي أن يقوم بعمل نقدي وتأويلي انحرافي وانزياحي من أجل إدراك المعنى الخفي الذي يريد الوصول إليه. إن بنسيلود كمبدع، شاعر وروائي، يحترس وهو يكتب نصوصه الروائية من أن تخونه نصوصه وتتحرر من مقصديته الإخبارية والتواصلية معاً، لأنه يكتب بوازع فكري وسياسي.

وبفضل النشاط الذي تقوم به الذاكرة في الرواية، وهو نشاط يتم بطريقة التعالي والتجاوز في أحيان كثيرة، حيث يصبح السارد هو بطل الملحمة، من حيث كونه بطلاً متخيلاً من طرف الروائي يمنحه سلطة السرد والتحكم فيه بكل أريحية دون تدخل منه، ومن حيث كونه أيضاً شخصية متفاعلة بقوة في الأحداث الروائية ومبدعاً للعديد من الوقائع والأحداث المثيرة. فبواسطته تتم عملية بناء الذاكرة من خلال استحضاره كل التفاصيل والأفعال الأساسية، والتي تتمكن من رسم ملامح الفضاء الروائي، حيث يباشر طقوسه الثقافية والفكرية المعبرة عن إنسانيته وآدميته. إن السارد يؤكد سيطرته القوية على مجريات

الأحداث وإعادة صياغتها اعتماداً على ذاكرته القوية والمخزنة لكمّ كبير من المعلومات والأفكار والمعارف والشخصيات، حيث تستعيد كل شيء وترتبه في لغة ساخرة أحياناً، وفي لغة مباشرة بسيطة أحياناً أخرى، مما جعلها تنجح في بناء نفسية مختلفة عن نفسيات الشخصيات الروائية الأخرى من خلال تألقها في السرد ومشاركتها الأفعال والمواقف والتعبير.

هناك حنين واضح، بعد قراءة الرواية، نشعر به لدى السارد، ومن خلاله لدى الروائي تجاه مكانه الأصلي، أو على الأقل إلى المكان المعبر عنه روائياً، سواء كان هذا الحي الخطير هو المكان الأصلي لديه والذي عاش فيه طفولته، أو كان يمثل بالنسبة إليه مرجعاً ثقافياً أو رمزياً يعبر عن قناعاته الفكرية أو السياسية. لكن يبرز لنا من خلال القراءة أن هناك نوعاً من الألفة أو الحنين والارتباط بالحي، سواء من خلال تعبير الروائي عن الحي بكل فضاءاته المتعددة، أو من خلال استحضاره للشخصيات التي تعيش في مثل هذا الحي في المجتمع المغربي. لم تستطع الذات الساردة أن تنسى ما علق بها في الزمن الماضي، سواء ذلك الذي ظلّ عالقاً في الذاكرة، أو ذلك الذي ما زالت تعيشه في واقعها الحياتي، والتي تتعلق بكل ما هو ثقافي وسياسي واجتماعي. وهو الشيء الذي خلق لديها اضطراباً داخلياً ونفسياً أيقظ الذاكرة من جديد لاسترجاع وتذكر المعاناة السابقة بشكل يثير القلق والتوتر والاضطراب النفسي.

يعتبر الصراع الداخلي لدى الشخصيات في الرواية المغربية القيمة الأشد توتراً واستدعاء من طرف الروائيين المعاصرين، حيث تتجلى

رؤيا الروائي وتجربته في الحياة وعلاقاته الاجتماعية ومُشاهداته اليومية التي تعتبر بمثابة أداة إمتاع ومؤانسة لدى القارئ المغربي والعربي معاً. ويتميز هذا الصراع في الأعمال السردية المغربية، والرواية خاصة، من حيث إن لها طولاً واضحاً، وزوايا نظر متعددة لتأويل الأشياء والأفكار والمواقف، لكن تجربة هذا الصراع الداخلي وطبيعته، وإن كانت منطلقاً لسرد الأحداث وتقوية عناصر الرواية الأخرى، فإننا نرى أن هناك ازدياداً عميقاً وغياباً بارزاً للأمر حسب كل تجربة إبداعية. ومن خلال قراءتنا للرواية التي بين أيدينا يظهر لنا أن هذا الصراع الداخلي لدى الروائي ومن خلاله لدى السارد والشخصيات الأخرى المتفاعلة في النص الروائي، حيث يتناغم الوعي والإدراك التخيلي للروائي مع الأحداث الواقعية، وبالتالي تتعمق إشكالات التلقي لدى القارئ وحدوده من أجل إقناع القارئ وإبراز ممكنات عيش الصراع وفهمه.

وعموماً، يمكن القول إن الرواية لم تعتمد في بنائها السردي خطاً مستقيماً في عملية السرد، بقدر ما التجأ الكاتب فيها إلى إحداث نوع من الفوضوية والارتجالية، لأنه يعرف أن مثل هذه المواضيع لا ينبغي معالجتها روائياً بطريقة تقليدية في الكتابة الروائية، وإنما يجب الخروج عن المألوف والبعد ما أمكن عن المباشرة في عملية السرد، وبالتالي الظهور بوجه جديد وبأسلوب روائي مختلف.

2 – الذاكرة الطفولية ومقصدية السارد:

يستند السارد إلى الذاكرة الموغلة في الماضي المتعلقة بطفولته

ومراحل مهمة منها ومن شبابه الضائع والمتورط في حياة الإجرام والمعاناة والانتماء الضيق إلى المكان والعيش في جلباب الأب الغائب عن حياته، لاستحضار بعض الأحداث الاجتماعية التي أشعرته بالقوة والفتوة والشباب الطائش القادر على وضع قدم في عالم خطير على الطفل والشاب الذي لم يجد في حياته من يربيه تربية حسنة، وينقذ طفولته من براثن الجريمة والضياع في الأحياء والشوارع ومصاحبة الأشرار في ظل غياب الأب الدائم، وانشغال الأم بتحقيق لقمة العيش بطرق غير مشروعة. وبالتالي فالمدينة من خلال الحي الشعبي المتفتت والمنحل أخلاقياً، تغرق في الجرائم والدعارة والحزن اليومي والمعاناة بأشكالها المختلفة، حيث يمكن استحضار بعض الوقائع التي تعرض لها سكان الحي وكل من يدخل من شبابه عالم الجريمة، يقول السارد:

«في الماضي كانت حربي ضد أبناء حيي من أفراد العصابات، أو بالأحرى كانت حرباً مفروضة عليّ، ليس من أجل الانتصار أو تحقيق شيء، بل فقط من أجل الدفاع عن نفسي، ففي كل الأحوال حين تجد نفسك متورطاً عليك شحذ سكين كبيرة وإخفاؤها داخل حزام سروالك. عجزة الحي الحكماء يسمون ذلك إما قاتلاً أو مقتولاً»[4].

يقدم السارد في الرواية العديد من الأحداث التي عاشها في طفولته وشبابه، وكأنه يشعر بالحنين إليها على الرغم من تلك المعاناة التي عاشها إبانها، هذا السرد الغني بعبارات صادمة في العديد من الأحيان، يستحضرها السارد بعفوية مطلقة، وذلك من خلال سياقات مختلفة ومتنوعة، حيث يقوم السارد باستخدام مثيرات خارجية تدفعه إلى التعبير عن هذه الوقائع وإغناء الحكاية، كل هذا يسهم في التعبير

الرمزي عن مجموعة من المؤشرات التلفظية، باعتبارها تسهم في بناء الذاكرة من الداخل، يقول السارد: «بعد أن اختطفوا خالي الذي لا أتذكر ملامحه جيداً، سوى أني أتذكر مروره من باحة الكوخ إلى الباب كهالة مرة واحدة فقط أو مرتين. كل ما علق بذهني هو قميصه اللاصق على جسده النحيل وقصة شعره الكثيفة الشعثاء الشبيهة بقصات شباب السبعينيات. كنت صغيراً جداً حينها على فهم ما يحدث، وربما لم أره قط في حقيقة الأمر، بل خيالي فقط هو الذي خلق عبوره ذاك مرة أو مرتين من أمامي، بل كل ما عرفته عنه ورأيته لاحقاً هو ما حكته أمي باستمرار طيلة سنوات عنه، وصورة وحيدة له بالأبيض والأسود ما برحت حِجْرها وثيابها يظهر فيها بقميص لاصق على جسده النحيل وقصة شعر كثيفة شعثاء شبيهة بقصات فرقة ناس الغيوان الغنائية»[5]. يحاول السارد هنا أن يقدم للمسرود له (القارئ) أحداثاً معينة تقنعه اعتماداً على ذاكرته، بل إنه يحاول أن يقدم نتفاً قليلة من هذه الأحداث التي تسعفه في توجيه التعبير عن مجموعة محددة من الملفوظات السردية السابقة على هذه الملفوظات. فمن خلال تقديمه لهذه الأحداث انطلاقاً من استحضاره لصورة عمه في خياله على الرغم من عدم معرفته له أو تذكر بعض المواقف التي يمكنها أن تكون قد حصلت له معه، يكون السارد قد قدم كمية مهمة من الأخبار والمعلومات التي يفترض مسبقاً أن القارئ قد عرف عنها شيئاً أو سبق له أن مرَّ بها في قراءاته.

ويظهر من توظيف السارد للذاكرة الطفولية المفعمة بالحيوية، والتي لم يكن استحضارها عبثاً أو مجرد حشو كلامي، وإنما من أجل

الوقوف على أهم الأحداث التي عاشها وتفاعل معها، وهو ينوّع من حضورها على شكل صيغ متعددة من خلال تقديمه لمجموعة من المعلومات التي تلعب وظيفة الإخبار عن أفكار معينة وجديدة، من أجل تحقيق الإغناء في المسار السردي، وذلك باستخدام مؤشرات تدفع القارئ إلى تجاوز فرضيات سابقة وبناء خلاصات جديدة، أو بالأحرى فرضيات مختلفة عن السابقة. فالسارد يتبين المؤشرات الزمنية التي في الرواية من أجل تشكيل مؤشرات استرجاعية ضرورية في السرد تعود بالقارئ إلى فترة معينة من الطفولة والشباب، حيث يركز فيها بالدرجة الأولى على مجموعة من الوقائع والأحداث التي تخيلها عن خاله مثلاً، أو عن فرد آخر، أو سمع بها من أمه، أو من أحد آخر من العائلة، أو من الأصدقاء. ومن هنا يمكن القول إن التوالد الذي تعرفه المسارات السردية ضمن هذا الإطار، ينتج عبر الذاكرة التي تسترجع الأحداث وترتبها ضمن ترتيب معين، وتنظمها تنظيماً خاصاً يحقق المقصدية التي يريدها السارد ومن خلاله المؤلف. وفي هذا الصدد يقول السارد: «كان تعلق أمي به كبيراً جداً، خصوصاً كلما أحبطها أبي أكثر أو صفعها أو سبها، أو باتت بلا عشاء، تحتضن صورته وتبكي، ثم تحدثني عنه راجية من الله أن أكبر بسرعة لأحميها مثلما كان يحميها. كل إرثها من ذاك الخال الذي كان قد اتخذ بيتنا وكراً له شهوراً للاختباء من المَخْزَنْ هو صورته الوحيدة تلك وكرتونة كبيرة مليئة بالكتب والمسودات والمناشير والبيانات والرسائل، لم تكن أمي تعرف ما تحويه بالضبط، لكنها اعتبرتها إرثها الغالي العزيز الذي تركه لها أخوها الوحيد لتشم فيه رائحته بعد أن اختفى عن ناظريها فجأة، مرة واحدة، وإلى الأبد»[6].

هنا يوظف السارد ذاكرته، أو بالأحرى ذاكرة أمه بطريقة مختلفة لاستدعاء أحداث معينة ومؤثرة، حيث يتم من خلالها التعبير عن رؤية خاصة به وموقف معين من شخصية خاله، يهدف من خلالها إلى تمرير معرفة معينة إلى القارئ. هذه الأحداث المستدعاة تحقق أمرين اثنين هما: الإخبار والإقناع. فمن خلالها يدفع السارد القارئ إلى الاقتناع بفكرته والتدليل عليها بما هو تاريخي وواقعي حدثَ في الماضي ولا يمكن التشكيك فيه؛ لأنه مدعوم بشهادة الأم، فلحظات الاستذكار تصبح لحظات عندها لحظة للتحقق، وهذا بدوره يمكنه أن يجتاز كل الدرجات من إعادة التذكر المضمرة إلى الذاكرة التصريحية، الجاهزة مرة أخرى من أجل السرد[7]. إن السارد لا يستذكر هذه الأحداث وأحداثاً أخرى مختلفة لكي يؤكد صدقيتها من عدمها، وإنما يهدف إلى إحداث نوع من الصدمة لدى القارئ يوجه موقفه توجيهاً معيناً يدرك من خلاله دلالة هذه الأحداث، حيث يستدل بأهمها وأكثرها قدرة على التأثير فيه، خاصة وأن القارئ قريب جداً منه، ويعرف تمام المعرفة أن مثل هذه الأحداث يمكنها أن تقع في أي وقت، وتنتج نتائج خطيرة على المجتمع وأفراده، يقول السارد في ذلك: «لقد مات عبد الرحمن، ومات رشيد، أو بالأحرى قُتِلا، وخسرنا مالنا دون أن نجني مالأً، ولم نعبر الشارع الفاصل بين جحيم الحثالة وبين جنة النبلاء، ولم نصل أبداً ذلك اليوم إلى عكراش، وماتت أمي، ولا أعرف حقأً، إن كنت الآن حقأً، في هذه الزنزانة أتذكر حقاً، أم أني سقطت من فوق الدراجة للتوّ بعد أن أصيب عبد الرحمن في صدره، وهناك أصداء طلق ناريّ ما زالت تطن في أذني، وداخل رأسي، وداخل أعماقي، وقد اصطدمت رأسي قبل ثانية

فقط بحديد الدراجة، وما هذا كله إلا شريط حياتي المصور الخاطف، يمر أمام عيني، وأنا بين الحياة والموت»[8]. هذه ذاكرة مشروخة مليئة بالمعاناة والأحزان والآلام بكل أشكالها تعيد شريطاً مصوراً في أعماق السارد فتورثه القيء والخوف من المجهول والألم الحاد المؤدي إلى الموت والهلاك النفسي والجسدي. ذاكرة تعيد شحن مشاعر وأحاسيس جديدة تعيد التشكّل في نفسية السارد الذي صار شاباً قادراً على مواجهة الصعاب، لكن مثل هذه الذكريات تمنع التقدم إلى الأمام، وتورث نوعاً من الفشل وصعوبة المواجهة الصريحة لمشاكل الإنسان التي تتولد من إعادة إحياء الماضي نفسياً وثقافياً.

يمثل السارد في النص معنىً لشخصية ترصد لحظات الطفولة والذاكرة، ومختلف ترسباتها وحيثياتها المدفونة في لاوعيه. لكن هذه اللحظات المستدعاة من الذاكرة ومن الواقع المعيش تحملنا إلى اللحظات الأكثر غموضاً في الـذات الساردة بوصفها حالة نفسية وسردية يستحيل فهمها، ويصعب الإمساك بدلالتها السطحية فبالأحرى العميقة. فالسارد في النص، يصعّب علينا التفريق بينه وبين الروائي نفسه، وكأننا أمام سيرة ذاتية، في حين لا يوجد هناك ما يدعم فرضيتنا هذه، سواء على لسان المؤلف نفسه، أو من خلال ما عاشه وعايشه. سرعان ما ننتبه إلى أن السارد يحكي لنا عن أحداث ترتبط أساساً بالواقع المغربي في الأحياء الشعبية والحواري والأزقة التي تشكل نوعاً من التعبير عن الفئة الفقيرة والمسحوقة في المجتمع المغربي، والتي توارثت هذا الفقر والبؤس أباً عن جد. هنا نحن على موعد مع اكتشاف وتحليل لذاكرة السارد، وما تزخر به من

أحداث غريبة ووقائع مستلهمة من الواقع، ومن الخيال الذي يحتكم إلى الوعي بالحياة وتكاليفها وإلى حفريات الذاكرة المشروخة.

يدرك السارد في النص أنه أمام ذاكرة مفعمة بالمشاعر السلبية التي خلدت للعديد من المواقف القديمة والأفكار المتداخلة بين طفولته وشبابه، حيث استدعاء أحداث الطفولة المتعلقة بالأم والخال وباقي أفراد العائلة الآخرين من جدة وعمة، مؤكداً عدم قدرته على النسيان وتجاوز مشاعره الدفينة تجاه هاته الشخصيات، وبالأخص الجدة والعمة اللتان كانتا تريانه بنظرة الحقد والكره بسبب أمه التي لا يحبانها ولا يرغبان في بقائها على ذمة أبيه. إن الإحساس بالأمومة لدى السارد جعله يحقد على جدته وعمته، بل يعتبرهما من الأعداء والخصوم في الحياة، لأنهما كانتا تريانه بعين السوء. فلم تكن ذاكرته لتتجاهل هذه المشاعر مهما طال الزمن ومرت السنون عليها ومهما سلخ من العمر، وكأننا هنا أمام طفل صغير يعيد صورة قديمة عاشها في كنف جدته وعمته.

ويبقى الجرح المترتب عن الألم الطفولي، استبداداً عائلياً بمنطق أو بآخر، ابتعاداً عن شمل أسري مترتب عن أسرة مستقرة اجتماعياً أو نفسياً. فإخراج الطفل إلى الشارع أو بالأحرى تركه عرضة للشارع دون اهتمام أو مراقبة أسرية وأبوية تقيه شرور الأقران وأفعالهم، يعتبر بأسلوب أو بآخر إبعاداً ونفياً خارج منظومة التربية والأسرة السوية. ويمكن القول هنا إن هذا الطفل قد خلعت عنه أسرته هويته الاجتماعية والعائلية، من خلال مصادرة الحق في الوجود والبقاء. ينتج عن كل هذا أشكال مختلفة من الفشل في الحياة، وبالتالي الخروج عن الطريق الصحيح، بل الانخراط في الجريمة والتشرد.

من هنا، تشتغل الذاكرة الانفعالية والوجدانية ليس باعتبارها حالات وجدانية مقترنة بمواقف قديمة أو بأفعال وسلوكات مصحوبة بانفعالات إيجابية أو سلبية كالشعور بالحزن مثلاً، أو حتى بالخوف من المجهول إزاء واقع معين، ويرى محسن التومي أن مثل هذا الشعور «يذكرنا بخبر مؤلم من الماضي، وإنما الذاكرة الانفعالية أو الوجدانية، لا تتعلق بما ترسب في الذاكرة الفردية والجماعية من مضامين ومعانٍ سلبية تجاه الفلسفة والفلاسفة والتفلسف فحسب، وإنما هي بالدرجة الأولى البنيات الوجدانية والآليات والديناميات المنتجة لذلك»[9].

إن السارد لا يدرك الطفولة كحياة عادية أو بسيطة في تجليها الحياتي، وإنما يعتبرها المحدد الأساسي لحياته داخل مجتمعه المصغر (الحي)، أو في إطار علاقته بالمحيط (المدينة أو الوطن ككل). ومن هنا فالطفولة تمثل بالنسبة إليه الصورة المثلى للتعبير عن تصوره للحياة في مرحلة عمرية معينة، وذلك من خلال استعادته لأحداث ووقائع غاية في الأهمية تساعده على وضع أصبعه على أهم الأفكار التي يناقشها في أثناء عملية السرد. ولا يتأتى له ذلك إلا من خلال توقفه الممنهج على تفاصيل غاية في الأهمية في مراحل محددة من طفولته وحياته الخاصة وعلاقاته مع أفراد عائلته ومع أقرانه في الحي؛ لأنها تحدد ملامح تكوين شخصيته القوية والمتغيرة طبقاً للظروف والأحداث التي يعيشها ويشهد عليها.

ينبش خطاب الذاكرة في الرواية عن أشياء وأشكال بشرية موغلة في أعماق النفس الإنسانية، والتي قد تنتج نوعاً من الحواجز

النفسية بين مرحلتين عمريتين في حياة الإنسان، مرحلة الطفولة التي عاشها في معاناة وفي آلام لا يتصورها عقل إنسان سوي، وبين مرحلة النضج، والتي بدورها لم تبتعدْ عن الجريمة والعنف الرمزي والمادي، لكنها تختلف عن المرحلة الأولى من حيث كونها مرحلة معرفة بالفعل ونتائجه وما يترتب عنه من عقاب ورد فعل مجتمعي. فمرحلة الطفولة بما لها وما عليها تمثل مجموعة من الخصائص الجمالية والتشكيلات الدلالية والفنية التي يحققها وجود الطفل في الرواية، واستحضار السارد لمرحلة عمرية من حياته، وارتباطه فيها بشخصية أخرى قريبة منه، وهي شخصية الخال التي تأثر بها وكانت له النموذج المثالي في الحياة من خلال ما سمع عنها من أمه وما حاول تصوره بخيال الطفل الواسع لديه.

كسَّر السارد، وهو يتحدث عن مرحلة الطفولة في حياته، ذلك الصمت الذي يلف أغلب حياة الناس في مجتمعاتنا، وذلك من خلال مساءلته للعوالم السرية والعلاقات الأسرية، وقام بتعريتها وفضحها دون مركب نقص، حيث استخدم لغة طافحة بالواقعية، وذلك بإخراج تلك المشاعر الغامضة والداخلية في الحياة الإنسانية للذات ولباقي الشخصيات في الرواية من خلال الانغمار في مكنونات النفس وإثارتها وتفجير طاقتها الغامضة دون شعور منه بالحرج أو بأي شيء من التراجع. ويظهر جلياً أن هذه الذاكرة هي «لحظة تأمل الماضي (...) تعمل على إعادة تنسيقها وتنظيمها من أجل إعطائها أبعاداً دلالية خاصة تحرك إدراك المتلقي من أجل البحث عن الخيوط الرابطة بين هذه الدلالات والصور التي ينتجها السارد وهو يخبر تسلسلياً

بأحداثها ووقائعها» [10]. إذن، فبهذه الصورة التي يقدمها السارد لحياة الطفولة يعبر عن خطاب منفتح على واقع حياتي موغل في البؤس واليأس والتشرذم الأسري دون مركب نقص، يقول: «حين ولدت كان المناخ الطبيعي للحي ما زال هكذا. لعبت بسيوف وسكاكين خشبية رفقة عبد الرحمن ورشيد وأطفال آخرين متشبهين بأبطال الحي من كبار القتلة ومروجي الكيف والحشيش، معتبرينهم في سرنا وحتى في جهرنا قدواتنا العليا التي يجب أن نحتذي بها، وأن نطمح لنبلغ مراتبها المتقدمة في الإجرام حين نكبر، فكنا نتتبع قصصهم وأخبارهم، ونتنافس حول من يحفظ بدقة ألقاب وسنوات سجن كل واحد منهم دون خطأ، ونربض على مبعدة منهم وهم يسكرون، منتظرين أيضاً أن ينهي الكبار سكرهم لتبدأ فرجة العراكات بالسكاكين والسواطير والانتقامات،...»‏ [11].

إن الرواية في عمومها تسمح بتصوير درامي وسينمائي – إن صح التعبير – للصراع بين أشخاصها من خلال الصراع الذي يتم داخل ذات البطل – السارد وداخل ذوات الأبطال، وبين ذاكرة جمعية متشظية، شبيهة من هذه الناحية بما يقع في كل المجتمعات النامية، سواء كانت مجتمعات نتقاطع معها اللغة والهوية والثقافة، أم كانت مجتمعات مختلفة عنا من هذه الناحية. فالروائي ينطلق مباشرة من خلفية ثقافية معينة ومؤسسة على وعي ثقافي محدد، حيث يقدم للقارئ حياة متكاملة أو يوهمه بها على الأقل ليؤكد وجهة نظرٍ معينة يريد إيصالها إليه. وكأني به هنا يقدم له حياة تنبني على قيم يؤمن بها بطل الرواية ويشعر بها، أو بالأحرى يعتقد أنها قيم ينبغي أن تنتفي

من المجتمع، لأنها لا تقدم شيئاً مفيداً بقدر ما تسهم مساهمة فعالة في تدميره وتشويه سمعته أمام العالم. «لم يكن الإجرام عيباً في تلك الأيام، بل كان فضيلة ومزية كبيرة ومدعاة للشرف والتفاخر والبطولة الرجولية التي لا تشوبها شائبة الجبن والتخنث. لم يكن في الحي بكامله مكتبة ولا كتب سوى القرآن في الجامع قرب المحراب، ولم يكن هناك معلم في الحي، ولا موظف حكومي يرتدي بذلة وربطة عنق، ولا محامٍ ولا مهندس ولا وزير ولا شهادات دراسية تعلق على جدران الأكواخ، بل لم يكن هناك سوى عصابة صحراوة وسكيري السبت وأكواخ القوادات والهاربين الجدد إلى الولجة وإلى أرض ميساوة، والجثث على ساحل النهر بمنسوب جثة في اليوم تقريباً في الأيام العادية التي يعمها السلم والأمان،...»[12].

بهذه الأشياء أصبح لزاماً على المحلل أن يقول إن الرواية كتبت بأسلوب نوعي الهدف منه خلق صدمة لدى القارئ، ووضعه في موقف متوتر يصعب معه الخروج بقناعة محددة توجهه نحو فكرة معينة دون خسارات على مستوى الوعي الثقافي، وعلى مستوى الوعي بالواقع الاجتماعي الذي عاشه المجتمع المغربي في فترات تاريخية خلال القرن العشرين. إن الذاكرة هنا، كما يرى الباحث سعيد جبار، «تجعل علاقة الزمن بالفضاء وطيدة وقوية، فالانتقال عبر الأزمنة المختلفة مرتبط بالفضاءات التي حلّ بها (السارد)، فأشّر عبر الغوص في الأزمنة البعيدة على التحولات التي عرفتها هذه الفضاءات»[13]. فالذاكرة وهي تشتغل في إطار معين من الزمن والفضاء، لا يعني أنها محدودة فيهما فقط، بل إنها تجد صداها في

العديد من المستويات الأخرى في البناء السردي داخل النص الروائي كله. ولذلك يصير اشتغال الذاكرة في علاقتها بالزمن اشتغالاً أساسياً في الرواية من حيث كونها ترتبط بفترات زمنية من حياة السارد وعمره، فالسارد في الرواية يستحضر أحداثاً عاشها في طفولته بقيت راسخة في ذهنه ولم تغادره؛ لأنها أثارت ذهنه، وخلقت لديه نوعاً من الأزمة النفسية والاجتماعية، وهي حقيقة نسبه وانتمائه الأبوي ومحاولة معرفة الحقيقة بعد رواج إشاعة كونه ابن زنى، وأن أمه أنجبته خلال ممارستها الدعارة، يقول السارد: «لم يكن أبي في شبابه كما سمعت جدتي ذات يوم في بيتها تحكي لعمتي نزهة ولامرأة أخرى لم أعرفها ولعمي الأصغر حميد الذي كان منشغلاً بالبحث في الترانزستور عن إذاعة دون جدوى. كنت مضطجعاً على الهَيْدُورَة أنظر إلى قصدير جدار الكوخ، أعُد بعيني بصعوبة بصاق الذباب على ضوء اللمبة البعيدة وأعيد عدّه. ظنوا أني ما زلت طفلاً لن أفقه نميمتهم، كما ظنوا أيضاً أني نمت. قالت جدتي:

ـ لقد نام ذلك القرد. مثله مثل أمه من صنف القردة.

أجابها عمي:

ـ بل هذا القرد سيتجاوز أمه في خصال القردة.

أضافت جدتي:

ـ لا يمكن أبداً أن أقبل به حفيداً، فهو لا يشبه ابني في شيء. الكل يعرف من تكون أمه.

أجابتها عمتي:

- حتى ابنك لا يعول عليه يا أمي، فذلك هو جزاء من ينفر من الحلال ويقبل فاتحاً فمه كالضبع على الحرام، وها هو من جديد يفعلها ويعاشر امرأة ثالثة»[14].

هل هناك دليل أكثر من هذا على أن ذاكرة السارد الطفولية طافحة بالمعاناة والآلام المترتبة عن علاقات غير شرعية للأم وللأب معاً، وحتى عن مشاعر الحقد والكره التي يكنها له العديد من أفراد عائلته وسكان حيه؟. لكن ما مدى شعوره بهذه التغيرات النفسية والعاطفية على هؤلاء؟ وكيف واجهها وتعامل معها؟ هنا يكمن مربط الفرس، لأن السارد كشخصية أساسية في الرواية تعامل مع هذه الأشكال العاطفية والسلوكية بشيء من الحزم واللامبالاة، بل كان لا يعيرها اهتماماً اللهم في بعض الحالات عندما يكون فيها فاقداً الوعي في أثناء تناوله المخدرات أو تعاطيه الخمر. أما غير ذلك، فقد كان لا يلتفت إلى شيء، لأنه كان يرغب في الاستمرار في الحياة والاغتناء والبحث عن وسيلة للحصول على المال الكثير للخروج من معاناته مع الفقر والذل.

إن الانتقال بالذاكرة هو في حد ذاته انتقال مشوب بالمعاناة، بالحزن، أو بالأحرى بأشياء ومشاعر يصعب على السارد أن يتحكم فيها، لأنه يدرك أهمية الذاكرة في استرجاع أهم لحظات الحياة السابقة. إضافة إلى كونه في حاجة إليها؛ لأنها تساعده على تجاوز المشاكل والمصاعب والمثبطات التي يمكنها أن تعترضه في مسار حياته. هذه الذاكرة يصعب تجاوزها، وبالتالي فهي صادقة ولا يمكنها أن تكون كاذبة، فالسارد عندما يهرب إلى ذاكرته بصدق، يدرك

معناها الذي يفيده، فهذا الأمر يمكن اعتباره بمثابة استدلال ضمني خفي؛ لأنه يعرف معناها في حدود إدراكه، أما عندما تنتقل الذاكرة من كونها فقط استرجاعاً للأفكار والمعلومات دون التحكم في هذه المعلومات وترتيبها وتنظيمها، فإنه يصير معها جاهلاً بمعناها نظراً لتجاوزها لقصديتها. وعندما يكون هذا الانتقال مشوباً بالحذر من طرف السارد (وبالتالي الكاتب) فإن ذلك يعني أنه يرغب في تمرير معرفة معينة للقارئ، سواء كانت هذه المعرفة على شكل حكايات وقصص اجتماعية عاشها في مرحلة الطفولة والشباب، أو كانت على شكل أفكار ومعلومات ترتبط بالوعي الثقافي لديه أو بالوعي السياسي عند بعض شخصيات الرواية الأخرى.

3 – الذاكرة الثقافية والوعي السياسي:

يرى جون أسمان Jan Assmann أن الذاكرة الجماعية، مجرد وهم، لأن ما يوجد حقيقة هو ذاكرات ثقافية لا متجانسة وغير قابلة للتنميط وما شابه. فالذاكرة الجماعية في نظره ليست إلا ذاكرة تواصلية تداولية Mémoire communicative، أي ذاكرة اليومي التي توجه أعضاء المجموعة البشرية وفقاً لنموذج السلوك الإنساني المشترك. فالذاكرة الثقافية تربطنا بالضرورة بماضينا العريق والضارب في القِدم، فتحيلنا إلى التاريخ الأقدم لذاكرتنا. إنها ما يضمن الاستمرارية ويعزز الهوية الإنسانية المشتركة، «ويمنح المعنى المشترك لجماعة بشرية معينة، ويضفي عليها طابع الراهنية بفضل الطقوس والرموز والحكايات، والاحتفالات والمآثر، والعادات والتقاليد، (والأفكار

والمعارف...)... ومختلف أشكال التراث المادي واللامادي المكونة لمنظومة القيم والرموز التي بفضلها يتم إنتاج صورة حول الذات»[15].

ومن هنا، نخلص إلى أن من بين رهانات الذاكرة الثقافية التي اتفقنا مبدئياً مع جون أسمان على تعويضها للذاكرة الجماعية، نجد مسألة صون الماضي المعرض للنسيان والضياع، بل والانفتاح على الذاكرة المخزونة في اللاوعي. إنها للحفاظ على بقاء النوع بالمعنى الثقافي وتعبير عن رغبة الذاكرات المقموعة والمعرضة للمنع والسرية من أجل الانفلات من سلطة الذاكرة الجماعية المهيمنة ومواجهة خطر «فقدان الذاكرة الثقافية»[16]. وفي ذلك يقول الفيلسوف الكندي شارلز نايلور Charles Taylor ما يلي: «اللااعتراف لا يكمن في غياب ما يلزم من الاحترام فقط؛ إنه قد يكون سبباً في إحداث جروح نفسية خطيرة تخلف، لدى الضحايا، إحساساً مدمراً تجاه الذات. إن الاعتراف ليس مجرد مجاملة واطراد لمجموعة من الناس؛ بل إنه حاجة إنسانية حيوية»[17].

يستند محمد بنميلود في روايته إلى ذاكرته الثقافية وما تحمله من مخزون ثقافي ومعرفي وشعبي يتعالى على حدود المكان والزمان، حيث إنه ينفتح على خطابات مختلفة تساعده على تقديم نص روائي غني بأصناف متعددة من التناصات، من خلال اعتماده على المرجعية الثقافية الشعبية ذات الدلالات المتعددة التي تمتد بإشاراتها الثقافية والرمزية لكشف عمل بنميلود المرتكز على تشغيل ذاكرة ذات طاقة كبيرة وتكييفها مع النص ومع ما يؤمن به من فكر وثقافة مغربية أصيلة. هذا الارتكاز لدى الروائي على الذاكرة الجماعية

بالدرجة الأولى، ثم على ذاكرته الفردية المرتبطة بما عاشه خلال طفولته في الأحياء الشعبية المغربية التي تعرف وعياً مختلفاً وحياة مفعمة بالحركية والنشاط والتدافع الإنساني والتحولات الاجتماعية الثقافية كل يوم، جعل من النص الروائي نصاً يميل إلى السيرة أو إلى الواقعية من حيث الأحداث والشخصيات وعملية السرد، إضافة إلى باقي العناصر الأخرى المكونة للرواية.

ترتبط الذاكرة الثقافية لدى السارد في الرواية بوعي أساسي بحقيقة الأشياء والقضايا الاجتماعية والثقافية التي تنتشر في المجتمع في زمن محدد وفضاءات متعددة تتصف بكونها فضاءات شعبية فقيرة إلى أبعد الحدود. هذه الذاكرة تجد قوتها الاستعادية والاسترجاعية في كونها تتأسس على أحداث واقعية أو تتقاطع مع الواقع الذي عاشه المجتمع المغربي في عقود الستينيات والسبعينيات بالخصوص، وإن كان الكاتب من خلال السارد يدرك أهمية الذاكرة في تنظيم عملية السرد وسلاستها وتواليها المحكم في الوصف والحكي، فإننا نرى أن السارد يعرف جيداً كيف يحكي ويصف وهو في موقف صعب؛ لأنه يشعر وكأنه يعيد إحياء معاناته وآلامه من جديد وينتج أحزاناً أخرى تضاف إلى ما يعيشه على مستوى الذاكرة. إن الذاكرة الثقافية التي يعيد السارد صياغتها هي ذاكرة مشحونة بالعديد من الأحداث السياسية الكبرى التي عاشها المغرب في مرحلة من تاريخه وارتبطت بوقائع سياسية وثقافية واجتماعية مرتبطة بالوعي الجمعي داخل المجتمع آنذاك.

إن استذكار تلك الأحداث المرتبطة بمطاردة المخزن (السلطة

الأمنية والسياسية) للخال وأصحابه المناضلين، جعل السارد يستدعي عبر ذاكرته هذه الآثار، حيث يحاول ربط الواقع الذي يعيشه في لحظة الاستذكار بالماضي الذي عاشه خاله ووالدته، ويؤكد بالضرورة تشابههما في الحال والمآل، وذلك من خلال تجاوز السلبيات التي تحدثها هذه الذاكرة لصالح ذاكرة جديدة تتجاوز سلبيات الأولى، وتحاول التقليل منها، وذلك عندما يستمر السارد في استدعاء الذاكرة التي تخبر بنتائج ذلك الظلم الذي كان يقع على خاله وعلى باقي المناضلين الذين كانوا يشعرون وهم يناضلون ويواجهون ظلم المخزن واستبداده السياسي والاقتصادي، أثمر نتائج كارثية على مستوى الضحايا، لكنها في الوقت نفسه أثمرت نتائج إيجابية كالقضاء على الخوف وعلى الصمت الذي عشّش في عقلية الناس والمثقفين بالأساس، يقول السارد: «كان تعلق أمي به كثيراً جداً، خصوصاً كلما أحبطها أبي أكثر أو صفعها أو سبها أو باتت بلا عشاء، تحتضن صورته وتبكي، ثم تحدثني عنه راجية من الله أن أكبر بسرعة لأحميها مثلما كان يحميها. كل إرثها من ذاك الخال الذي كان قد اتخذ بيتنا وكراً له شهوراً للاختباء من المخْزَنْ هو صورته الوحيدة تلك، وكرتونة كبيرة مليئة بالكتب والمسودات والمناشير والبيانات والرسائل، لم تكن أمي تعرف ما تحويه بالضبط، لكنها اعتبرتها إرثها الغالي العزيز الذي تركه لها أخوها لتشم فيه رائحته بعد أن اختفى عن ناظريها فجأة، مرة واحدة، وإلى الأبد»[18].

إن تعلق الإنسان ببيت طفولته الأولى يدفعه إلى إعادة بناء الذات والتفكير في إدراك تلك المواقف التي عاشها في مرحلة من مراحل

حياته الغنية بالأحداث والمواقف والمشاعر التي تعرض لها في أثناء وجوده فيه مع أفراد أسرته الصغيرة والكبيرة. إن ملاحظة أدق التفاصيل في حياة الفرد في مرحلة الطفولة وتسجيلها في الذاكرة واستعادتها بأسلوب يحيل إلى فهم فكري وثقافي مختلف عما كانت عليه في تلك المرحلة ليس بالشيء اليسير لدى أي كاتب في مجتمع شرقي يفكر أفراده بمنطق التقية والاختباء وراء العديد من الأفكار والاعتبارات الثقافية والأيديولوجية التي تتحكم في تفكير الناس. وهنا يظهر أن محمد بنميلود قد أدرك أهمية خلخلة الفكر التقليدي لدى أفراد المجتمع المغربي عامة؛ حيث عمل على مواجهة كل المقولات التي تحدد ثقافة المجتمع وتعيد إنتاجها من جديد طبق قناعات جديدة آمن بها ودافع عنها في العديد من كتاباته الأخرى، وخاصة في الشعر.

ويعتبر فضاء البيت الذي جعل منه الخال خلال مدة غيابه أو فراره من المخزن مكاناً للاختباء والتواري عن الأنظار كان يلاحقه نفسياً، ويجعل منه شخصاً ضعيفاً غير قادر على الصبر على مفارقة الأصحاب والمناضلين، لكنه في الوقت نفسه ساعده على استجماع عقله ومعرفته المتعلقة بالعالم الخارجي وعلاقته بالمخزن وسلطته المطلقة وملاحقته للضعفاء والمناضلين الشرفاء، حيث كانت ذاكرته قد ابتكرت له خلال مدة اختبائه طرقاً عديدة من تدارك الأمر، ومحاولة التفكير في الحل، وإيجاد صيغة أخرى للتخفي خارج بيت أخته، حيث قد يجلب عليها الويلات إن تمكن المخزن من فضح أمره ومعرفة مكان اختبائه. لقد أدرك الخال بعقله وذهنه المتوقد الواعي بالأشياء والقضايا المجتمعية، وبمستويات التفكير لدى المخزن وحراسه، كيف يسجل نقاطاً لصالحه ويفوز عليهم في النهاية. ويبدو

من الرواية أن الروائي محمد بنميلود من خلال سارده يولي أهمية قصوى للحدس وللعقل وتحفيز الذهن على التفكير بإيجابية عوض التفكير بسلبية وبضعف ومن موقف الضعيف المغلوب على أمره كما يحصل للفئات الفقيرة التي تعاني الجهل والأمية.

إن المعنى الذي تحققه الذاكرة الثقافية في الرواية، وتعيد بناءه من جديد، جعل الكاتب محمد بنميلود يكتب لينفتح على المستقبل، وينقل كل الأفكار والأشياء التي يشعر بها إلى حياة قادمة ترتبط بمشاعره وأحاسيسه الجديدة والخاصة، حيث يهدف من كل هذا إلى أن يكتب نصوصاً أخرى من حيث كونها تستمد إبداعيتها بما تختزنه ذاكرته الثقافية المرتبطة أساساً بالوعي الجمعي والثقافة المجتمعية التي يعبشها ويراقبها عن كثب. هذه الذاكرة الثقافية المرتبطة بالضرورة بالوعي السياسي لدى السارد الذي يشعر به بدأ بعد أن عاش حياة مفعمة بالإجرام والعنف والوحشية على مستوى السلوك والوعي لمدة كبيرة، أصبحت في وقت قصير ذلك الأمل الصغير الذي يمكنه من خلاله أن يشعر بآدميته، وأن يحس بكونه كائناً اجتماعياً يفكر ويفهم ما يحصل داخل مجتمعه.

إن أهم ما يمكننا الوصول إليه هو أن الرواية تتأسس على بنية لامركزية في أسلوب عرض الأحداث الأساسية والمهمة في حياة السارد، فالشخصيات تتساوى وتتفاعل فيما بينها بحسب أهميتها ووجودها الموقفي والفعلي في النص. والأحداث تتطور على نحو متتابع، ولكنها تنمو من خلال التذكر الكبير لها، والذي يحاول ما أمكن أن يستحضر الأهم فالأهم. وهذا ما يحول الرواية إلى عدة وحدات

سردية خاصة، تتحدد لكل منها قوانينها الخاصة ولغتها الجميلة المعبرة عن حسٍ نقدي لدى الكاتب. فسلوكات السارد وعلاقاته مع باقي الشخصيات تستعمل فيها لغة متوسطة بين المونولوج والحوار والوصف والسرد، تتأسس على لغة شعرية قوية وحادة على مستوى المعجم والمفردات: «كان عضواً نشيطاً في حركة ثورية انقلابية، مؤمناً حقاً بما يفعل، ورومانسياً إلى أبعد حد، فقد كانت هناك أيضاً رسائل غرامية يتبادلها مع فتاة هي أيضاً كانت رفيقته في الجامعة اسمها توريّة؛ الاسم الوحيد الذي كان مكتوباً دون تشفير، إضافة إلى اسمه في بعض رسائلها إليه التي لم تكن سياسية مْجِيدْ» [19].

يبرز في هذا المقطع أن الروائي يؤمن بنوع من الثورة على الواقع، وعلى السياسة السائدة، وعلى الثقافة المتوغلة في مجتمعه المغربي؛ خاصة وأنه يعبر على لسان سارده أن شخصية الخال المناضلة واليسارية المثقفة هي شخصية تؤمن بالثورة ومقاومة الاستبداد والظلم في المجتمع، ومواجهة كل أشكال الرجعية الثقافية والفكرية والسياسية المرتبطة أساساً بالوعي التقليدي والماضوي، والذي يستند إلى الإبقاء على الوضع كما هو دون تغيير أو إصلاح؛ لأن هذا الوعي يحافظ ما أمكن على الاستمرارية وتكريس المألوف والمعتاد دون معارضة أو مقاومة له.

هناك نوع من الاستشراف على المستقبل، أو على الأقل من الارتباط بالحاضر واستعادة الماضي للانفتاح على المستقبل، حيث يكمن هذا الارتباط من خلال عملية الاسترجاع التي تؤسس لوعي سياسي جديد لدى السارد، وكأنه خُلِق من جديد وأصبح له

رؤية مستجدة للواقع والحياة والمجتمع، يقول: «كانت هناك أيضاً مناشير سرية تدعو إلى الإضرابات والعصيان تتكرر فيها تعابير معينة كالطبقة العاملة، والنهج الثوري، والرفاق، والبنى الفوقية، والبنى التحتية، والبورجوازية المتعفنة، وأرباب العمل، ووسائل الإنتاج، والبروليتاريا، والنضال، والشهادة، وفلسطين، وماركس، وإنجلز، ولينين، وستالين، وتروتسكي، وماو، وداروين، والشرف الثوري، وباقين على العهد،... إلخ»[20]. إن مثل هذا الوعي يتأسس على مسلمات أساسية، وهي أن السارد هنا قد أصبح واعياً بقيمته المجتمعية وبأهمية النضال والمساهمة فيه ولو باليسير للخروج من الوضعية السلوكية والثقافية التي تحكمه والمرتبطة أساساً بالثأر من الناس والمجتمع وممارسة العنف ضدهم بكل السبل والوسائل المتاحة له.

يستدعي السارد هذه الأمور كلها وهذه التعابير المرتبطة بالمقاومة والنضال السياسي بكل تصوراته وتجلياته المتعلقة بمواجهة الاستبداد السياسي في البلاد، حيث يبني فكرة محددة ترتبط بالقناعات السياسية والثقافية لديه والمستمدة من العديد من الأفكار السياسية في العالم وعند مفكرين وباحثين في الفكر اليساري التقدمي كما يؤمن به السارد ومن خلاله الروائي نفسه.

إن الانتقال بالذاكرة (الانتقال من الزمن الحاضر إلى الزمن الماضي المرتبط بمرحلة معينة في عمر السارد) هو في حد ذاته انتقال مشوب بالمعاناة، بالحزن، أو بالأحرى بأشياء مرعبة، ومشاعر مؤلمة وحزينة يصعب على السارد أن يتحكم فيها، لأنه

يدرك أهمية الذاكرة الثقافية بالخصوص في استرجاع أهم لحظات الحياة السابقة، إضافة إلى كونه في حاجة إليها؛ لأنها تساعده على تجاوز المشاكل والمصاعب والمثبطات التي يمكنها أن تعترضه في مسار حياته، وكأنه يرغب في دخول غمار تجربة جديدة لها علاقة بما يتذكره. هذه الذاكرة يصعب تجاوزها، وبالتالي فهي صادقة ولا يمكنها أن تكون كاذبة، فالسارد عندما يهرب إلى ذاكرته بصدق، يدرك معناها الذي تفيده، فهذا الأمر يمكن اعتباره بمثابة استدلال ضمني خفي؛ لأنه يعرف معناها في حدود إدراكه، أما عندما تنتقل الذاكرة من كونها فقط استرجاعاً للأفكار والمعلومات الشخصية التي تخزنها دون التحكم في هذه المعلومات وترتيبها وتنظيمها، فإنه يصير معها جاهلاً بمعناها وقيمتها الثقافية نظراً لتجاوزها لقصديتها. يقول السارد: «كان يحب كثيراً جبران خليل جبران فيكرر اسمه وحياته وكتبه كاملة، ويستشهد في رسائله بمقاطع حالمة من كتاباته، خصوصاً في رسائله الغرامية إلى توريّة، وقد سطر تقريباً على كل الجمل في كتب جبران التي كانت داخل الكرتونة، كما يكتب لها أيضاً بعض الخواطر والقصائد التي يؤلفها هو شخصياً بنفسه مقلداً أسلوب جبران، خالطاً تلك الرومانسية ببعض الكلمات الثورية، وقد بدا لي ذلك مناقضاً بعض الشيء لصرامة الكتب الأخرى التي تتحدث فقط عن الثورة والعمال بلغة جافة غير مفهومة غالباً»[21].

إن السارد هنا يدرك أهمية استرجاع مثل هذه الوقائع والأحداث التي تنتقل بالذاكرة إلى زمن أرحب وممتد في الماضي، سواء من خلال الذاكرة القريبة، أو من خلال الذاكرة متوسطة المدى التي

تستعيد بطريقة أساسية أهم الأحداث السياسية المرتبطة بوعي الخال السياسي والثقافي. ومن هنا، نصل إلى أن «ذاكرة المتلقي الخطابية تنمو وتتحول تدريجياً، وتتسع معارفها بما تستقبله من معلومات جديدة تكون مدعوة إلى وضعها إلى جانب المعلومات السابقة لإتمام الدلالة التي يرسمها المرسل. وعندما يتعلق الأمر بالفضاء (أو بالزمن) فإن هذه الذاكرة تؤطر كل فضاء جديد وفق الفضاء النموذج الذي أسسته من خلال الذاكرة الخطابية الأولية»[22]. هنا يستكمل الفضاء معناه من خلال اتصاله بالزمن، حيث يتبعان معاً مسارات متعددة عبارة عن صور مترسخة نموذجية في ذاكرة السارد القوية التي تستغل كل واقعة كبرى في مسار حياة الشخصية (خال السارد) الثقافي والسياسي.

يشتغل المؤلف من خلال السارد على الذاكرة من أجل تمرير معرفة أساسية للقارئ، سواء كانت هذه المعرفة أدبية، أو كانت سياسية بشكل خاص. فالخطاب السردي في الرواية يتأسس من خلال بناء معرفة معينة يهدف من خلالها المؤلف إلى توجيه قارئه ومحاولة ربطه بأحداث تاريخية معروفة في تاريخ بلاده عبر استحضار أحداث تتعلق بشخصيات الرواية ووقائع أسهموا في حصولها وكانت لها علاقة مباشرة بهذا التاريخ السياسي. فالكل يعرف أن سنوات الجمر والرصاص بالمغرب خلال ستينيات وسبعينيات القرن العشرين قد عرفت العديد من التجاوزات على المستوى الحقوقي والقضائي في حق مناضلين سياسيين شرفاء ناضلوا من أجل تحقيق دولة الحق والقانون والعدل، لكنهم تعرضوا لأبشع أنواع التعذيب والظلم. ومن

هنا، ومن خلال شخصية الخال المناضل، يسترجع السارد هذه الأحداث بدافع التأثير في القارئ ومنحه معرفة وأفكاراً حول هذه الحقبة الزمنية من تاريخ المغرب. يقول السارد: «لم يكن خالي يفكر بعقل زعيم عصابة كما كان يجب، بل كان يفكر بعقل طالب جامعي مثقف ونخبوي متأثر بثلة من الكتَّاب والفلاسفة الفقراء المشعثين. قررت حينها أن أواصل الطريق عوضاً عنه، بالطريقة الصحيحة وليس الخاطئة، بطريقة أبناء حيّي وليس بطريقة طلاب الجامعات، دون أحزاب ودون نقابات ودون تنظيمات ودون مظاهرات ودون رسائل مشفرة، بل بمفردي فقط، بسكين كبيرة داخل ثيابي. أو فقط رفقة بعض أصدقاء طفولتي الذين لم يسبق لهم قط أن قرؤوا كتاباً، ولا يعرفون أبداً ما تعنيه بالضبط كلمة شعب، ولا كلمة نضال، ولا كلمة ثورة، بل كل ما يعرفونه هو كلمة ثروة، وكلمة حشيش»[23].

تأتي صور شخصيات الرواية، وخاصة تلك الشخصيات التي تعيش أزمة معينة يحسها السارد نفسه، ويعيشها نفسياً وثقافياً، خاصة وهو يبحث عنها من موقع الجوار أو القرابة الدموية أو غيرها من العلاقات الممكنة، فبقدر ما تجسد من إحباطات ذاتية تكشف عن جوانب من إحباط السارد نفسه، بقدر ما تجسد الإحساس بالعزلة الاجتماعية والمعاناة في أرقى تجلياتها. هذه الشخصيات تجسد أزمتها النفسية والاجتماعية على حد سواء، من خلال الإحباط السياسي الذي يرتبط بإبعادها عن المجال السياسي قسراً أو مطاردتها في كل الحالات (كشخصية الخال)، ودفعها إلى ركوب المخاطر بكل أشكالها التي تقود إلى الضياع والتشرد والجريمة (كشخصية السارد نفسه)،

وبالتالي استكمال صورة المعاناة بكل دلالتها الكبرى المرتبطة باختيارات محددة تتجلى مرجعيتها في الثقافة اليسارية الثورية التي ترسم للشخص مساراً حياتياً يستدعي النضال ومقاومة الظلم والاستبداد بكل أشكاله كما يؤمن المؤلف ومن خلاله السارد.

تتحول الذاكرة الفردية المتعلقة بشخص السارد أو المؤلف في الرواية بشكل عام إلى ذاكرة جماعية وثقافية، من أجل إبراز التحولات المركبة التي تتمظهر بواسطة التخييل، حيث تتشكل هذه الذاكرة من خلال ارتباطها بهذه التحولات على مستوى الوعي بالواقع وفهمه وربطه بالتاريخ والماضي الذي يغرق في العنف والظلم والفساد والاستبداد والجهل المركب والإيمان بالأسطورة والخرافة. ومن هنا، نخلص إلى أن الذاكرة الثقافية لدى السارد في رواية الحي الخطير تنهل من الأسطورة والخرافة باعتبارهما مصدرين أساسيين لنقد المجتمع وثقافته الرجعية والمغرقة في الجهل بالحقائق والوقائع الحقيقية وراء فقره وأميته. إنه وعي هش يتجاوز الأمية إلى الجهل المركب الذي يستمد شرعيته من الخطاب السياسي والثقافي الرسمي الذي يقدم نوعاً من الأضاليل والأكاذيب لإقناع فئة عريضة من الشعب بأفكار وحقائق لا علاقة لها بالواقع والحياة.

إن السارد يستحضر مثل هذه الأحداث الأسطورية التي يحكيها أفراد من المجتمع غير متعلمين وغير مدركين لحقائق الأشياء والعالم، ليكشف عن رؤيته للمجتمع ووعيه الجمعي المتخلف الذي يهرب إلى الخرافة والأسطورة من أجل تفادي المشاكل واتقاء استبداد السلطة وجبروتها وعنفها الممنهج. مثل هذه الأحداث هي التي تنقل

الواقع المزيف والمفترى عليه وتقترب منه، لأنها تنتج عالماً غير حقيقي وغير ذي جدوى. فنَهْل الرواية عامة من الأسطورة والخرافة واستثمارها للحكاية الشعبية المتعددة المشارب يقود إلى استنتاج أساسي، وهو محاولة التقريب بين الثقافة الشعبية وبين الثقافة العالمة، وجعلها الأولى في خدمة الثانية وتجاوز الهوة بينهما من أجل تحقيق نوع من المرونة بين الكتابي والشفهي المحكي. يقول السارد متحدثاً عن قصة حكاها صيادون عن وحش بحري بري في الوقت نفسه لاعتقادهم أن كل ما يقع من أحداث مميتة في البحر هي من فعله: «صيادون آخرون كانت حكاياتهم عن هذا الوحش أكثر وضوحاً، فقد رأوه في ليال قمراء وهو يرتفع عن الماء في قفزات عملاقة مسافة مترين على الأقل قبل أن يعود ليصطدم كانهيارات الجليد العملاقة بصفحة الماء، وقد لمع جلده أمامهم في ضوء البدر المكتمل، ولمعت أنيابه ومناشير أسنانه بوضوح، ولم يكن دائماً واحد فقط من يستقل القارب لنقول إنه توهم أو تهيأ له الوحش فقط في خياله بسبب الخوف أو كثرة السكر أو مفعول الكيف على الدماغ، بل أحياناً يكون على نفس القارب صيادان، فيريان نفس الشيء في نفس الوقت، وتصلهما معاً تموجات النهر واهتزازاته...»[24].

فلو سلمنا جدلاً أن هذا الكلام صحيح، وأنه ليس من قبيل الخيال والإيمان بالأسطورة لدى هؤلاء الصيادين، فإننا لن نسلم بكون هذا الوحش يظهر بالنهار والليل بالبحر ثم يخرج في العديد من المرات إلى البر ليتجول في المناطق المجاورة، ويبحث عن غذائه وفرائسه. فالأرجح هو خلق حكاية من هذا القبيل لها وقع السحر على الناس

البسطاء، وتدخل في إطار الأساطير التي يتعين عليهم الإيمان بها وتصديقها دون تفكير أو اعتراض، من أجل التغطية عن جرائم القتل وأفعال أخرى تكون لها علاقة باستغلال الناس على جميع المستويات. ولقد آمن بنميلود بأهمية الثقافة الشعبية في المجتمع البسيط وقدرتها على تغيير الوعي الهش وتجاوز المحن والصعاب والترويح عن النفس الحزينة التي تعاني الويلات والمشاكل الاجتماعية، سواء على المستوى الاقتصادي أو على المستوى الاجتماعي المرتبط بالتفكك الأسري والفقر والأمية الموغلة بين أفراده. وفي هذا الإطار، نجده كمثقف ليبرالي حرّ يفكر بمنطق نقد المجتمع والسلطة وسلوكاتها وسياساتها تجاه الشعب الفقير، حيث بفضحها من خلال استحضار أساطير ثقافية تنبع من وعي هذا الشعب لفضح ألاعيب السلطة وكذبها ونفاقها في مواجهة الهشاشة الاجتماعية والاقتصادية.

يتعرض الناس للقتل والسرقة في كل الأوقات حتى يصل بهم الأمر إلى تفسيره بالخرافة وإدخاله في إطار الأسطورة التي يصعب عليهم مواجهتها. فالوحش القاتل الذي يخرج من البحر ليخطف فريسته الآدمية لا يمكن مواجهته أو الوقوف ضد إرادته، وما عليهم إلا الصبر على ما أصابهم والدعاء إلى الله ليخلصهم منه. إن الاستغراق في الجهل بالشيء، والإيمان بأشياء لا يمكن لها أن تحصل أو تقع في زمن صار فيه العلم يفسر الظواهر كلها، ويرفض مثل هذه الخرافات والأساطير لم يستطع الناس البسطاء في الحي الخطير أن ينكروا ذلك ويكذبوا حكاية الوحش. يقول السارد متعجباً من أمرهم: «ثم إن من لم يره قط سوى في الحكايات الكثيرة وفي أوصافه وصفاته، فقد كان

بإمكانه أن يرى آثار خطواته الغريبة الجبارة على الضفاف الطويلة للنهر كما على الطمي وعلى التراب في أماكن كثيرة غير متوقعة أحياناً كما حدث حين وجدوا آثاراً واضحة لخطواته داخل مقبرة الصدِّيقْ، وقد فسروا ذلك أنه ينبش القبور وينكشها ليأكل الموتى الجدد الطازجين حين لا يجد أحياء. كانت تلك الخطوات غريبة حقاً، ثلاثية الأصابع، لا يمكن نسبها بأي وجه من الوجوه إلى كلب ضال أو إلى بقرة أو إلى أي كائن معروف أو دابة من دواب الأرض...»[25].

إن هذا التفكير في استحضار هذه الحكايات الخرافية والأسطورية جاء نتيجة لرؤية فنية لدى المؤلف من أجل توجيه نقد ضمني للمجتمع الغارق في الجهل الذي يمنعه من التفكير في البحث عن الحقيقة وتسمية الأشياء بمسمياتها وعدم الهروب إلى الأمام لتفادي استبداد السلطة وظلمها وسطوتها. فالاعتماد على الخرافة واللجوء إليها في ضوء الوعي الجمعي لديهم يخلق نوعاً من الراحة النفسية ويحقق لهم الأمان والطمأنينة تجاه السلطة السياسية والأمنية التي تتعامل معهم على أساس استبدادي محض. ويبقى طرح بنميلود واضحاً وجريئاً باعتباره هو المصدر الأساسي الذي استهدفه في روايته، حيث يعود فيها إلى الماضي البعيد والقريب معاً، من أجل انتقاد أحداث تاريخية ووقائع أثرت في المجتمع المغربي وتركت العديد من أشكال الصراع والنزيف المجتمعي الكبير.

هذه الرؤية الفنية المرتبطة بتوظيف الحكاية الخرافية يتعلق بوعي المؤلف بالدرجة الأولى الذي يستند إلى السخرية من الفكر الشعبي والتفكير الاجتماعي السائد في مجتمعه المغربي لدى فئات عريضة من

الشعب، أولاً باعتباره السخرية استراتيجية خطابية وأسلوبية مشاكسة ومثيرة للقارئ تتعلق ببنية أساسية من البنيات الدالة فيها، حيث تستدعي الكثير من النصوص الساخرة، سواء بأسلوب ضمني في عملية السرد، أو من خلال إدراج نصوص صريحة مثل النكتة والمثَل والأقوال المأثورة... كل هذا يسهم في إدراج خطاب تهكمي ساخر مفارِق يؤدي وظيفة النقد القيمي والثقافي لسلوكات اجتماعية وثقافية ودينية رديئة أو على الأقل غير مقنعة له أو لغيره من المثقفين الذين يوافقونه الرأي والموقف الفكري نفسه. فقصة المخلوق الخرافي الغريب تمَّ استحضارها واقتناصها من الثقافة الشعبية المغربية أو ما يشابهها من أجل خلق نوع من المفارقة الساخرة مرتبطة بما هو وجداني عاطفي لدى الناس، حيث أصبحت السخرية في الرواية باعتبارها «مفارقة ذات صبغة وجدانية، يراد منها قول ضد المراد لغرض الهزء، جاعلاً التضاد أصلاً والهزء فصلاً»[26]. وما يؤكد كلامنا هذا، هو أن الكاتب محمد بنميلود معروف بالسخرية في كتاباته المتعددة، سواء في الشعر أو في الرواية أو حتى في المقالة، نظراً لاقتناعه المطلق بأن السخرية وسيلة إبداعية للنقد الاجتماعي والثقافي ومحاربة الفكر المتطرف والمتشدد تجاه المواقف والسلوكات والأفكار المختلفة.

تتعدد أشكال السخرية في الرواية من خلال السارد التي تحيل إلى تصورات ثقافية وفكرية للواقع والمجتمع والناس، سواء من خلال خلق بطولات وهمية لدى شخصية معينة، أو من خلال النظر إلى الذات على أنها المنقذ والمخلص من الهلاك والضياع. إن السارد ينقل طرقاً مختلفة للتعبير عن الواقع من خلال استخدامه، في بعض

الأحيان، للغة رديئة أو لغة مفعمة بالسب والشتم والفحش... لغة مليئة بالسخرية والاستهزاء والضحك على الواقع الاجتماعي الذي يعيشه جزء من المجتمع المغربي في الحواري والأحياء الشعبية الفقيرة. فالروائي، من خلال السارد في الرواية، يحاول أن يستمع وينصت إلى الضحايا في مجتمعه، ويعبر عن معاناتهم ومشاكلهم الاقتصادية والنفسية التي تدفعهم إلى الإجرام والجهل والتخلف في السلوك والتعبير والموقف. وهذا ما تجسده سياسات الدولة منذ عقود، والتي خلفت العديد من المشاكل على جميع المستويات من خلال تصور سياسي واقتصادي لم يأتِ إلا بالنتائج السلبية والتفقيرية والتعجيزية لفئات هشّة من المجتمع المغربي.

إن السخرية، باعتبارها وسيلة من الوسائل اللغوية المفارقة التي تعتمد على ثقافة الروائي الشعبية والمرتبط بمجتمعه البسيط وأفراده الذين يعيشون في مستوى أدنى من الحياة، تقدم للقارئ معرفة قادرة على تغيير رؤيته وتوجيه فكره إلى تبني موقف من هذه الفئات الاجتماعية التي تعاني تكاليف الحياة. فالروائي في النص يقدم لنا فكرة واضحة عما يشعر به تجاه الناس البسطاء ومدى مقاسمتهم معاناتهم والتعبير عنها بأسلوب ساخر يستدعي وعياً معيناً لفهمه، وذكاء تأويلياً يحلل الوضعيات الاجتماعية والمواقف الاجتماعية التي يقدمها بأسلوب لغوي مختلف عن المباشرة في التعبير في بعض اللحظات.

تـــركــــيب:

يكتب محمد بنميلود انطلاقاً من مرجعية فكرية وسياسية وثقافية

تحكمه شخصياً، نظراً لقناعته الفكرية بأهمية مواجهة السلطة وأساليبها في الحكم والتدبير لشؤون الناس والشعب؛ فنقد السلطة السياسية ومواجهتها بالحقيقة المرة التي تتجلى في فشلها في مواجهة الفقر والأمية والتخلف المستشري في المجتمع عامة هي طريقته الوحيدة للتعبير عن موقفه في الحياة والوجود. فرواية «الحي الخطير» تعبير واضح عن هذه المواقف وبوح أدبي وروائي يستمد قوته الجمالية والفنية من الشعر، لكون الروائي شاعراً بالدرجة الأولى يرى بعين النقد والتأويل، تأويل الواقع والحياة والعالم. ومن هنا، نخلص إلى أن بنميلود يقدم روايته بصورة تمتزج فيها التراجيديا بالأسطورة والسخرية، ويعري فيها التاريخ البعيد والقريب، حيث ينشب قلمه الحاد في جسد الواقع وفي جسد السلطة المتجبرة لتحرير الشعب الضعيف من العِقال المتراكمة عليه من جراء تكاليف الحياة ومصاعبها. إنه يفهم الواقع فهماً عميقاً كما يفهم نصه، من هنا يأتي سعيه الدؤوب إلى توسيع أفقه المعرفي والثقافي، وتوسيع أفقه لفهم الحياة والناس من حوله وليس فقط دائرته الشخصية القريبة منه، ليصبح النص جزءاً من حياته ومن أسلوب عيشه مع الناس وكيفية تفاعله معهم، بل كتاب الإنسانية المفتوح على آفاق رحبة يتحدى من خلالها إطار التاريخ الضيق والماضي المتلون.

وفي النهاية، يمكننا القول إن الرواية هنا تستند إلى الذاكرة واستجاباتها اللاواعية لدى محمد بنميلود ومن خلاله لدى سارده للتأكيد أننا أمام سيرة روائية تبكي المكان والزمان والإنسان، تشيِّع الوعي الإنساني بالوجود الحقيقي له، تدفن مشاعر الحب الحقيقي والإنساني

البعيد عن العمى الأيديولوجي المنفعي الخالص، كما أنها ترفع شأن الفكر والثقافة من منطقتهما السوداوية إلى منطقة الأمان المتصف بالوضوح والشفافية في التفكير والتعبير. إن الرواية تعبير عن وعي نقدي حقيقي يستند إلى فضح الأمراض النفسية والاجتماعية والثقافية والفكرية المؤسسة على تفكير قروسطي متطرف. كل هذا، يستمد ركائزه ودعائمه من أبنية ثقافية متعددة يخضع لها محمد بنميلود بحكم تربيته وثقافته الأصيلة ووعيه بالتغيير وإصلاح المجتمع التقليدي الذي لا يفكر إلا بأثر رجعي سلفي محض.

هوامش الفصل الخامس:

1 – محمد بنميلود، الحي الخطير، رواية، دار الساقي، ط 1، بيروت، 2017م.

2 – كاتيا الطويل، «فقراء الحي الخطير أبطالاً في رواية محمد بنميلود»، جريدة الحياة اللندنية، لندن، عدد بتاريخ: 16 أبريل 2017م.

3 – محمد بنميلود، الحي الخطير، مصدر سابق، ص 8.

4 – محمد بنميلود، المصدر السابق، ص 10.

5 – محمد بنميلود، المصدر السابق نفسه، ص 13.

6 – المصدر نفسه، ص 13 – 14.

7 – بـول ريكـور، الذاكرة، التاريخ والنسـيان، ترجمة جـورج زيناتي، المرجع السابق، ص 81.

8 – محمد بنميلود، الحي الخطير، مصدر سابق، ص 43 – 44.

9 – محسـن التومي، «المعطلات الثقافية: محاولة في بناء المفهوم»، مجلة تبين، المركز العربي للأبحاث ودراسـة السياسـات، الدوحة، عدد 20، المجلد 5، ربيع 2017م، ص 15.

10 – سـعيد جبـار، خطاب الرحلـة: الذاكرة وآليات إنتاج الدلالة، مرجع سـابق، ص 150.

11 – محمد بنميلود، الحي الخطير، ص 142.

12 – المصدر السابق نفسه، ص 142 – 143.

13 – سـعيد جبار، خطاب الرحلة: الذاكرة وآليات إنتاج الدلالة، المرجع السـابق، ص 55.

14 – محمد بنميلود، المصدر السابق نفسه، ص 155 – 156.

15 – الحسـن أسـويق، «سياسة الذاكرة وسـؤال الاعتراف»، مجلة الرافد، العدد 241، دائرة الثقافة، الشارقة، سبتمبر 2017م، ص 71.

16 – الحسن أسويق، المرجع السابق نفسه، ص 71.

17 – Charles Taylor, "The politics of Recognition", in: Multiculturalism: Examining the politics of Recognition, Princeton University, Press, 1994.

18 – محمد بنميلود، المصدر السابق، ص 13 – 14.

19 – المصدر السابق نفسه، ص 15.

20 – المصدر السابق نفسه، ص 15.

21 – المصدر نفسه، ص 17.

22 – سـعيد جبار، خطاب الرحلة: الذاكرة وآليات إنتـاج الدلالة، مرجع مذكور، ص 102.

23 – محمد بنميلود، الحي الخطير، المصدر السابق، ص 23.

24 – محمد بنميلود، المصدر السابق نفسه، ص 95.

25 – المصدر السابق نفسه، ص 96.

26 – محمد العمري، البلاغة الجديدة بين التخييل والتداول، إفريقيا الشـرق، الدار البيضاء، ط 1، 2002م، ص 104.

الخاتـمة

نستنتج من خلال دراسة النماذج الروائية العربية في هذا الكتاب، أن التمثيل الروائي للذاكرة عموماً، سواء من خلال أبعادها الفردية، أو الجماعية، أو الثقافية والاجتماعية، قد صار من الأدوار الوظيفية التي يقوم بها الإبداع الأدبي وأجناسه السردية بالخصوص. فالتاريخ ليس وحده الكفيل بهذه المهمة، بل صار للأدب مكانة في هذا المجال من خلال إعادة كتابة التاريخ وأحداثه ووقائعه المتغيرة بشكل يتماشى مع التغير الحاصل لدى القارئ العربي بالخصوص، كما هو الشأن مع الرواية التاريخية التي تتعاطى مع الأحداث التاريخية بأسلوب أكثر سلاسة باستحضار التخييل كوسيلة لتطوير عملية السرد الجافة المنوطة بالكتابة التاريخية.

إن كل الأحـداث والوقائع والشخصيات والأمكنة والأزمنة المستدعاة في الروايات التي قمنا بتحليلها في هذا الكتاب لم تمنع الروائيين الأربعة من استدعاء التخييل التاريخي والشخصي المتعلق بثقافة الروائي نفسه لإبداع نصوص روائية جميلة تستمد هويتها الثقافية من عمل الذاكرة الفردية والجماعية، حيث يكتب كل روائي من الروائيين الأربعة معتمداً ما يشعر به تجاه الذات وتجاه العالم من حوله، مستنداً في ذلك إلى ما تختزنه ذاكرته الفردية، وما استدعاه

من خلال الذاكرة الجماعية التي ترتبط أساساً بالكتابة التاريخية والمخطوطات التراثية.

ويظهر لنا من خلال هذه النصوص الروائية الأربعة أن الخطاب الروائي العربي بكل أشكاله ومواضيعه هو خطاب مكثف مشحون بالدلالات والأفكار والمعارف المتعددة، وعلى الرغم من أن كل روائي يحاول أن ينتقيَ ما يراه مناسباً من الأحداث والوقائع والمواقف لخدمة نصه، فإنه يعتمد ذلك بمقصدية يراها مناسبة ويعتقدها قادرة على توجيه القارئ، وتقديم الدلالة المناسبة والمرجوة مما يكتبه لتوجيه عملية القراءة نحو وجهة يرتضيها لقارئه. وعموماً فالخطاب الروائي العربي، هو خطاب متميز بكونه واضح المعالم في التكوين البنائي من حيث العناصر الموظفة فيه، ومن حيث كونه قادراً على تنظيم عملية السرد وفق شروط معينة يختارها الروائي العربي قبل مباشرة عملية الكتابة. كل هذا يخدم هدفاً واحداً لدى جميع الروائيين، وهو تقديم المعرفة للقارئ وإقناعه بمدى مصداقية ما يكتبه ولو كان تخييلاً.

وبعد القراءة وتحليل أهم المحطات في الروايات المدروسة في البحث، والتي يمكن استغلالها في عملية التأويل والبحث عن المعنى وبنائه، توصلنا إلى أن النصوص الروائية المدروسة هي أعمال سردية تعبر عن رؤية مؤلفيها تجاه العديد من القضايا الاجتماعية والثقافية والسياسية، حيث عملوا على تأسيس خطاب أدبي روائي متنوع أرادوا من خلاله أن يؤكدوا أهمية الوعي المجتمعي والثقافي والسياسي كضرورة قصوى لتجاوز الفكر المتشدد والمتخلف

والرجعي في المجتمعات العربية. إن مؤلفي الروايات حاولوا تنويع لغتهم ومسارات سردهم ومواقف شخصيات الروايات، حيث ظهر اهتمامهم البارز باللغة السردية، فعملوا على تنويعها وإغنائها بنصوص أخرى عديدة دينية ونثرية، فكانت لغة منزاحة ومفعمة بالرمز والإيحاء... مما ساعد المؤلفين على أن يكتبوا وهم يدركون نزعة أعمالهم الروائية نحو الواقعية والعلاقات الاجتماعية، من خلال وقوفهم على العديد من المواقف الاجتماعية المؤثرة، والقضايا الدينية التي تثير حفيظة العديدين، وخاصة المثقفين والمفكرين.

وحري بنا أن نقول في النهاية، إن هذا البحث لم يكن ليحيط بكل عناصر البناء السردي في الروايات المختارة، أو حتى بمواضيعها وأفكارها، باعتبارها روايات مفعمة بالقضايا الإنسانية والاجتماعية والدينية التي تثير حفيظة القارئ، وتدفع الباحث إلى التعمق أكثر في تفاصيلها وتعددها وتنوعها. ونحن في هذا البحث حاولنا فقط أن نقارب بعضاً من العناصر السردية المسعفة في تحقيق خطوات المنهج المعتمد، والتحليل المركز لأهم عناصر النصوص ومدى تحقيقها للمعنى، وبعضاً من القضايا الأخرى التي يمكنها أن تحقق مقاربة تداولية محددة الخطوات والمعالم للوصول إلى نتائج مرضية للباحث والقارئ معاً.

<h1 style="text-align:center">المصادر والمراجع</h1>

المصادر:

ـ أحمد عبد اللطيف، حصن التراب: حكاية عائلة موريسكية، رواية، دار العين للنشر، القاهرة، ط 2، 2018م.

ـ إسماعيل فهد إسماعيل، في حضرة العنقاء والخل الوفي، رواية، الدار العربية للعلوم ناشرون، بيروت، ط 1، 2013م.

ـ ج. ف. دورتيه، معجم العلوم الإنسانيّة، ترجمة: جورج كتورة، ط 2، بيروت ـ لبنان: كلمة ومجد المؤسسة الجامعيّة للدراسات والنشر والتوزيع، ط 1، 2011م.

ـ عبد الوهاب عيساوي، الديوان الإسبرطي، رواية، دار ميم للنشر، الجزائر، ط 1، 2018م.

ـ محمد بنميلود، الحي الخطير، رواية، دار الساقي، بيروت، ط 1، 2017م.

ـ مصلح الصالح، الشامل، قاموس مصطلحات العلوم الاجتماعيّة، دار عالم الكتب للطباعة والنشر والتوزيع، الرياض ـ المملكة العربيّة السعوديّة، ط 1، 1999م.

المراجع باللغة العربية:

ـ إبراهيم الفيومي، الرواية العربية، مؤسسة حمادة للدراسات الجامعية والنشر والتوزيع، عمان، الأردن، ط 1، 2001م.

ـ أحمد مرشد، البنية والدلالة في روايات إبراهيم نصر الله، مقاربات للنشر والصناعة الثقافية، فاس المغرب، ط 1، 2018م.

ـ أحمد مرشد، جدل الإنسان والمكان في روايات عبد الرحمن منيف، مقاربات

للنشر والصناعة الثقافية، فاس – المغرب، ط 1، 2018م.

- إدجـار موران، الفكر والمسـتقبل: مدخـل إلى الفكر المركـب، ترجمة: أحمد القصـوار ومنير الحجوجي، دار توبقال للنشـر والتوزيع، الـدار البيضاء، ط 1، 2004م.

- إدريـس الخضراوي، سـرديات الأمة: تخييل التاريخ وثقافـة الذاكرة، إفريقيا الشرق، الدار البيضاء، ط 1، 2017م.

- أليكس ميكشـيللي، الهوية، ترجمة: علي وطفة، دار النشـر الفرنسـية، دمشق، ط 1، 1993م.

- أمجد مجدوب رشيد، السرد ومرايا الذاكرة، مقاربات للنشر والصناعة الثقافية، فاس، المغرب، ط 1، 2016م.

- أندريـو كوارا وآخرون، التاريخ والذاكرة الجماعية في تونس: مفاهيم متباينة، مركز الكواكبي للتحولات الديمقراطية، تونس، ط 1، 2016م.

- بـول ريكـور، التاريخ والذاكرة فـي الكتابة التاريخية، ترجمـة: محمد حبيدة، إفريقيا الشرق، الدار البيضاء، ط 1، 1990م.

- بـول ريكـور، الذات عينها كالآخـر، ترجمة وتقديم وتعليـق: جورج زيناتي، مركز دراسات الوحدة العربية، بيروت، ط 1، 2005م.

- بول ريكور، الذاكرة والسـرد، ترجمة وتقديم: سمير مندي، منشـورات دار كنوز، عمان، الأردن، ط 1، 2016م.

- بـول ريكور، الذاكرة، التاريخ والنسـيان، ترجمة جـورج زيناتي، دار الكتاب الجديد، عمان، ط 1، 2009م.

- بـول ريكور، الزمان والسـرد، الجزء الثالث، ترجمـة وتقديم وتعليق: جورج زيناتي، مركز دراسات الوحدة العربية، بيروت، ط 1، 2005م.

- بيير جيرو، علم الإشـارة: السيميولوجيا، ترجمة: منذر عياشي، مركز الإنماء الحضاري، حلب، سوريا، ط 3، 2007م.

- جاك لوغوف، التاريخ والذاكرة، ترجمة: جمال شحيد، سلسلة ترجمان، الدوحة – بيروت، المركز العربي للأبحاث ودراسة السياسات، ط 1، 2017م.

- جمال بوطيب وأحمد شـراك، (إعداد وتنسـيق) كتاب جماعي: الذاكرة والبناء الثقافي، أشـغال المؤتمر الدولي السنوي لمؤسسة مقاربات، الجزء الأول والثاني،

مقاربات للنشر والصناعات الثقافية، فاس، المغرب، ط 1، 2019م.

– جهاد المجالي، دراسات في الإبداع الفني في الشعر، دروب للنشر والتوزيع، عمان، الأردن، ط 1، 2016م.

– جورج لوكاتش، الرواية التاريخية، ترجمة: صالح جواد الكاظم، منشورات وزارة الثقافة والإعلام، بغداد، ط 2، 1986م.

– جون سيرل، العقل: مدخل موجز، ترجمة: ميشيل حنا متياس، سلسلة عالم المعرفة، المجلس الوطني للثقافة والفنون والآداب، الكويت، العدد 343، ط 1، سبتمبر 2007م.

– حسن بحراوي، بنية الشكل الروائي، المركز الثقافي العربي، الدار البيضاء، ط 2، 2009م.

– حسين علي محمد، التحرير الأدبي: دراسات نظرية ونماذج تطبيقية، مكتبة طريق العلم، الرياض، ط 2، 2000م.

– خالدة سعيد، فضاء المعنى، دار الساقي، ط 1، بيروت، 2013م.

– داود غطاشة، حسين راضي: قضايا النقد العربي قديمها وحديثها، مكتبة دار الثقافة، عمان، الأردن، ط 2، 1999م.

– راغب السرجاني، قصة الأندلس: من الفتح إلى السقوط، مؤسسة اقرأ للنشر والتوزيع والترجمة، القاهرة، ط 1، 2012م.

– روجيه شارتييه، على حافة الهاوية: التاريخ بين الشك واليقين، ترجمة وتقديم: طواهري ميلود، دار الروافد الثقافية، ناشرون، بيروت، ط 1، 2017م.

– سعيد جبار، السردي والتخييلي في الرواية المغربية، دار جذور للنشر، الرباط، ط 1، 2004م.

– سعيد جبار، خطاب الرحلة: الذاكرة وآليات إنتاج الدلالة، دار رؤية للنشر والتوزيع، القاهرة، ط 1، 2017م.

– سعيد يقطين، قضايا الرواية العربية الجديدة: الوجود والحدود، رؤية للنشر والتوزيع، القاهرة، ط 1، 2010م.

– سمير الخليل، دليل مصطلحات الدراسات الثقافية والنقد الثقافي: إضاءة توثيقية للمفاهيم الثقافية المتداولة، مراجعة وتعليق: سمير الشيخ، دار الكتب العلمية، بيروت، ط 1، 2015م.

ـ صدوق نور الدين، رواية الذاكرة وذاكرة الرواية: دراسات في الكتابة الأدبية، دار شهريار ودار الرافدين للطباعة والنشر والتوزيع، البصرة، العراق، ط 1، 2017م.

ـ عبد الملك مرتاض، في نظرية الرواية: بحث في تقنيات السرد، سلسلة عالم المعرفة، المجلس الوطني للثقافة والفنون والآداب، الكويت، 1998م.

ـ عبد السلام أقلمون، الرواية والتاريخ: سلطان الحكاية وحكاية السلطان، دار الكتاب الجديد المتحدة، بيروت، ط 1، 2010م.

ـ عبد الله إبراهيم، السرد والاعتراف والهوية، المؤسسة العربية للدراسات والنشر، بيروت، ط 1، 2011م.

ـ عبد الله إبراهيم، السرد والإمبراطورية والتجربة الاستعمارية، المؤسسة العربية للدراسات والنشر، بيروت، ط 1، 2011م.

ـ عبد الله إبراهيم، المتخيل السردي: مقاربات نقدية في التناص والرؤى والدلالة، المركز الثقافي العربي، الدار البيضاء، ط 1، 1990م.

ـ عبد الله أحادي، تأويل القصيدة المغربية المعاصرة: السياق والنسق، منشورات مقاربات، فاس، المغرب، ط 1، 2016م.

ـ عبد الله العروي، الأيديولوجيا العربية المعاصرة، المركز الثقافي العربي، الدار البيضاء، ط 2، 1999م.

ـ فاطمة الزهراء عطية، العجائبية وتشكلها السردي في رسالة التوابع والزوابع لابن شهيد، رسالة دكتوراه، جامعة بسكرة، الجزائر، ط 1، 2015م.

ـ فيصل دراج، الذاكرة القومية في الرواية العربية: من زمن النهضة إلى زمن السقوط، مركز دراسات الوحدة العربية، بيروت، ط 1، 2008م.

ـ فيصل دراج، نظرية الرواية والرواية العربية، المركز الثقافي العربي، الدار البيضاء، ط 2، 2002م.

ـ محمد العمري، البلاغة الجديدة بين التخييل والتداول، إفريقيا الشرق، الدار البيضاء، ط 1، 2002م.

ـ محمد رياض وتار، توظيف التراث في الرواية العربية المعاصرة، اتحاد الكتاب العرب، دمشق، ط 1، 2002م.

ـ محمد علي سلامة، الشخصية الثانوية ودورها في المعمار الروائي عند نجيب محفوظ، دار الوفاء، الإسكندرية، ط 1، 2007م.

- محمد فيصل خير الزراد، الذاكرة تعريفها اضطرابها وعلاجها، 2004م، نسخة إلكترونية.

- ميري ورنوك، الذاكرة في الفلسفة والأدب، ترجمة: فلاح رحيم، دار الكتاب الجديد المتحدة، بيروت، ط 1، 2007م.

- نادر كاظم، استعمالات الذاكرة في مجتمع تعددي مبتلى بالتاريخ، مكتبة فخراوي، البحرين، ط 1، 2008م.

- نضال صالح، النزوع الأسطوري في الرواية العربية المعاصرة، دار الألمعية، الجزائر، ط 1، 2012م.

- يان أسمان، الذاكرة الحضارية: الكتابة والذكرى والهوية السياسية في الحضارات الكبرى الأولى، ترجمة: عبد الحليم عبد الغني رجب، المجلس الأعلى للثقافة، القاهرة، ط 1، 2003م.

الدوريات والمجلات:

- أحمد بوحسن، «نظرية التلقي والنقد الغربي الحديث»، مجلة منشورات كلية الآداب والعلوم الإنسانية، الرباط، سلسلة ندوات ومناظرات، رقم 24، 1993م.

- إدريس الخضراوي، «من التاريخ إلى الرواية: الذاكرة الجمعية مصدراً للسرد»، مجلة تبين، المركز العربي للأبحاث ودراسة السياسات، الدوحة، العدد 33 المجلد 9، صيف 2020م.

- آسية البوعلي، «أهمية المكان في العمل الروائي»، مجلة نزوى، العدد 34، مسقط، سلطنة عمان، أبريل 2002م.

- بومدين بوزيد، «الاستعمار وزمن الحقيقة: قيم الاعتراف والتواصل مع الآخر»، مجلة المستقبل العربي، مركز دراسات الوحدة العربية، بيروت، العدد 335، السنة التاسعة والعشرون، يناير 2007م.

- الحسن أسويق، «سياسة الذاكرة وسؤال الاعتراف»، مجلة الرافد، دائرة الثقافة، الشارقة، العدد 241، سبتمبر 2017م.

- حنا مينة، «الحدث في الرواية»، جريدة الرياض، المملكة العربية السعودية، الرياض، عدد بتاريخ: 05/ 09/ 2002م.

- رشيد بن حدو، «مدخل إلى جمالية التلقي»، مجلة آفاق المغربية، الرباط، اتحاد كتاب المغرب، العدد 6، 1987م.

- زهير الخويلدي، «مفهوم الهوية السردية من منظور بول ريكور»، مجلة دلتا نون، مركز دراسات الفكر والأمن العام، دمشق، لندن، العدد 2، الخميس 22 يناير 2015م

- شاكر حسن راضي، «النسق المزدوج لإعادة تعريف الشعر»، مجلة الرافد، دائرة الثقافة، حكومة الشارقة، الإمارات العربية المتحدة، العدد 222، فبراير 2016م

- عبد الرحيم الحسناوي، «الذاكرة والتاريخ: مقاربة إبستمولوجية»، مجلة المناهل، الرباط، العدد 97، أكتوبر – ديسمبر، 2019م.

- عبد الفتاح الحجمري، «هل لدينا رواية تاريخية؟»، مجلة فصول، القاهرة، المجلد 16، العدد 3، 1997م.

- عبد المجيد بن بحري، «قراءة في عتبات النص النقدي: بحث في بلاغة التصدير، محنة الشعر لنزار شقرون أنموذجاً»، مجلة الحياة الثقافية، وزارة الثقافة التونسية، تونس، العدد 168، 2005م.

- علي السعيدي، «الفكر بين التبسيط والتعقيد»، مجلة نزوى، سلطنة عمان، العدد 84، أكتوبر 2015م.

- عيسى ناصري، «حصن التراب للمصري أحمد عبد اللطيف: الكتابة في مواجهة المحو»، جريدة القدس العربي، لندن، العدد 9262، بتاريخ: 2 أغسطس 2018م.

- كاتيا الطويل، «فقراء الحي الخطير أبطالاً في رواية محمد بنميلود»، جريدة الحياة اللندنية، لندن، عدد بتاريخ: 16 أبريل 2017م.

- ليندا هتشيون، «رواية الرواية التأريخية: تسلية الماضي»، ترجمة: شكري مجاهد، مجلة فصول، القاهرة، المجلد 16، العدد 3، 1997م.

- محسن التومي، «المعطلات الثقافية: محاولة في بناء المفهوم»، مجلة تبين، المركز العربي للأبحاث ودراسة السياسات، الدوحة، عدد 20، المجلد 5، ربيع 2017م.

- محمد نافع العشيري، «خصوصية الرواية التاريخية: رواية الحاج ألمان نموذجاً»، مجلة العربي، الكويت، العدد 739، يونيو 2020م.

- يوسف توفيق، «كيف تكون الذاكرة ملاذاً للسرد»، الملحق الثقافي لجريدة

الاتحاد الاشتراكي المغربية، الرباط، عدد 11051، بتاريخ: 5 أكتوبر 2018م.

– يوسـف ناوري، «الواقعي والخيالي في الشعر العربي القديم: المسائل التقليدية فـي معيار نظرية التلقي»، جريدة الحياة السـعودية، الرياض، رقم العدد 12787، بتاريخ: 07/ 03/ 1998م.

المراجع باللغة الأجنبية:

— Anne Reboul, Réalité de la fiction, rhétorique et stylistique de la fiction, presse universitaire de Nancy, 1992, copie électronique.

— Aron Kibédi Varga, Rhétorique et production du texte, in théorie littéraire, éd. PUF, Paris, 1989.

— Astrid Erll, Mémoire collective et cultures du souvenir: une introduction, Stuttgart/ Weimar: J. B. Metzler, 2005

— Catherine Kerbrat — Orecchioni, L'énonciation, éd. Armond colin, Paris, 1999.

— Charles Taylor, «The politics of Recognition», in: Multiculturalism: Examining the politics of Recognition, Princeton University, Press, 1994.

— Didier Huberman, Devant le temps, Les éditions de Minuit, Paris, 2000.

— Emile Chartier Alain, «Sur la mémoire», in revue de Métaphysique et de Morale, VII, Paris, 1899.

— Hérodote, L'Enquête, Livre V, Andrée Barguet, Gallimard, Paris, 1964.

— Jacques Le Goff, Histoire et mémoire, Paris, Gallimard, 1995.

— Jan Assmann, Communicative and cultural memory, Cultural Memory Studies. An International and Interdisciplinary Handbook, Berlin, New York 2008.

— Jean — Jacques Becker, «La mémoire: objet d'histoire», in. Ecrire l'histoire du temps présent, en hommage à Français Bédarida: Actes de la journée d'études de l'JHTP, 14 mai 1992, Paris, Ed. CNRS, 1993.

— Joel Candan, Mémoire et Identité, Paris, PUF, 1998.

— Julio De Zan, Memoria e identidad, Topicos, Revista de filosofia de Santa Fe (Rep. Argentina) N. 16, 2008.

— M. Halbwachs, Les cadres sociaux de la mémoire, Librairie Félix Alan, Paris, 1925; M. Halbwachs, La mémoire collective, Paris, P. U. F, 1950.

— Maurice Halbwatchs, La mémoire collective, Les presses universitaires de France, Paris, 1950, édition électronique.

— Olivier Abel, Enrico Castelli et autres, La juste mémoire, lectures auteur Paul Ricœur, édition Labor et Fides, 2006.

— Paul Ricœur, La mémoire, l'histoire, l'oubli, Editions de Seuil, Paris, 2000.

— Philippe Hamon, Introduction à l' analyse du descriptif, Hachette, Paris,1981.

— Pierre Janet, L'Evolution de la mémoire et de la notion du temps, Paris, Chahine, 1928. Cité par: Jacques Le Goff, Histoire et mémoire, Op. Cit.

— Pierre Janet, l'intelligence avant le langage, éd. Flammarion, Paris, 1936.

— Pierre Nora, sous la direction, Les lieux de mémoire, 7 vol., Gallimard, Paris, 1984 – 1992.

— R. Barthes,W. kayser, W .C. Booth, Ph. Hamon, Poétique du récit, Editions du Seuil, 1977.

— S. Moscovici, La psychanalyse, son image et son public, Paris, P. U. F, 1961.

— Toomas Gross, Anthropology collective memory: Estonian, university of Tartu, no. 6, 2002.

— Uet Fivush Neisser, The Rememembring Self: Construction and Accurancy in the self – narrative, Cambridge: Cambridge University, R (eds) 2008.

— Umberto Eco, Les limites de l'interprétation, traduit par: Myriem Bouzaher, Ed. Grasset/ Fasquelle, 1992.

— W. Krysinski, Subjectum comparations, les indices du sujet dans le discours, in Théorie littéraire, éd. PUF, 1989.

المواقع الإلكترونية:

– إيهاب محمود الحضري، »إسماعيل فهد إسماعيل: المثقف النبيل أبو الرواية

الكويتيــة»، صحيفة العيــن الإخبارية، بتاريخ: 25 ســبتمبر 2019م، رابط المقال:
https://al — ain.com/article/arabic — novel — literature — ismail — fahd —
ismail.

— الــزواوي بغــورة، «الذاكرة والعدل: موقف بــول ريكور»، موقع مؤمنون بلا
حدود، بتاريخ: 12 نوفمبر 2013م، رابط الموقع: http://www.mominoun.com.

— عامــر عبــد زيد، «اللغة وآليــات إنتاج المعنى»، مركز الدراســات والأبحاث
العلمانية في العالم العربي، 21 /06/ 2009م، رابط المركز: ptth://www.wacrss.
gro.

— عبد الحكيم الزاوي، «جدل التاريخ والذاكرة في الأسطوغرافيا المغربية (3):
حفريــات في الذاكرة المغربية المقهورة بلون السياســة»، الحــوار المتمدن، رقم:
5319، محــور دراســات وأبحاث في التاريــخ والتراث واللغــات، 2016م، رابط
المقال: https://www.ssrcaw.org/ar/show.art.asp?aid=535008.

— غيداء أبو خيران، «الذاكرة الجمعية: كيف تتلاعب السياسة بتاريخ المجتمعات
وذكرياتها»، مجلة نون بوست، بتاريخ: 28 مارس 2018م، رابط المقال: //https
www.noonpost.com/content/22663.

— قســم التحرير بموقــع مؤمنون بلا حــدود، «الذاكرة»، بتاريخ: 02 أغســطس
2016م، رابط المقال: http://www.mominoun.com/articles/%D8%A7%D9
%84%D8%B0%D8%A7%D9%83%D8%B1%D8%A9 — memory —
4201.

الفهرس

www.ingramcontent.com/pod-product-compliance
Lightning Source LLC
Chambersburg PA
CBHW051815150726
47998CB00001B/158